芷蘭齋 书店寻访三部曲

書肆尋蹤

古旧书市场之旅

韦力 著

中华书局

图书在版编目(CIP)数据

书肆寻踪:古旧书市场之旅/韦力著. —北京:中华书局,2018.9
ISBN 978-7-101-13427-8

Ⅰ.书⋯ Ⅱ.韦⋯ Ⅲ.古旧图书-书店-介绍-中国
Ⅳ.G239.23

中国版本图书馆 CIP 数据核字(2018)第 211349 号

书　　名	书肆寻踪:古旧书市场之旅	
著　　者	韦　力	
责任编辑	俞国林　潘素雅	
出版发行	中华书局	
	(北京市丰台区太平桥西里 38 号　100073)	
	http://www.zhbc.com.cn	
	E-mail:zhbc@zhbc.com.cn	
印　　刷	北京市白帆印务有限公司	
版　　次	2018 年 9 月北京第 1 版	
	2018 年 9 月北京第 1 次印刷	
规　　格	开本/920×1250 毫米　1/32	
	印张 13　字数 266 千字	
印　　数	1-15000 册	
国际书号	ISBN 978-7-101-13427-8	
定　　价	78.00 元	

目　录

序　言

　　自古至今的爱书人都有一个通病，此病不是指爱书之好，乃是这些爱书人大多会以书为中心展延开来去热爱一些与书有关的人和事，而古旧书市场也就是得书的场所当然是藏书人的最爱之一。

　　孙从添关于藏书有"六难"之说，其中第一难为："购求书籍，是最难事，亦最美事，最韵事，最乐事，知有此书而无力购求一难也。"没钱买书当然是爱书人的第一大头疼事，然细品孙从添的这段话，他却点出了藏书的真谛：收藏书籍虽然需要太多的条件和方法，但相比较而言，买书的过程才是最美之事。

　　既然得书能给爱书人以最高级别的愉悦，那书从哪里来呢？以我的看法，得书渠道大约可归为继承、购买、抄写三大类。当然如果把巧取豪夺也视之为得书渠道的话，那也可以将此四分。据传当年的丁日昌就是通过巧取豪夺的方式，得到了郁松年宜稼堂所藏的宋元旧本。这种说法出自陆心源，但后来的伦明和徐绍棨因为同为广东人，故纷纷撰文替丁氏辩污。而日本目录版本学家岛田翰在《皕宋楼藏书源流考》中则称："心源因宋元本数种，而起猎猎曲成之辞，既伤友好，又欺后世。"

　　事情真伪如何，只能让专家们继续讨论下去了。但这段记载至少说明，巧取豪夺也是得书的方式之一。以这种方式得书，显然需要太多的附加条件，比如有权有势、无道德等等。能有这种条件和金钱的人还能爱书，想想也不简单，但大多数爱书人不具备这样的先决条件，那只能祈盼其他的得书方式。

继承是大批得书的好方法之一，这也应当是每个爱书人的梦想，但能实现这个梦想的先决条件乃是祖上也有藏书之好，并且这些书能够迭经多年而留传到自己手中。书籍的性质最为脆弱，水火兵虫皆可令其损伤甚至毁灭。若赶上烧书运动，那更是书籍的灭顶之灾。如果某家祖上的一份珍藏能够躲过这么多的灾难而留传下来，那才是斯文之幸。如果到后世分财产时，其他的弟兄对此没有兴趣，而全归了某位爱书人，其狂喜之色简直难以行诸笔端。

能够有这种福分之人毕竟是极少数，大多数的爱书人得书仍然靠辛苦买来。唐代杜暹曾言："清俸买来手自校，子孙读之知圣道，鬻及借人为不孝。"看来，即使在遥远的唐代，靠薪水买书也同样不容易。难怪他跟儿孙们讲，卖掉我的书或者把这些书借给别人都是不孝的行为。而明代绍兴大藏书家祁承爜刻了一方章，其章文为："澹生堂中储经籍，主人手校无朝夕。读之欣然忘饮食，典衣市书恒不给。后人但念阿翁癖，子孙益之守弗失。"祁承爜也在强调得书之何等不易，虽然他不像杜暹那样把卖书和借书给人看视之为不孝，但他依然告诫子孙，自己得书是何等之不易，希望他们将自己的所藏保护下去。虽然爱书人的这种痴情基本上以事与愿违终结，但想想他们那时的心态，完全可以用其心可悯来形容。

古代没有复印机，遇到孤本或买不到的书，只好靠抄写来拥有，故抄书也是古代得书的方式之一。然而抄书也是一大笔费用，无雄厚财力依然无法大量抄书。因此，通过买书来增加藏品依然是爱书人得书的主渠道。但买书也具有多样性：可以从私人手中买得，也可以去古旧书店选购，还可以像民国年间的一些大学者那样，坐在书斋中等书贾送书上门。

虽然得书渠道还有多样，但以我的经验，到书店去买书最慰我心，因为在店中选书之时，可以有意外之喜，而不像送书上门是对方来揣度得书人欲得哪些。书商虽然能够大约了解到相关爱书人的偏好，但他毕竟不是藏书者本人，无法真切地体味到藏书者在思维上的发散性。

转书店当然希望有许多店家聚在一起，那么多的书店毗邻而居，一家一家地看过去，且不论能够得到多少心仪之本，转书店的满足感就已无与伦比。当然，转书店的主要目的是得书，但并非每次转书店都有那么好的运气。徐志摩曾跟梁启超说："得之我幸，失之我命。"这句话显然是文人语言上的达观，天下的百媚千红，谁不愿意将其通通揽入怀中，但方方面面的能力有限，故只能以"曾经我眼即我有"来作解嘲。

这就好比女人逛街，有时她们结伴而行，高高兴兴地在街上转个半天，虽一件衣物未得，但心情之愉悦却丝毫未减。当你问女士这个结果是否遗憾时，她们大多会回答你说："看看也过瘾。"这句话用在爱书人转书街这件事上也同样适用，但是我不相信女人只逛不买和爱书人一本未得同样能心情愉悦。虽然结果貌似异曲同工，但爱书人转书街之时，哪怕未得心仪之本，他也会说服自己买一些并非急需的书，理由是：说不定哪天能用得着。这也正是爱书人对书街最为钟情的原因之一。

若以书市的历史悠久论，应当以长安的槐市为最早。《三辅黄图》载："仓之北，为槐市，列槐树数百行为队，无墙屋，诸生朔望会此市，各持其郡所出货物及经传书记、笙磬乐器相与买卖。"在西汉时期，首都长安已经形成了书籍市场。故而，槐市应当是现有记载中最早的书街。两千年过去了，这处书街无迹可寻，而我找到的最早书街是位于北宋的都城开封。那里的书店街，虽然北宋时并无此名，但据文献记载，此街的位置大约就是北宋时期的书市所在地。

元代对藏书重视度不够，故其是否有书街，我未看到相应的文献。进入明代，图书的交易日渐繁盛。而到了清代，则进入了中国学术史的繁盛期。朴学的兴起，使读书人对历史典籍的需求量大为增加。尤其乾隆年间编《四库全书》，使得琉璃厂的旧书业进入了鼎盛期，而在民国时期，旧书业依然延续了这样的繁荣状态。

近代因为海禁的开放，上海很快形成了一座超级大都市，旧书业也随之兴盛起来。经过了几十年的发展，上海渐渐成为江南地区的古旧书流通中心，最终它与北京的琉璃厂并列为中国古旧书流通业的两大市场。

1949 年后，随着相应政策的转变，古旧书业几起几落。到改革开放后，随着传统文化得以复兴，旧书业再度兴旺，而后又兴起了古籍善本的拍卖，使典籍的收藏更加深入人心。而各地古籍书店也参与其中，故中国古旧书业再入佳境，但北京和上海两大古旧书集散地的地位未曾撼动。

随着古旧书业的兴起，各地出现了不少的新兴旧书交易市场，而这些市场大多与其他门类的收藏品融合在一起。这种情况至今未曾改变，故很多爱书人都会到各地的古玩市场去淘书。

对于古旧书街的寻访，虽然我仅找到了本书中所列的数家，但却能够略窥当今古旧书市场的状况。而这样的寻访，仍然在进行之中，我还会继续探访下去，以便寻找到更多的古旧书街，呈现给爱书人。

韦力序于芷兰斋

2018 年 5 月 10 日

昔日辉煌　云烟过眼
北京琉璃厂古旧书街

　　无论从规模还是影响力来说，近三百年来的中国古旧书市，北京的琉璃厂始终是这个行业的排头兵，这里曾经聚集着大量的旧书店，直到今天，仍然是中国古旧书店最集中的地方。

　　琉璃厂有多个名称，比如厂甸书市、海王村书市等等，指的都是同一个地方。为什么会有这么多名称呢？这当然还要从其历史聊起。

　　清乾隆三十五年，工部营缮司郎中孟澍在琉璃厂一带监督工人开挖土方。在施工过程中，从地下挖到了一个古墓，此墓颇为奇怪，因为里面没有棺材，但旁边有一块墓志铭，孟澍从上面看到了如下的字迹：

　　　　大辽故银青崇禄大夫、检校司空、行太子左卫率府率、御史大夫、上柱国陇西李公，讳内贞……保宁十年（公元 978年）六月一日薨于卢龙坊私第，享年八十。其年八月八日葬于京东燕下乡海王村。

东、西琉璃厂由这个天桥连在了一起

原来，这里葬的是一位辽代的官员。这件事被朝官钱大昕听到了，他立刻赶往现场，希望能将那块墓志铭拓下来，可惜他去晚了，等他赶到时，那块刻石已经不知所踪。好在孟澍在发现那块墓志铭时，已经让手下把上面的文字抄了下来。钱大昕读到这个抄本，由此而了解了许多的细节，而后他特意写了篇《记琉璃厂李公墓志》，此文首先讲述了这块墓志铭出土的经过：

> 乾隆庚寅三月，琉璃厂窑户掘土得古墓，棺椁不具而骨节异常人；旁有一石，视其文，则《辽故银青崇禄大夫、检校司空、行太子左卫率府率兼御史大夫、上柱国陇西李公墓志铭》也。提督两窑厂工部郎中孟君澍募人改葬于故兆东二十

步，别买石书李公官位，表于道，而志石则仍瘗之。越十数日，予始得闻，亟往欲椎拓其文，不可得，世竟无拓本，惜哉！

看来，埋葬在这里的那位辽代官员李内贞也是位奇特的人物，他的骨节比平常人大得多，由此可以推断出他当年的容貌应该十分的魁梧，说不定长得也是奇形怪状。但重要的不是这些，最关键者则是墓志铭中的一句话："保宁十年六月一日，薨于卢龙坊私第，年八十；以当年八月八日，葬于京东燕下乡海王村。"而后钱在《记琉璃厂李公墓志》的结尾处说道："今之琉璃厂，在辽为城东燕下乡，正可互证；而海王村之名，亦好事者所当知也。"

看来，这块墓志铭的出土对海王村的历史追溯极有价值，由此让乾隆时代的人得知：原来琉璃厂在辽代时名称叫"海王村"。

"海王村"这个名称一直使用到了今天，这其中的缘由跟民国初年在此建立海王村公园有一定的关系。孙殿起在其所撰《琉璃厂小志》中说道："民国六年，钱能训任内务部总长时，倡议在窑厂前面空地上，建筑海王村公园。园门内叠石作山，种植杨柳、月季、刺梅等杂卉，又高搭席棚，设置茶座待客。自公园成立后，曾将土地祠拆让一半，北至西河沿，南通南新华街，使厂甸四通八达，变成为琉璃厂之中心点。"

海王村到元代有了"琉璃厂"这个名称，元朝在此建造大都城，而海王村乃是在大都城与旧城之间。从元代开始，北京大兴土木将旧城改造为了首都。建造皇宫需要大量的建材，而琉璃瓦的烧制就在现在海王村的地方。张涵锐在《琉璃厂沿革考》中写道："元

琉璃厂东街

代建都北京，名大都城。设窑四座，琉璃厂窑为其中之一。分厂在三家店，派士到西山采制琉璃瓦器之原料，由水路运至海王村之琉璃窑以备烧制。"

为了建造这个大都城，元朝在北京设置了四座琉璃厂窑，其中之一就处在海王村。这里的出产量应该极大，使得人们渐渐忘记了"海王村"这个名称，而改称这里为"琉璃厂"。当时制作琉璃瓦的原料主要是来自西山，但也有一部分则是就地取材，以至于将海王村这一带的土地挖成了很多的窑坑。看来当时不讲环保，对城乡接合部也没有整体规划，以至于这一带变成了大坑连连的破烂之地。但毕竟这里还生活着许多百姓，他们为了出行，就陆续在这些窑坑上建起了一些小桥，清李慈铭在《桃花圣解庵日记》中说道："盖自明嘉靖以前，外城未筑时，此地有水，西流为清厂潭，又西南为章家桥，又南为虎坊桥，又南为潘家河，而自厂桥南为梁家园，可引凉水河，处处经脉流通。"

看来琉璃厂一带曾经有很多的桥梁，这跟当地的水道发达也有很大的关系，因此这一带有不少的地名带有桥字。当然，最有名的就是"虎坊桥"了，直到今天，这个地名仍然在使用。而虎坊桥因为在琉璃厂旁边，所以"虎坊桥"这三个字也是北京古旧书市的代称。

琉璃厂还有一个名称叫"厂甸"，而今在四宝堂旁仍然有厂甸胡同存在，富察敦崇在《燕京岁时记》中写道："厂甸在正阳门外二里许，古曰海王村，即今工部之琉璃厂也。街长二里许，廛肆林立，南北皆同。所售之物，以古玩、字画、纸张、书帖为正宗，乃文人鉴赏之所也。"由此可知，厂甸就是海王村，而海王村也就是琉璃厂。

一个旧书市场竟然有这么多的名称，而这些名称到今天仍然鲜活地使用在爱书人的口中和文字中，我不知道国外的情形如何，至少在中国的古旧书市场上，恐怕是他处无法相比者。

虽然海王村的历史追溯到了辽代，但这里形成著名的书市却是到了明、清时期，现在已知记载北京书市最早的文字，应当是明胡应麟在《少室山房集》中的一段话：

凡燕中书肆，多在大明门之右及礼部门之外，及拱宸门之西。每会试举子，则书肆列于场前；每花朝后三日，则移于灯市；每朔望并下浣五日，则徙于城隍庙中。灯市极东，城隍

东琉璃厂口的第一家店铺

庙极西，皆日中贸易所也。灯市岁三日，城隍庙月三日，至期
百货萃焉，书其一也。

遗憾的是，胡应麟的这段记载没有提到"琉璃厂"或"海王村"这
些字样。看来，在明代时，北京的书市主要集中在今天的天安门两
侧。既然如此，那为什么天安门一带的书市没办多长时间就没有了
声响，转而琉璃厂一带又出现了新的书市呢？这件事还要从满人占
领北京谈起。

清顺治元年五月十一日，多尔衮下令将北京城内的汉族居民全
部赶出内城，只允许他们居住在南城一带，腾出内城专让满族和八
旗子弟来居住。用今天的观点来看，这是赤裸裸的种族歧视。多尔

衮的这个举措是站在满人优先论的角度，但他没想到的是，满族的官员也是人，他们除了在朝中为官，本人及其家属也同样需要接地气的生活。把汉人赶出了内城，这使得内城里的满族人购物消费变得很不方便，更何况精神生活方面也得不到满足，因为内城里已经没有了游戏娱乐之地。因此这些满族人仍然需要到南城去消费，所以南城一带迅速地形成了繁荣的市场。而更让人未曾料到的是，多尔衮的这个种族歧视政策竟然意外地推动了中外闻名的琉璃厂古旧书街的形成。

满人毕竟是少数民族，他们为了维持统治，仍然需要大量的汉族官员。但汉人已经被赶到了南城，那时又没有像如今这等便利的交通工具，这些官员上朝只能骑马坐轿，而距离紫禁城最近的外城就是琉璃厂这一带，故而有很多汉族官员也就住到了这里。此后满清政府很快恢复了科举考试，各地的举子们也都会聚集在南城一带等候考试，因此琉璃厂就形成了汉人之中文化人的聚集之地。

既然都是读书人，物质生活之外当然需要大量的书籍，同时恢复科考之后，这些举子们也需要大量的参考书，正是这些原因，琉璃厂渐渐成了书商汇聚之地。而一些地方官员的任命也要到北京来等候外放的指令，有些爱书人就会趁这个机会到琉璃厂看书、买书。

琉璃厂形成书市的时间大约是在清康熙时期，王士禛所撰《香祖笔记》中有"燕中书肆"一段："胡氏《经籍会通》云：燕中书肆多在礼部门外拱辰门西。花朝后三日，则移于灯市。每朔望并下浣五日，则徙于城隍庙中。今京师书肆，皆在正阳门外西河沿，余唯琉璃厂间有之。"看来，在康熙时期，琉璃厂虽然已经有了旧书店，但还没有形成较大的市场。而后由于读书人的聚集，使得这个不大的市场渐渐红火了起来。

而其中有一位爱书人最为有心，此人叫李文藻，他在乾隆年间在京等候任命，这个等候期长达五个多月之久，他说自己不喜欢看戏、逛茶园，只是每天到琉璃厂去逛书、抄书。而后他写出了一篇《琉璃厂书肆记》，其在此《记》中说："惟日借书钞之，暇则步入琉璃厂观书，虽所买不多，而书肆之不到者寡矣。出京后，逆旅长夜不能寐，乃追忆各肆之名号及所市书之大略记之。"

李文藻后来被任命为广东恩平县知县，在离京赴任时，因为旅途中无事，于是靠回忆记下了琉璃厂一些旧书店的情形，比如他在文中写道："入门为嵩□堂唐氏、名盛堂李氏，皆路北。又西为带草堂郑氏、同升阁李氏，皆路南。又西而路北者，有宗圣堂曾氏、圣经堂李氏、聚秀堂曾氏。路南者，有二酉堂、文锦堂、文绘堂……"

李文藻的记录颇为简单，他只是记下了一些店名以及其中所售之书，偶尔也会记录一些他跟书商的交往细节，因此李文藻的这篇文章可以说是已知第一篇琉璃厂旧书店的整体描绘之文。

有些文献说，琉璃厂的兴盛是因为乾隆年间纂修《四库全书》。这样的说法确实也有道理，因为《四库全书》的纂修需要大量底本，而当时的参考书除了宫内所藏之外，并没有公共图书馆可利用，所以那些四库馆臣们就会到琉璃厂来找相关的文献。翁方纲在

《复初斋诗集》的自注中写道："乾隆癸巳，开四库馆，即于翰林院藏书之所。分三处：凡内府秘书发出到院为一处；院中旧藏《永乐大典》内有摘抄成书汇编成部者为一处；各省采进民间藏书为一处。每日清晨，诸臣入院，设大厨，供茶饭，午后归寓，各以所校阅某书应考某典，详列书目，至琉璃厂书肆访之。是时江浙书贾奔辏辇下，书坊则五柳居、文粹堂为最。"

这段话写明了四库馆臣的工作方式，这些人上午到四库馆去工作，下午就列出书单，而后到琉璃厂书店去寻找相关书籍。如此大量的需求，自然也就形成了市场，于是乎，各地的古书都汇集到了琉璃厂，使得这里渐渐形成了中国最大的古旧书集散地。

显然，《四库全书》的纂修促进了琉璃厂的大繁荣，但是李文藻所写的《琉璃厂书肆记》是在乾隆三十四年，《四库全书》的编纂却是在四年之后。由此可证，即使没有《四库全书》的纂修，琉璃厂也因为历史原因，已然形成了一个大的古旧书市场，而《四库全书》的纂修，则使得琉璃厂书市锦上添花。从那时起，琉璃厂在书界的名声得以确立，虽然其中也有曲折，但这段历史一直延续到了今日。而在这个过程中，有太多的文人将他们在琉璃厂访书的经历记录了下来，今日读到这样的文字，确实能让爱书人顿然生出过屠门而大嚼的愉悦。

大藏书家黄丕烈曾经到琉璃厂来买过书，而他在这里的收获中，最让他高兴的乃是一部影抄金刻本的《蔡松年词》，虽然这是一个残本，然而却流传极其稀见，以至于他高兴地写了一首诗：

琉璃厂里两书淫，
茇友茇翁是素心。
我羡小琅嬛福地，
子孙世守到于今。

在这里，黄丕烈把自己跟书友张燮并称为两个"书淫"，可见他们在这里一同访书是何等的快哉！他返回苏州后，仍然跟琉璃厂的书商有着密切交往，并且从他们那里买到了宋刻本的《王右丞文集》等佳本。而在这个阶段，黄丕烈还结识了朝鲜藏书家柳得恭，二人有着通信交往。

柳得恭在京期间，只要有空就到琉璃厂去访书，故而他跟不少的琉璃厂书商成了朋友，之后他写了篇《燕台再游录》，其中写道：

崔琦，琉璃厂之聚瀛堂主人；陶生，五柳居主人也。崔是钱塘人，陶生亦南边人也。自前李懋官游燕时，及庚戌秋，多购书于五柳居，故陶有旧好，崔则新面也。聚瀛堂特潇洒，书籍又富，广庭起簟棚，随景开阖，置椅三四张，床桌笔砚，楚楚略备，月季花数盆烂开。初夏天气甚热，余日雇车至聚瀛堂散闷。卸笠据椅而坐，随意抽书看之，甚乐也。

看来，柳得恭在琉璃厂旧书肆访书的过程十分的愉快。而后他还记录下很多跟琉璃厂书商交谈的细节，他们甚至议论朝政，俨然已经成了无话不说的密友。而在乾隆五十五年，朝鲜学者朴齐家也到琉璃厂来买书，他在旁边的万源夹道去看望了孙星衍，并且还给孙题写了问字堂的匾额。

到了晚清民国间，琉璃厂书市依然很繁荣，那时的大藏书家叶德辉也来这里访书，而后他写了篇《都门书肆之今昔》，收录在了他的《书林清话》卷九中。当时书价之贵令叶德辉很不满意："今则蓝皮之书，充牣肆市，西域之韵，篡夺风骚；宋椠贵至千金，插架等于古玩，廖板齿侪十客，牟利甚于榷场。以故鬻书者日见其多，读书者日见其少。"

看来，琉璃厂当时的书量还很大，但是宋刻本已经是千元以上的价格，这让叶德辉感慨：只有土豪才买得起。那个时代，宋版书已经论页算，震钧所撰《天咫偶闻》中有《读李南涧琉璃厂书肆记》一文：

> 至光绪初，承平已久，士夫以风雅相尚，书乃大贵。于时南皮张孝达学使有《书目答问》之作，学者按图索骥，贾人饰椟卖珠，于是纸贵洛阳，声蜚日下，士夫踪迹半在海王村矣。然其价亦不一，宋椠本计叶酬值，每叶三五钱；殿板以册计，每册一二两；康乾旧板，每册五六钱；然如孙、钱、黄、顾诸丛书，价亦不下殿板也。此外新刻诸书，则视纸板之精粗、道途之远近以索值：大抵真字板较宋字赢十之三，连泗纸较竹纸亦赢十之三，道途之远较近者又赢十之三，于是同一新板，有倍价者矣。

震钧认为，在光绪初年，古书价格飞涨跟张之洞有关系，因为他写了一部《书目答问》，很多学人就把他的这部书当成了购书指南，凡是上面点到者，都会价格飞涨。而那时的读书人大多都有买书之好，以至于宋版书开始论页算，殿版书则是论册算，甚至一些较为精整的坊刻本，价格也不在殿版书之下。

这段记载倒是很形象，但我对震钧的这些说法还是略有疑问，因为张之洞的《书目答问》中所列之书都是清代的通行本，其中没有宋元，也很少提到殿版书。因此琉璃厂书价大涨应该是一个事实，但不能将原因算在张之洞头上，因为爱书人的增多而出现了供不应求的局面，这才是市场涨价的主要原因。

叶德辉的这个感慨直到今天仍然是读书人面对善本的心态，他感慨自己没有生在黄丕烈、李文藻的时代，但他也认为自己身后的爱书人，同样也会感慨他所处的时代也是一个好时代："吾生也晚，恨不如荛翁、南涧生际圣明；后之视今，恐犹有一蟹不如一蟹之慨者。吾恒言：今日藏书之人，即昔日焚书之人。何者，羽陵之蠹，酷于秦灰，藏室之龙，化于胡地；周末文胜而鼎移，明季社多而国乱。管子有云：美者恶之至。其今日风尚之谓乎？"

叶德辉果真道出了爱书人的心声：到了我辈，大量的好书已经庋藏在了公共图书馆的善本库内，我等只能买一些公馆遗留下来的残余。这样的感慨不知在一百年后是否仍然成立。然而缪荃孙又接续李文藻，写了篇《琉璃厂书肆后记》，缪的这篇文章距李的那篇已经相隔了142年，缪在文中的《补记》中写道："余辛亥出都，遁迹海上，忆昔太平盛世，士大夫之乐趣有与世人异者，因作《琉璃厂书肆后记》），为李南涧大令之继。甲寅秋日，重作京华之行，时时阅厂，旧肆存者，寥寥晨星，有没世者，有闭歇者，有易主者；而继起者亦甚众，则《后记》已可与李记同作宣南掌故矣。"

李文藻在《书肆记》中所记的书店，到了缪荃孙的时代已经所剩寥寥，以此可见旧书店的变化是何等之快。而在缪荃孙之后，孙殿起又写了篇《琉璃厂书肆三记》，他在前序中说"清末以至今日，又二十余年"，所以他专记缪荃孙之后琉璃厂书店的变化，但他所写之详远超缪荃孙 20 倍以上。而此后，雷梦水又写了篇《琉璃厂书肆四记》，他的所记是接续上孙殿起的那个时代，从 1940 年写起，一直记录到 1958 年公私合营时期琉璃厂旧书店的情形。雷梦水的所记主要是偏重一些旧书店的经营情况，他所记录的一些细节让后世得以了解到琉璃厂在这个特殊时期的旧书经营实况。

雷梦水的《四记》中，我最感兴趣的一段是他记录下了魏广洲的多文阁，虽然说多文阁不是琉璃厂的一家大书店，但店主魏广洲却是我跟老一代书商中有着最多交往者。对于魏广洲的情况，虽然我从老先生那里听到了太多的细节，但还有一些事情也并非我完全了解，比如孙殿起在文中讲到了这样一个故事：

> 一九四八年由文奎堂得开化纸影宋钞本《古灵先生文集》一部，计二十五卷，宋陈襄撰，售与文禄堂王搢青先生，其后又转归赵元方先生；同年秋与文渊阁、修文堂、来薰阁合资伙购傅忠谟家藏书一批，系傅氏托四行储蓄会朱鼎荣所售，其中有宋板《苏诗》，宋板残本《周礼》四册（首有傅增湘肖像）

等书，价为一千四百万元。惟《周礼》归周叔弢先生，《苏诗》解放后售价五百元。此次四家之购书费，系向银号贷款，二十八分利息，进货价格甚高，亏本甚巨。

其实这个故事魏广洲给我讲过多次，而他每讲一次都会情绪激动，他认为自己书店的衰败就是源于这件事。然而魏广洲给我讲到的一些具体经手人，却未曾在雷梦水的文中出现，我不知道雷先生是否是"为尊者讳"，但是有些事情如果接触真相，倒也的确不好看。

琉璃厂在民国年间的确很兴旺。日本学者长泽规矩也曾七次到中国来访书，他除了收集自己的研究资料外，还为日本静嘉堂购买善本。他在1931年的《中华民国书林一瞥》中写道："旧书铺，北平当属第一，地方书贾们则一方面由于无力追随旧书匮乏所引起的旧书业行情的变动，另一方面由于自学校设立以来，学者们不再像古代那样在地方上常住，也影响了地方上专业书籍的销售，稍有新异的东西就立刻送往大都会。因此，地方的集散地便日渐凋零起来。"

长泽规矩也认为中国旧书店之多以北京为第一，而后他又分析了这其中的原因。而伦明也同样这样认为，他在《续书楼记》中说道："京师为人文渊数，官于斯者，多由文学进身，乡、会试之士子，比年一集；清季变法，京朝官优给月俸，科举虽废，高级学校相继立，负笈来者尤众，以故京师书业甲全国。"

对于琉璃厂何以成了中国最大的旧书市场，徐雁在其专著《中国旧书业百年》中总结到："北洋政府参议、众议两院议员争相购买诗文集，也曾带动整个集部旧书的价格攀升。以厂肆为代表的燕京旧书业，是 18 世纪以来我国南、北方藏书家淘书的最大乐园，也是反映京城政局、学界时尚和文坛风习的晴雨表。它的兴衰，往往与我国私家藏书的命运息息相关。"

我从 20 世纪 80 年代也开始跑琉璃厂，但因眼界所限，前十年没有买到任何的善本，这个结果有几个原因。第一当然是因为没钱，虽然那个时代的书价用今天的眼光看起来，已然是贱烂如泥，但与当时的个人的收入相比，依然是买得很费劲。第二个原因则是那个时期有着特殊的销售政策，好书首先要卖给公共图书馆，其次则卖给一些重要的文人学者，最差的部分才会卖给像我这样的吃瓜群众。总之，这一切情形造成了我对琉璃厂的爱恨交加。

好在我买书的时代已经开始举办琉璃厂古旧书市，1 块钱到 3 块钱一本的线装书，怎么也能买得起。我印象中，琉璃厂的门市部内摆在架子上的书都不便宜。有一次在来薰阁店内，一次性看到了二十余部清顺治内府所刻的《御注道德经》，此书原装原函，开本阔大，售价是 20 元，熟人买是 18 元。

此书函套使用的是一种特殊的蓝绫，色泽十分漂亮，然我却不舍得花 18 元买上一部。那时跟一些老师傅混得脸熟，其中一位师傅竟然在库内找到了一个空函套，以此来送给我。此事已经过了近 30 年，我也没能用这个函套配上书，而该书的价格却一直不停歇地涨到了今天，我眼看着它从 18 元变成了 200 元，而后步步高升，走到了今天的 20 余万元，因此每当我看到那个空函套，就会感念

来薰阁

老师傅对我的照顾，也会想到这个令人望而却步的价格。

到琉璃厂来访书有着太多的回忆在，能够写出的故事我已大多写在了其他文中，而不能说出者也只能留待以后可说之时了。好在我对琉璃厂的爱远远大于恨，因为我在这里结交了许多朋友，以书为纽带也认识了不少的学者与读书人。正是他们教给了我许多鉴别书的方法，让我不自觉地接受了很多目录版本学上的知识。

琉璃厂这条街被南新华街分成了两部分，这两者之间的中心位置就是海王村公园广场，广场并不大，有时会举办一些文化活动，而广场的北端就是四宝堂。在建立四宝堂之前，这里围起来的是一个大空场，20 余年前的古旧书市都是在这个空场内举行。当时的卖书方式很特别：中国书店从线装库内整卡车地拉出残本，而后一股脑地倒在空场的地上，看上去像堆起了一座小书山，爱书人都围

海王村公园门口的广场

在门口等候着，一到开门时间，众人蜂拥而上，像抢财宝那样一捆一捆地占上书，然后再慢慢挑选中意者。我在这里看到过太多的学者飞奔上前抢书的情形，斯文在这一刻是毫无用处的，可惜我眼力不济，当时的目录版本学知识实在太浅，虽然也在这一次次的书市中买到了不少书，但今天看看，没什么像样的版本。

这样的书市在20世纪90年代中期仍在举办，但是卖书方式已经斯文了很多：书店事先用一些门板排成长长的柜台，而后把线装书书脊朝上，在门板上摆满，任由爱书人来挑选。以当时的眼光来看，价格已然不亲民，涨到了30元一册，但若细细挑选，仍有好书在，我曾买到了明大黑口本的《锦绣万花谷》，虽然是残本，但我却买到了其中的原装6册，而另有一位老书友也买到了6册。

老先生的所得与我手中所得显然是一套书，众书友见此状况，纷纷劝我们将书合在一起，于是我向这位书友提出，或他以原价卖给我，或者我以原价转让给他，总之，不要将这部书再拉散。按说这是极合理的提议，却没想到遭到了此人的坚拒，他说自己只想要手中的这 6 册，既不愿意卖给我，也不想买我手中的这 6 册。他的这种怪异遭到了多位书友的侧目，而今 20 多年过去了，我再没见到过这位老先生，不知他那 6 册《锦绣万花谷》今天到了哪里。

原本中国书店总部处在琉璃厂西街的第三读者服务部楼上，我曾在这里得到过不少的好书。20 年前书价还未大涨，古旧书店的经营状况也不是那么好，因此每到年底完不成任务时，我会有幸被召唤去补上差额，由此而能得到一些好书。

大概在 1997 年，中国书店成立了自己的拍卖公司——海王村拍卖有限公司，地点就设在第三门市部内。因为要看拍品的缘故，所以我来这里的次数就多了起来。当时的预展举办地是在三楼的会议室，一楼的古旧书柜台仍然对外开放，因此每次我来看预展时，都会顺便在第三门市部翻看线装书。

大概到了 2003 年，这个门市部改为了"文化遗产书店"，而后中国书店总部也迁到了邃雅斋楼上，拍卖公司也一同迁往此处，致使文化遗产书店成了中国书店下属门市部中线装书最多的一处，我在这个阶段买到了更多的好书。可惜这个著名的书店仅开办了几年就被关闭了，经过改造，这个书店变成了对外出租的画廊。每当我走到这个画廊门口时，眼前都会浮现书店开业当天的情形，当时有多位领导讲话，而给我留下深刻印象者，乃是季羡林先生站在台阶上，缓缓地讲述着琉璃厂对于学人的贡献。

虽然说"神马都是浮云",但过去的这一切确实能让我体味到——往事并不如烟,多少爱书人在这条街上流连忘返,他们带走了书却留下了记忆。

　　相比较而言,琉璃厂东街书店较少,但也有几家是我曾经常去之地,而今再转到这条街上,已然变成了古玩的天下,这里一家书店都没有了。看来,书籍战胜不过古玩,在其侵蚀之下,琉璃厂由一条著名的书街渐渐蜕变成了古玩街。

　　虽然四宝堂还在,但早在十几年前已经停止经营古书,变成了纯粹的文房用品店。此店也曾是我的淘书宝地,我在这里买到过不少的好书,印象深刻者是在这里看到过一部蓝印本的《东坡七集》。此书为民国精刻本,整部原装为 48 册,但这里却缺一本,我固有

四宝堂

的完缺之见，使我未能以 8000 元的价格买下该书。几年之后，我到太原郭维峰老先生家看书时，赫然看到这部书已经放在了他的书架上。

海王村拍卖公司搬到邃雅斋楼上后，这里又成了爱书人的聚集之地。邃雅斋的一楼是新书，这里单独把目录版本学之书汇成了一排专架，特别方便爱书人到此挑选，我很多的工具书也是从此处购得。此店的二楼则是古旧书区，当时张晓东先生任门市部经理，我在他的手中也买到了不少的好书。张经理是位懂书之人，在他手里虽然捡不到便宜，但是他的开价却并不离谱，而且他待人热情，所以他当过几个门市部的经理，每到一处都会把爱书人吸引到他的店中。

后来中国书店总部又迁到了虎坊桥，这里空余的房间就成了拍卖公司的办公场地，彭震尧先生一直任拍卖公司的经理，前几年退休后，依然在拍卖公司担任顾问。彭经理也是位有着天然亲和力的人，所以书友们都愿意与他交往。我常到琉璃厂各家书店一家一家转过来，转到疲累之时，就会本能地到拍卖公司去歇脚，而彭震尧和刘建章两位老师则会马上订来快餐，在此边吃饭边聊书，这样的快乐真是难以用语言来形容。

跟琉璃厂有关的故事太多了，真的无法一一点到，我盼望着有一天能够整理自己的日志，效仿孙殿起、雷梦水等人，写出《琉璃厂书肆五记》。虽然我的所记跟他们那个时代已经无法比拟，但毕竟这是新时代的所见所闻，这样的文章至少对研究中国书史能有着些许的小作用吧。

早于厂甸　名家汇聚

北京报国寺书市

全国的古旧书市场应该以琉璃厂最为响亮，然就时间来论，琉璃厂却并非北京最早的书市。孙殿起在《琉璃厂小志》中说过这样一段话：

> 北京书市，有文献可征者，当以胡应麟"少室山房集"中所称在大明门之右为最早，即今正阳门内，中华门前右隅也。又称：礼部门外，拱宸门之西，每届会试期，书肆列于场前，后徙于西城之都城隍庙，月有会期。清初南移于广安门内之慈仁寺，寺为辽金时报国寺旧地，明成化初，易称大报国慈仁寺。

北京的书市起于何时？因为没有相关的文献记载，所以难知其确切的起始时间。以今日的资料来看，明胡应麟在《少室山房集》中的所言为最早之出处。胡应麟所说的大明门就是今日的正阳门，此门位于天安门的正前方，看来北京当年的图书市场乃是位于都城的正中心位置。再后来几经转变，到清初时北京书市转移到了广安

报国寺入口

门内的慈仁寺，而此寺就是今日的报国寺。如此论起来，报国寺书市的历史至少要比琉璃厂书市早了七八十年。

相比较而言，北京的几处古玩集散地，我对报国寺最为熟悉。这其中最主要的原因，乃是二十几年前潘家园还未形成那个大市场，故喜好收藏的人大多都会跑到报国寺去淘书捡漏。就面积而言，报国寺的场院要比潘家园小许多，然而每到周六下午，这里就开始热闹起来，到了周日的当天，报国寺内已经拥挤到走不动路。这是因为北京与天津之间距离较近，很多摊主都是在周四周五于天津的沈阳道摆摊，周六周日则移师北京，而他们前往北京的目的地就是报国寺。

报国寺离广安门很近，然而该寺并不处在街面上，好在广内大街上立着一个水泥牌坊，牌坊之后则有一百多米的道路，路的两侧全部都是小餐馆，这些餐馆也就成了摊主和淘货人的吃饭雅聚之地。我时常在这些简陋的小饭馆内听到邻座谈论着数额巨大的古玩买卖，他们口中所报出的数字听来能数出很多个零，但语调的确可以用"轻飘飘"三个字来形容。这些数字与饭店的环境极不相衬，每当我听到这样的谈论都会产生不知今夕何夕的错乱感。

这条奇异小路的顶头位置就是报国寺的正门，十几年前，《中国收藏》杂志社诞生于此院，直到今日该刊仍扎根于此。由于这个原因使得我到报国寺又多了一件事，那就是到该社一坐，与社里的几位老师谈天说地，就好像收藏之事已然是生活的全部，颇有唯天为大唯书则治的意味。

报国寺的收藏市场越来越火，而后就有了管理者，在后院的中庭位置以及两侧的过道，渐渐有了固定铁皮柜的长久摊位，而这些摊位被一些店主承包下来。我在这些摊位上倒是买到过几部线装书，其价格也并不比地摊上贵多少。按照业界的说法，这些固定摊主就是从地摊上捡漏，而后再加价摆在柜台上卖，所以一般的藏家都不喜欢到这种固定摊位上去淘货。然以我的经验看，直接在地摊上捡漏固然可喜，但这种机会不仅是千载难逢，并且在大多数情况下摊主往往都是漫天要价，而他们对那些固定摊主却能以很便宜的价格成交，故这些摊主加价后也并不比直接从地摊那里买的贵出多少。当然，真正的天漏儿绝无可能轻易到手，所以我也不做这样的奢望，因此这么多年来，我在报国寺没有捡到太多的便宜。

然而我捡不到便宜并不等于说报国寺没有便宜可捡，比如说王渔洋就曾经在报国寺买到过很多的好书。他捡漏的过程有不少都写入了《居易录》中，比如他说："予于慈仁寺市，得徐一夔始丰稿文十四卷，无诗。陈继儒尝称一夔宋行宫考、吴越国考，研检精确。予观集中，如《欧史十国年谱备证》《钱塘铁箭辨》等篇，皆极精核，不独二考也。"

王渔洋明确地说，他正是在慈仁寺也就是报国寺内买到了明初著名文人徐一夔的著作《始丰稿》，而这位徐一夔在明洪武三年受皇帝之命编纂了《大明集礼》。他的著作流传不广，王渔洋能够在三百年后买到也真是一种缘分。除此之外，王渔洋还在报国寺内买到过不少的好书，比如"二十五日，朝审毕，过慈仁寺，阅故书摊。买得《陶隐居集》三卷，嘉靖中赣人黄吏部注，汝霖刊于虔州，宋礼部侍郎王钦臣所集也；有注，及吉郡胡直序，陈侍中尚书令江总元序。又《二曹诗集》各三卷，唐诗人邺、唐二曹也，一临桂人，一阳朔人，皆西粤产；有蒋文定公冕序，文定亦粤全州产；此集谢肇淛在杭刊于桂林，曹学佺能始序之。"

看来，王士祯在报国寺内书运颇佳，但他也有走麦城的时候，他把这样的痛苦过程也写入了《居易录》中："予家自太仆、司徒二公发祥，然藏书尚少，至司马、方伯二公，藏书颇具矣，乱后尽毁兵火。予兄弟宦游南北，稍复收缉。康熙乙巳，自扬州归，惟图书数十篋而已。官都下二十余载，俸钱之入，尽以买书。尝冬日过慈仁寺市，见孔安国《尚书大传》、朱子《仪礼经传通解》、荀悦袁宏《汉纪》，欲购之。异日侵晨往索，已为他人所有，归来惝怅不可释，病卧旬日始起。古称书淫、书癖，未知视予何如？自知玩物丧志，故是一病，不能改也，亦欲使我子孙知之。"

王渔洋在此先讲述了家族藏书史，因为战争的原因，祖上的藏书损失殆尽，他兄弟二人考中进士后在各地为官又开始收书，而他主要的收书地点则是在北京，他说自己在京任职二十多年，所得的俸禄基本上都买了书。然而在某年的冬天，他看到了几部难得的好书，可能是身上带的钱不够，当时没有买下，第二天一大早再赶往报国寺，可惜那批书已经被别人捷足先登了。这个结果令他大为惆怅，以至于得了一场大病，躺在床上十多天方缓过神来。这让他自己都觉得有些玩物丧志，然他仍然强调，即便如此他也不想改这个"恶习"。

从他人的记载来看，王士禛很多时间都是流连忘返于报国寺内，比如康熙时李柟写过一首诗，此诗的题目为："十五日偶游慈仁寺庙市，值大司寇王阮亭先生买书而来，旁有相士献谀词，口占一律。"此题目像是小序，他说自己偶然到报国寺游玩，在那里就碰到了王渔洋，当时王渔洋正买了一批书，而其旁边站着一位相面人，正在那里大夸渔洋的长相气度非凡，李柟觉得这个场景太有画面感了，于是就写了这样一首诗：

> 先生在昔领霜台，此日何期更忝陪。
> 入市偶缘寻竹去，懒朝特为买书来。
> 哀矜共想人能活，骨相何劳客漫猜。
> 天若报施容早退，相逢不用指三台。

清初戏剧大家孔尚任写过一首《燕台杂兴》：

弹铗归来抱膝吟，侯门今似海门深。

御车扫径皆多事，只向慈仁寺里寻。

对于此诗所描绘的内容，孔尚任在该诗的后面作了如下一段小注："渔洋龙门高峻，人不易见，每于慈仁庙市购书，乃得一瞻颜色。故《古夫于亭杂录》云：昔有士欲谒余，不见，以告昆山徐司寇。司寇教以每月三五，于慈仁书摊候之，已而果然。"那时的王渔洋已然是文坛盟主，所以很多人都想见到他。然而寒士要想见到王渔洋并非易事，于是有人出主意说，可以等到报国寺书市开市的时间，到寺内的书摊去等候，就能够见到渔洋山人。对于这样的传说，翁方纲在《题王文简载书图》八首之一中写道：

手植红棠衬绿苔，为安书帙画栏开。

记从三五招邀夕，每到慈仁寺里来。

翁方纲在此诗的小注中亦称："相传同时诸公候先生者率不相值，惟于慈仁寺书摊相访则见之。"看来，要想见到王渔洋，前往报国寺的书摊去等候，这是个很不错的办法。由此也可了解到，王士禛的业余时间大部分都消磨在了报国寺内。既然如此，那些找渔洋公干的人为什么不到工作场所或者他家中去与之见面呢？对于这个问题，孙殿起在《琉璃厂小志》中给出了如下的答案："清初，官僚私邸，居宣武城南者为最多。据云，拜访王士禛，屡次不得见，到报国寺书摊，必遇之。盖因各大宅第门房传达，最为势利，亦最可恶，凡有不甚著名之客，欲见其主，彼辄持柬至内院，转弯而出，声称挡驾；实则彼固未尝往告其主人也。故外官晋京，谒见达官，有递门包之名称；门包者，贿赂之一种，纳此贿赂，门房始允代达，且亦视门包之多寡，必餍其欲而后已。此不良之风，近已无之。"

孙殿起说，当时的很多看门人特别势利，往往接过求见人的名片，在院里转了个弯儿就返出来，告诉客人说主人有事不见等等。只有懂得规则的人给这些看门人贿赂，方才能够真正通报到主人那里，但即便是贿赂也要看能否满足看门人的心理预期，否则的话照样见不到主人。那些没钱的穷书生，或者说不愿意贿赂这些看门人的求见者，他们只能另寻门径，于是就发明出了到报国寺书摊上去偶遇王渔洋的妙招，可见王士禛到报国寺的频率是何等之高。

王渔洋为什么把大量的业余时间消耗在报国寺内呢，当然淘旧书是主要原因，但从其他的材料看，他来此处也不仅仅是淘书。王敬之写过四首慈仁寺的诗，其中第三首诗的小注透露出了另外的信息：

事业名山定是非，
枣梨庋阁抵皈依。（渔洋山人曾贮诗版于寺）
从今书肆休重设，（寺旧为市古书之所）
梵夹经台解得稀。（主僧日登讲座，北秀渐宗家风如是）

看来，王士禛刊刻的诗集书版也曾储存在报国寺内，不知道这些书版是否为该寺所刻，但至少说明王渔洋跟此寺的关系非同一般，说不定他的诗集就是在该寺刷印的。

报国寺内除了书也能买到其他的有意思之物，比如明末清初的金石学家孙国敉在《燕都游览志》中写道："顺治己亥，京师慈仁寺市有鬻故书者，卖一敝刺，大书'客氏拜'三字。宝应朱国桢克生以三钱得之，赋《客氏行》。友人笑曰：使当天启时，此一纸，胜诏旨远矣。"

顺治十六年，在报国寺的某个旧书摊上摆着一张破烂的旧名片，上面写着"客氏拜"三个字。著名文人朱国桢看到后花了三钱将其买下来，而后写了篇《客氏行》。他的朋友看到后大笑，此人调侃称，如果在天启年间谁要能得到这样一张名片，其价值远超圣旨。这是因为客氏乃是天启皇帝的奶妈，而她在宫中与大太监魏忠贤关系暧昧，按照那个时代的称呼，二人是"对食"关系。虽然很多大臣看不惯客氏的所为，但皇帝却十分地袒护她。所以朱国桢的朋友才会调侃说，谁能得到客氏的名片，在天启年间可以横通天下。

报国寺内除了这些杂物，好的碑帖也不少。王宗炎写过一首《题许郑学庐所藏宋拓醴泉铭》，此诗的前两句及夹注为：

醴泉翠墨半珠沈，(康熙甲辰，申随叔得是帖残本三百余字，乾隆辛巳，吾邑莫二玉游广平，又分得一百九十六字)

谁向慈仁寺市寻？（康熙时，京师卖古书法帖，多在慈仁寺市）

在报国寺内还能买到宋拓本，可见这里有着何等多的宝物，这样的宝地当然令人流连忘返。汪启淑在《水曹清暇录》中记录了一个这样的故事：

张晴峰，名衡，直隶景州人，辛丑进士，性旷达，官工部水曹郎，贫甚，不能举火。一日，贷钱过慈仁寺，见心爱书，即倾囊买之，携归，啜茗展读，怡然忘饥。

看来张晴峰乃是一位真正的爱书之人，此人为官清廉，家里穷得揭不开锅，于是靠贷款维持生活。然而他借钱回来时路过报国寺，在寺内看到了一些难得的好书，于是立即把借来的钱全部买成了书。回家后喝着茶翻书，竟然忘记了辘辘的饥肠。可惜汪启淑没有记载下张晴峰究竟买到了怎样的好书，以至于能让他忘记饥饿。

以上所记乃是买书人的欢娱，有买就有卖，而卖书人也在这报国寺内有着欢喜。孙殿起在《琉璃厂小志》中记载了这样一个故事："书商胡君治稳（玻璃厂正文斋书铺伙友），往某宅送书，经过该地书摊，以纹银一两五钱，购得明嘉靖间通津草堂刊本《论衡》一书，随将此书卖于某宅，得价纹银二十两，异常欢喜。"

有位叫胡治稳的书店伙计，老板让他送书到某位大户人家，在送书的过程中他路过报国寺地摊，无意间看到了一部明代嘉靖年间通津草堂刻的《论衡》。这可是一部名书，胡治稳花了一两五钱的银子买下了该书，而后他接着到大户人家去送书。没想到此人看上了这部《论衡》，以二十两银子买了下来，不一会儿的时间就赚了十几倍的利，这让他很高兴。看来这位胡治稳还算是一位诚实的人，他返回书铺后把这个好消息告诉了老板。胡治稳认为老板肯定会表扬他会做生意，没想到的是："返铺面告铺长；不意铺长闻之，喟然不悦，戒之曰：汝能买书获利，固然可嘉，但此书尚未经吾过目，自主卖去，则于情理有所失当。"

不知道老板说的是否是真话，总之他对胡治稳的这个作为表示了不满，真不知道要赚多少倍的利才能让老板满意。由这个侧面也可得知，从事古书行业者如果有好眼力的话，也能够轻易地赚得暴利。

可惜的是，到了我这个时代，已经在摊位上看不到这等质量的好书了。从前人的著作中能够读到，有那么多的名人都在报国寺捡到了大便宜，而我在二十多年的时间内，断断续续地来过报国寺无数趟，却仅有一次买到过一部手稿。除此之外，再无可炫耀者。

也许是我做事目的太过明确，以前来报国寺这么多趟，却从未想起在此拍照，这次为了写这篇小文，我特地来此处拍照一番。

报国寺位于北京市西城区广安门内大街报国寺1号。此番故地重游，牌坊后面的两排小饭馆全部被拆除掉了，那一连串的数字金钱也随之没有了影踪。真不知道人说过的话是否也能够能量守恒，如果有可能的话，这小饭店内传出的数字金额应该汇聚到另一个集散地。

以往来报国寺，我都是以要到《中国收藏》办事的借口把车开入院内，但这次却被保安阻止了，因为杂志社那天不办公。观察一番，我把车停在了正门的西侧，而这里正是亭林祠的正门。在报国寺旁建有顾亭林的祠堂，不知道有着怎样的掌故，可惜这么多年来，我却从未见这个祠堂的大门打开过。

走入报国寺院内，可谓景色依然，只是有些大殿的门楣上挂上了不同的匾额，形成了各具特色的收藏馆。我不知道什么原因，在中国，各类收藏都能形成自己的群体和组织，从这个角度来说，多个组织汇集在报国寺，也应当算作是中国收藏组织的总部基地。可惜的是，这些组织中却没有藏书馆，毕竟在历史上，报国寺的书市

二十来年我从未见这个门打开过

最为后世津津乐道。而今时过境迁，报国寺已然成了杂品的天下。虽然我也曾有收集杂品的偏好，但在我的心目中，各类藏品中仍然以古籍品类最高。爱好杂品之人，当然不同意我的这个偏私。但我不会为此而致歉，毕竟藏书是个人的事情，我依然盼望着报国寺在某个时候能够出现古籍收藏馆，以此来接续上北京书市的历史源头。

名冠宇内　善本难觅
北京潘家园旧货市场

以名气论，潘家园可谓是当今国内最有名的旧货集散地，其声誉甚至传播到了国外，刘川生、宋贵伦主编的《2006年北京文化发展报告》中称："2006年北京周刊转载的美国旅游生活探索栏目关于世界十大'跳蚤'市场评比，潘家园旧货市场是我国唯一入围的市场，位居第六位。"

潘家园虽然在世界十大跳蚤市场中仅列第六，但在中国却是第一，然而从其创建直到今日，这个市场的年龄也仅二十多岁。我不知道国外的九家著名跳蚤市场是多大的岁数，但以我的想象，潘家园应当是这十家中最年轻的一个，也正因为如此，潘家园的存在可谓是一个奇迹。

关于潘家园一名的来由，按照《北京市朝阳区志》上的所言，是"因境内有潘家窑村，改窑为园，命名为街道名"。看来此地原本叫潘家窑，何以有这样的名称？该《志》中解释道："明清时有潘家窑、华威窑烧城砖，分别于解放前后停烧，潘家窑村民改以窑坑积水养鸭为生。"原来这里本为烧窑之地，至于为何在这一带有这样的产业，王铭珍在《潘家园的变迁》一文中作了如下解释："早

潘家园旧货市场

在明清时代，今天潘家园一带，曾是一处专门烧制砖瓦的窑厂。这一带土质特别富有粘性，而且靠近萧太后运粮河，水源丰富，为窑厂提供十分重要的生产条件。烧砖烧瓦是用上好的胶泥，范型于模子之中，磕用原胎，再借用土窑的烧制技术，入窑烧固后、出窑，光华绚丽，细巧可喜。北京朝阳门内官衙、仓库、民宅建筑，大多要选用朝阳门外的砖瓦窑的砖瓦，潘家窑就是其中之一。"

　　而今潘家园一带已然是北京城的核心区，如何能在这样的地区取土建窑呢？其实这一带繁荣的历史时间很短，王铭珍又在文中写道："在新中国成立之初，这一带的砖瓦窑和取土用的窑坑尚存。夏日积水，蒲苇丛生。附近还有许多知名的或不知名的坟墓，十分荒凉。稀稀落落的村庄里居住的大多是昔日潘氏窑户匠人的后裔或肃王寝园看坟人士的后裔。"

　　看到这段话，真感慨北京城发展之迅速。在解放初，潘家园一带还是一片坟地，而这片坟地的形成，跟清初的一位王爷有很大的关系。

以前在潘家园附近有个地名叫架松坟，此名称的来由，乃是因为这一带的坟地松林中有六棵古松。这些古松因为长得弯弯曲曲，被看墓人用木棍支撑了起来，所以才有了这样一个地名。这片坟墓之所以受到如此重视，乃是因为这里曾埋葬过几位肃亲王。

清初的第一位肃亲王是豪格，豪格是清太宗皇太极的长子，也就是说他是顺治皇帝福临的长兄，地位之尊贵由此可知。清顺治三年，豪格被封为靖远大将军，带兵前去平定陕西、四川的农民起义。这位豪格颇有作战本领，击败并杀死了张献忠，由此而平定了四川。顺治五年四月，豪格凯旋返京，走到潘家窑一带时中了埋伏身亡，之后就葬在了这一带。因为他的特殊身份，所以这一带就给他建起了陵园，并且有专门的守墓人。新中国成立后，此陵供祭祀用的享殿成了小学教室，再后来就彻底拆平了。如今看过去，架松坟一带已经是成片的宿舍楼，完全看不到王陵的踪迹了。

从五十年代开始，潘家窑一带先后建起了多个单位的宿舍楼，但何时在这些宿舍楼群中建起了一个旧货市场？《北京朝阳改革开放 30 年》一书中有《潘家园旧货市场走向世界》一文，该文称：

潘家园旧货市场最早形成于 1992 年。随着市场经济的发展，"跳蚤市场"在北京应运而生。潘家园旧货市场就是自发形成的跳蚤市场之一。开始，市场只有几十个摊位，经营的商品主要是旧生活用品，旧五金工具，旧自行车零件等，也有些摊位经营古旧的物品和工艺品。经过半年多的发展，摊位增至上百个，逛市场的人也日渐增多，原有的场地显得狭窄拥挤。1992 年下半年，潘家园街道为引导市场发展，在劲松南路建设封闭式大棚，设置 90 余个固定摊位。到 1994 年，摊位发展到近千个，买卖的人群达万人以上。

按照以上的说法，潘家园旧货市场形成于 1992 年，以此到如今，也不过就是 26 年的历史。但是，1992 年之前的情形是怎样的呢？《2006 年北京文化发展报告》作了如下的解释：

> 市场最早的历史可以追溯到 1985 年，当时潘家园小区刚刚建成。那时在白桥有一个小市场，潘家园小区有个人在那里卖自行车零件和小电器，也搞修理。当时正赶上城市改造，白桥市场被取消了，他就回到潘家园小区继续支摊。后来小区里的居民也把旧的东西搬出来卖，再后来外地人也渐渐的来了，他们卖些新旧瓷器、瓷瓶和旧书什么的。就这样人气就起来了。

这个说法又把潘家园市场的形成时间往前推了 7 年，如此说来，潘家园旧货市场的形成主要是靠自发。而后这个市场越搞越大，有关部门经过整合，把这里变成了固定的市场。其实，潘家园旧货市场取得经营许可证已经是 2000 年 11 月的事情了。这个大市场能够得到有关部门的认可，跟其社会影响力有很大的关系，《北京朝阳改革开放 30 年》一文中写道："1998 年 6 月 25 日，陪同美国总统克林顿访华的希拉里夫人在潘家园旧货市场兴致勃勃地逗留了两个半小时，购买了十余件工艺品才恋恋不舍地离去。这次造访潘家园旧货市场给希拉里留下深刻印象，乃至在她的回忆录《亲历历史》中，还对这次参观购物念念不忘。"

希拉里两度差点当上美国总统，她竟然对潘家园如此青睐，还把自己在潘家园的经历写入了一本畅销书中，更加让这个市场名扬海外。其实，不只是她，还有很多外国名人光顾过这个市场。上文中还提到："如希腊总理米蒂斯，罗马尼亚总理讷斯塔塞同，美国众议院筹款委员会主席比尔阿彻，捷克外长，秘鲁、以色列大使等，他们对潘家园旧货市场给予了高度评价。近几年，在美国、法国、泰国等相继出现以'潘家园'命名的经营中国工艺品市场。"

当然，也不是说因为外国要人光顾过这里就与有荣焉，更为重要者，通过这些人的宣传，潘家园成了一处国际知名的游览之地。《2006 年北京文化发展报告》中甚至有了这样的说法："每当周末的清晨，古老的北京城在晨曦中苏醒，有两个地方人流汹涌，万头攒动：一个是天安门广场，来自全国各地的群众抬头看升国旗；一个是潘家园旧货市场，来自四面八方的收藏爱好者低头寻国宝。"

把到潘家园淘旧货跟到天安门看升旗来做并提，这种说法是否合适？显然该报告的作者也顾及到这一层，故其在该文中又作了如下的解释："潘家园旧货市场开风气之先，得近水楼台之便，占据天时、地利、人和的优势，成为业内翘楚。于是，'登长城、吃烤鸭、游故宫、逛潘家园'这样的俗语应时而生，我们姑且不论把潘家园旧货市场与长城、故宫并列是否恰当，但我们不能忽略潘家园的旧货市场正逐渐成为北京的城市文化名片这一事实。"

把逛潘家园跟吃烤鸭等并提，这倒是一个不错的说法。时至今日，中国人旅游的主题仍然是吃喝玩乐。登长城、游故宫是玩，烤鸭算是吃喝，那逛潘家园就算是乐吧。虽然在此捡漏不容易，但买件特色工艺品却如广告所言：总有一款适合你。

关于这里的经营门类，刘川生、宋贵伦在其《报告》中写道："市场经营的主要物品有仿古家具、文房四宝、古籍字画、旧书刊、玛瑙玉翠、陶瓷、中外钱币、竹木骨雕、皮影脸谱、佛教信物、民族服装服饰、文革遗物、衡水的鼻烟壶、杨柳青的年画、江苏的绣品、东阳的木雕、曲阳的石雕、山东的皮影、江西的瓷器和江苏的水晶、宜兴的紫砂、陕西的青铜器、云南的服饰、西藏的佛教用品、新疆的白玉、台湾的交趾陶等。"

如果以时间论，我在二十年前就来过潘家园，当然也是抱着捡漏的心理，如以上《报告》中所言，这些经营门类中有古籍字画和旧书刊。可能是期望值太高的原因，我几次来潘家园都是抱望而来，败兴而归，从来没有买到过一本书。但既然如此，为什么后来还是时不常地来此地呢？其实以后的潘家园之行，已经跟淘书无关，来这里的原因，还是因为这里名气太大了。外地爱书人来京游览时，潘家园成了固定的保留节目，我只好一趟趟地陪着朋友来此闲逛。因为没有便宜可捡，还要不断地前来，故而逛潘家园成了我的苦差事，以至于一度恨不得这个市场早点关闭，省得我一次次地跑到这里来，为停车发愁。虽然前些年这里建起了面积很大的立体车库，但此车库在设计上有些问题，因此停车仍然是颇为不便。

其实，有时我来此地也并非全是跟书有关，因为这里售卖各种特色工艺品，每当我为过年买礼品发愁时，来潘家园转一趟，总能让自己满意而归。我想那么多人喜欢潘家园，恐怕也跟这件事有很大的关系吧。

潘家园内有一个固定的区域专门交易古旧书刊，可为什么在这里我却不能捡到漏呢？在以前，对于这件事其实我也想不明白，后来跟朋友们聊起我的心态，众友人对我一通嘲笑，他们都说我心态不正，总想捡便宜。但我觉得，来潘家园辛苦淘书，不是为了捡便宜那还能有什么目的呢？否则的话，中国书店的几个门市部专门有古籍柜台，架上的好书比比皆是，只要你不嫌贵，分分钟都可将其买回家。更何况古籍专场拍卖会已经进行了二十多年，大大小小的专场拍卖也搞过了几百场，在那里也能寻觅到数量巨大的善本。要拥有这些宝物，只需一个前提条件，那就是你不嫌贵，并且有花不完的钱。

可惜，上天没有这么照顾我，我的赚钱能力始终有限，所以捡便宜的心理未曾有一刻离我而去。我也看到不少的爱书人都写过前往潘家园捡漏的文章，这类文章当然对我有特别的吸引力，可是读过之后，却少有让我感到羡慕嫉妒恨的大漏儿。因为我从未看到别人在这里买到过宋元珍本，也未听闻过何人捡到了顾批黄跋毛钞劳校。名人手札似乎这里发现不少，但基本都属于现当代名家，明清手札未闻何人在这里捡到过便宜。但是，明清刻本似乎潘家园出现了不少，如此说来，在潘家园能够捡到的便宜大多是中档品。

但也有人不赞同我给出的这个判断，朋友告诉我说，有人在这里捡到过大漏，但出于各种原因不能明写出来，所以我未曾听闻不等于没有。《藏书家》杂志上曾刊出卓洛先生所撰《潘家园的传说之古籍做伪》，这篇文章专谈潘家园的古籍做伪，为什么要写这样的话题呢？卓洛在该文中的引言说道："收藏的人都想要'捡漏'，只是'捡漏'还有个兄弟，名字叫'打眼'，它们总是一起出没，形影不离，见过'捡漏'的，也一定见过'打眼'。'打眼'又分两种，一种是买贵了，一种是买假了。买贵了不要紧，随着价格日涨，总有解套的一天，买假了就比较难办，不光经济上受损失，说出去面子上也不好看。"

看到这段话，我私心大感宽慰，看来每个收藏者都想捡漏，并不仅仅是我。但可惜的是，不是人人都有这样的运气，正如老子所言："祸兮福之所倚，福兮祸之所伏。"一切都是相对而言的，捡漏不成就会打眼。而对于打眼的种类，卓洛又做了两分法，尤其第二种多被爱书人视为丢人之事，故少有人自己讲出来。

卓洛在文中以书名为章节讲述了多个打眼的故事，这些故事讲得绘声绘色，有兴趣的朋友可找来原文一看。我在此仅把他总结出的做伪方式作一下引用，以此提醒爱书人在捡漏之时也要提高警惕。比如该文中讲述到的《御制耕织图》，对于该书的作伪方式，卓洛在文中称："新印古籍，使之化身千万，本是件功德无量的事，不幸被人拿去染纸做旧用来骗人。做旧的手段有磨角、做虫眼、火烧、太阳晒、水泡、生霉等。染纸的原料有栀子、橡壳、栗壳熬水、糖色（如同做红烧肉）、茶水、赭石、藤黄二色合并，还有酱油。"

　　从这段话看，作伪也不容易，他们要在新印古籍书上下那么大的功夫。有时我在想这些作伪之人既然在伪造古书时动了这么多脑筋，如果他们把自己的聪明才智，用在制作一本新的有收藏品质的线装书时，所卖价钱也不比造假书差到哪里去，可惜没人听我的建议。《中国歌谣集成·北京卷》中有一首歌谣叫"潘家园旧货市场"，这首歌谣的口述者是李靖，而采录者为赵书。我抄录该歌谣如下：

> 光买不骂傻玩家，
> 光骂不买假玩家，
> 又买又骂真玩家，
> 不买不骂不是玩家。

这首歌谣认为，又买货又吐槽才称得上是真玩家。这正如古玩行所言：褒贬是买家。言外之意，进古玩行一味地夸某东西如何之好，店家立即就会明白，此人绝非买主。看来我今后也要多在文章中骂骂咧咧，以此来显现我是一位真买主。

　　其实，潘家园的管理者在起名时就考虑到了这一层，因为此处名为"旧货市场"，而非"古玩城"。在潘家园兴盛之前，距此很近的北京古玩城更具名气，后来那一带又陆续诞生了两个古玩城，渐渐形成了较大的阵势。可是，后起的潘家园旧货市场却越来越具人气，光芒掩盖了附近的几家古玩城。为什么这样一个旧货市场却有如此大的魅力呢？我想其中一个最重要的原因，就是潘家园能够让人很休闲的乐于其中，恰恰是因为没有抱着太大的希望，所以无意中捡到的便宜才最为惊喜。更何况，无论买对与买错，按照行规古玩业从无假货包退这么个说法。刘川生等所写之文明确地提到了这一点："有人用'潘家园'三个字做上联来出对子，下联答案则为'贾雨村'，虽然是传说，但的确是潘家园的一大特点。都说潘家园净是假货，可是我们的'3·15'一次也没到这里找过麻烦，古玩行有它约定俗成特殊的游戏规则，一般来说全是周瑜黄盖我愿打你愿挨的事儿。只有外行人才会去计较真、假之事，对行内人而言，潘家园的东西永远只分新、旧。收藏家马未都就说过瓷器作伪你看出来了，不能说这是假的，应该说这东西'看新'。买卖之间没有假字，只有新老。你说谁的东西是假的谁也不干，瓷瓶子有什么真假！"

我未能在潘家园捡到便宜，还有一个重要的原因是未能遵循"早起的鸟儿有虫吃"这句古训，每次来潘家园都是在大白天。我从不少文章中读到，很多人在凌晨就来此捡漏，但我觉得那样的黑灯瞎火，捡漏的机会没多少，而打眼的机会应当是比比皆是。

前一段时间，我曾跟布衣书局的胡同先生提到这件事，因为他的书局有一度就设立在潘家园旁，2017年虽然已经搬离，但他依然热土难离的在潘家园内租房办起了收购处。胡同告诉我，那个收购处未曾收到过什么珍本善籍，他在这里设收购处更多的原因，是将其视为一个宣传窗口。毕竟潘家园在业界影响力太大了，能够在这里占有一席之地，也算是在业界可以说话论道的资本吧。

胡同建议我，写潘家园一文，一定要从凌晨的鬼市写起，因为只有这样才能把潘家园的旧书交易过程写得圆满。他告诉我说，潘家园旧货市场每在周六、周日都是凌晨4点20分开门，而其他时段并不如此。但是在开门之前的这几个小时，很多人已经开始在旧货市场的门口进行交易。潘家园内不少的商户都要到这个鬼市上去淘货，等开门之后再放在摊位上售卖。所以说如果只写潘家园开门之后的卖书情况，显然不能展现旧书业完整的食物链。于是我听从胡同的建议，与之约定在下个周六的凌晨两三点之间，到潘家园鬼市碰面。

关于鬼市的来由，刘川生等在其主编之文中作了这样的追溯："说起老北京的'鬼市'这个称呼还要追溯到清末民初，当时国运衰落导致了许多达官显贵家道中落，于是家中的古玩便被拿来在街边变卖。对于这些昔日的皇亲国戚来说，街头叫卖毕竟是件有失身份的事，无奈只能选在凌晨三四点打着灯笼交易。想当年，'鬼市'上还经常卖一些来路不明的物品，这来路通常不方便言说，因此大多数货真价实的宝贝只能忍痛贱价出售，于是'鬼市常出好货'的话也就传开了。"

看来鬼市的形成，跟所售之品的来路有很大的关系，一是没落贵族出售传家宝觉得丢人，所以只能夜间交易，二是还有一些古玩来路不明，比如东西是偷来的等等。显然这样的物品不适合公开出售，正因为这两个原因，才使得鬼市具有了特殊的魅力，这让很多想捡漏之人尽量地早起，以便比别人快一步拿到真正的好货。而潘家园市场，竟然也是由鬼市转换而来。《报告》一文中明确地写到了这一点："潘家园旧货市场的前身的确就是那个潘家园鬼市，现如今恐怕只有老人们或许还能记忆起当年的盛况。旧时鬼市开市儿大都在天亮以前，凌晨三四点，天长日久，人们就给了它个阴间的称呼——'鬼市'。"

看到这段话，更让我觉得，胡同的建议很有道理。潘家园起步于鬼市，而我从鬼市写起，才是讲述该园历史的正确顺序。在约定之后的几天，胡同给我发来微信截图，原来本周六的北京可能会有小雨，他问我是否推到下个周六。但我觉得很多事情能办还是尽快办完，因为小事而拖延计划，说不定又有他事会耽搁下去。于是我告诉他，下雨也要去。

我的作息习惯，大多是 12 点多入睡。而今上了两点的闹钟，故 10 点多就熄灯等着睡着，可惜睡眠质量不佳，并未睡踏实就已经听到了闹铃声，于是起身洗漱。这时接到了胡同的电话，他说："我们已经到了潘家园的门口。"在此前胡同告诉我，他会在 3 点多钟到达此处，但没承想提前了一个小时。我顾及这么早的时间潘家园停车场不会开门，于是打的前往。凌晨两点多的北京道路十分畅通，以往开到此处需要近一个小时的时间，而今仅十几分钟就到达了目的地。

出租车停到了潘家园门口的马路对面，到此时我方看清对面一侧的道路停着长长的一排车，每辆车都打开后备箱，后备箱内堆放着一捆捆的塑编袋，有些塑编袋被拿出摆在了地上。顺着路灯看下去，里面全是一摞一摞的新书。而马路对面的市场大门虽然亮着灯，铁栅栏门却关着。我站在这里给胡同打电话，他很快就赶了过来，与其一同前来者，还有布衣书局的业务骨干小飞先生。

胡同带着我一辆车一辆车的看过去，这一带交易的品种全是书，而很多都是整摆一个品种，显然这不是二手书。我问胡同为什么是这种情形，他说这是这几年的新变化。前些年胡同常到鬼市来淘货，常常能够买到一些不错的书，而今真正的旧书越来越少，此刻这里所售之书其实连二手书都不算，更应该称为下架书。

既然是这样的货色，为什么不等到天亮之后，放到市场内出售呢？胡同说，到市场内售货，售货者都是有固定的摊位，在鬼市上卖书之人大多是没有摊位者。他们这么早的在此交易，乃是为了让有摊位的人从他们这里买货，而后再放到市场上去交易。更何况等到天亮之时，城管会来干涉，所以这些人都希望在天亮之前，将车内之书售出。

胡同说，他跟小飞是两点多到达了鬼市，在这里遇到了一些从事此行的长期经营者。胡同感慨说，有些人经营旧书已经二十多年，到今天也不能发家致富，依然用最原始的方式从事着这个行业。但他也称，现在有了些变化，以往潘家园鬼市大多是凌晨两点渐渐形成，但这天早上，他打听了一下，有的人从昨夜十点多就开始摆摊淘货。看来，很多买货人都希望拿到一手货，而增加概率的唯一方式，就是比别人更早地来到这个市场。

不知是什么原因，潘家园路的两侧仅有右侧停放着长长一排售书之车，左侧则完全没有，我仅看到几个摊位摆在了对面。我问胡同这是什么原因，他说自己也不清楚，但他却告诉我，这个行业也有着不成文的规矩，如此的停车方式肯定有业界默契。他带着我往前走，在前方十字路口上，其右侧拐弯处全是卖手串的人，摊位有

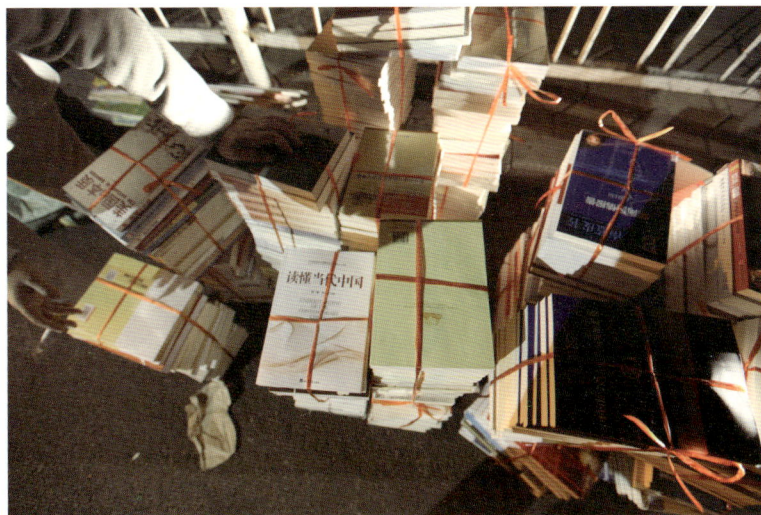
搬出来摆在地上

几十个之多，同一类物品汇集在一起并且排列得井然有序。我随口问了几句手串的价格，果真比工艺品店里面的便宜许多，一路问过来，几家的价钱都很类似。胡同说，在潘家园搞经营者，大多都是老乡和亲戚关系，更为有意思的是，这些亲戚大多属于母系连襟。为什么会是这样？胡同也未能弄明白其中的缘由，但正因为如此，经营者相互之间，就不会形成无序竞争，毕竟都有面子在。

　　胡同在十字路口遇到了熟人，此人跟胡同说，他收到了一批手稿，而后说出了撰写者的姓名。胡同说他没有听说过这个人，于是此人立即掏出手机，百度出一段话，出示给胡同看。原来这些手稿的作者是一位老干部，而后此人拎出个体量不小的塑编袋，打开一看，里面果真是一叠一叠的手稿。这些手稿是用钢笔书写在几十年前常见的方格纸上。胡同拿起几摞来翻看，而后直言没有太大兴趣。任凭那个人让其出价，他也未曾回应。而我却感慨于，撰写者费了那么多的心血写出来的作品，就这样流落在鬼市中，这又让我怀疑人生的努力究竟有什么意义。

这天是 2017 年 10 月 14 日，近两天的北京有一股寒流，故胡同一再嘱咐我要穿厚衣服，他说天气预报称凌晨两点多的温度仅为6 度。我特意穿来了一件薄羽绒服，下车之时还没有太多的感觉，在鬼市上转了一个多小时之后，身体感到越来越冷。此前，我向胡同提到过自己的顾虑：拍完鬼市后到潘家园开门还有一段时间，这个时段到哪里去避寒？胡同告诉我不用担心，因为附近有一家 24小时营业的肯德基。此刻我提议一同去肯德基消磨时间，可是刚往那个方向走了几步，就看到此店黑着灯。胡同抱歉地说，他也不清楚这家肯德基为什么不是 24 小时经营。

站在路口展眼望去，潘家园的侧墙外有一家小饭馆亮着灯，

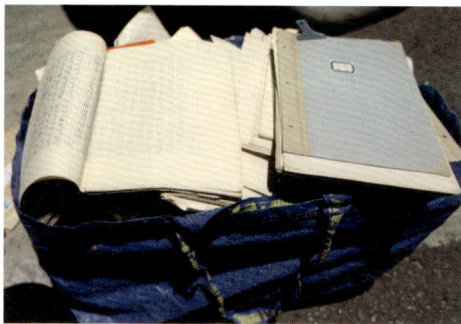

一批手稿

二十年前，我曾在这家饭馆吃过饭，没想到这么多年过去依然坚持在原地。而胡同说，这家店从凌晨开始营业，就是为了照顾买书之人使他们度过转完鬼市后等待潘家园开门的难熬时刻。

走进饭馆，胡同买了三碗豆浆，每碗两元钱，而后我们找了一处临窗的座位谈天说地。隔窗望出去，可以清晰地看到马路对面有不少的手电光闪来闪去，光柱的落脚点都是一捆一捆的下架书。

饭馆内的温度明显比外面高许多，身体暖和了起来，困意瞬间生起。饭馆内的顾客还有 5 位，其中 4 位坐在一起谈论着书界事。我在那里偷听到几句，几个人感慨在鬼市上忙活了几个小时没有好的收获，他们寄希望于市场开门后能让自己不虚此行。还有一人趴在桌子上沉入了梦乡，过一会儿他的手机铃声突然响起，其铃声竟然是一段原汁原味的东北二人转。

大晚上听这种素面荤底的二人转似乎很是提神，那 4 位谈兴很浓的淘书者也停止话语微笑倾听，这段二人转至少播了 3 分钟才把睡觉人唤醒。此人匆匆站起立即出店，往市场大门走去。看来他手机里的这段音乐，乃是提醒潘家园的开门时间。胡同看了一下表，他说此刻距 4 点 20 的开门时间还差 10 分钟，于是我们各自收拾好物品，也朝门口走去。而此刻旧货市场的大门已完全敞开，胡同说没想到开门的时间也提前了。他遗憾于我未能拍到门口的人头攒动。

潘家园的主体是左侧成排的大棚，大棚的西南两侧则盖起了两排二层的仿古小楼，这些房屋内乃是潘家园的固定商铺。该市场虽然长年假日无休，但只有周六、周日才有大量摆摊者。胡同问过相关的管理者，为什么不将这些摊位长年开放，他所关心者当然是旧书那个区域。而潘家园的管理者告诉他，这是应商户的要求，如果每天开市，就会使所售之书质量较差。而今，有了 5 天的收货时间，这样摆在摊上的货品就会让买家有新鲜感，否则总是常见这些货，就会对淘书人失去吸引力。这真可谓经营有道。

潘家园内对于不同的物品有着区域上的划分，在南侧一排二楼固定商铺的背面，有一块窄长的区域，这里就是专门的旧书售卖区。这个区域二十年来未曾有变化，走到此处依然是熟悉的场景、熟悉的环境，唯一的区别此刻是黎明前的黑暗。而有些摊主并未到齐，所到者一一打开两截的铁皮柜，每个铁皮柜的门支起来就形成了雨搭。胡同说，潘家园内给各个门类的摊位都做了大棚，唯有旧书区始终没有这个待遇。在人们的多次呼吁下，市场的管理者在这

南侧旧书区

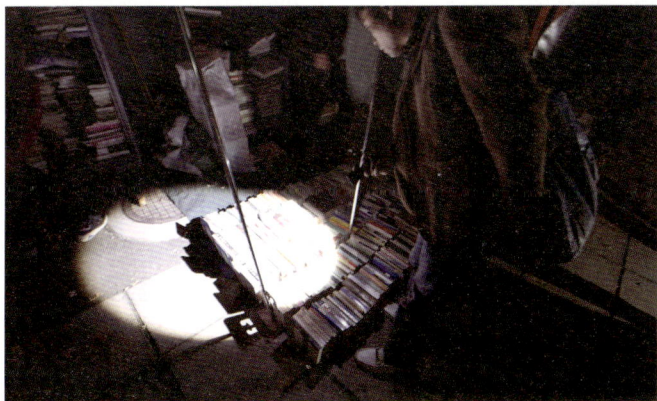

1. 一一展示　2. 手电光可以照到的区域

个区域的上空拉了一些铁丝，等到夏天会在铁丝上搭一层遮阳的鱼网布，但是下雨时这样的布却完全不起作用，而纸质书最怕水，为什么不给搭建棚子呢？胡同猜测，因为书籍的售价应该是潘家园内最便宜的货品，故摊位费也是二十年未曾有变化，同样是潘家园内最便宜者，一旦搭建大棚肯定会涨摊位费。这样的话，也会使书价水涨船高，而书的涨价就会使市场失去吸引力。

在闲逛的过程中，很多电动三轮一车一车的往这个区域拉书。胡同说，这是摊主临时雇的电动三轮，每车大约20块钱。小飞更正他说，现在应该涨价了，每车在30元以上。这些摊主们卸车之后，将一捆捆的书摆在地上，很多淘书者迅速地围拢过去。旧书区域仅在西头有一盏灯，这对长长的区域起到的作用很小，故很多人手中拿着各式各样的手电。这些人想打开书捆，为了便于两手操作，有些人便把手电衔在口中，并且在翻书之时，嘴边也一直叼着。这么长的时间保持一个固定姿势，看来牙口不错。还有些淘书者的装备比这个先进：他们在头顶上戴一盏灯，这种灯的样子像是矿工灯，但却并不与帽子连在一起，而是像女人的发卡或者说像是孙悟空的紧箍咒。这件装备果真实用，因为低头看书之时，灯光就照到了书上，而两个手可以任意地翻书。

对这种紧箍咒似的灯，我还有个疑问。因为有些灯背面，也就是后脑勺的那个位置也亮着一盏红色的小灯，这盏灯显然不是为了看书和照亮。还是小飞有经验，他说夜晚淘书，前亮后黑有可能被后面的人撞到自己，所以后脑勺的这盏红灯有如汽车在夜晚亮起的尾灯。

沿着摊位一家一家的看过去，前来的淘书者越聚越多，而各个摊位也陆续开张，在这个窄长的摊位另一侧，乃是潘家园市场的南墙。南墙之外是成排的宿舍楼，因为是凌晨的原因，这些楼房漆黑一片，使得旧书区域更加昏暗。但为什么不在这里装几盏灯呢？胡同说，这倒不是管理者为了省电，因为隔壁乃是别处的宿舍区，如果凌晨4点多就亮起了灯，显然会打扰到隔壁的住户。

　　胡同又指着其中一座高楼告诉我，王洪刚先生原来就住在这个楼内。顺着手望过去，此楼的窗户正对着旧书区，难怪王洪刚能在这里捡到那么多的漏。以我的目测，他若用高倍望远镜从家里望出来，完全可以看清楚市场内出现了哪些难得之书，而有哪些人在此买什么书，也同样会被他看得一清二楚。真不知道他肚里还藏有多少的秘密，可惜的是，不知什么原因他已经迁居离去。看来，潘家园对他已没有那么大的吸引。

　　旧书区的长度大概在一百米之内，我们很快就转完了这些摊位。胡同告诉我，潘家园的旧书经营已经开辟出了另一个区域，而后他带我前去一看。这个区域位于潘家园市场的西北角。我跟着胡同和小飞前往此处，路过石雕区，这片区域摆放着大量的石雕构件，但却看不到任何商户的影子。胡同说，本市场最勤奋的一批人就是搞旧书者。他的这段话，让我想到刚才的情形：涌入潘家园的人都直奔这个区域，而主体的大棚区却空空荡荡看不到任何的商户与淘货者。旧书区的热闹与各个区域形成了很大的反差。我问胡同这是怎么回事？他也称说不清楚其内在的原因。但他却认定搞旧书者，乃是潘家园最穷的一批人，而这些人唯有靠勤奋才能"多收个

石雕区空无一人

三五斗"。

　　这片石雕区域我也曾看过几回，当时整体的印象是雕刻得普遍粗糙。胡同认同我的看法，他也曾跟这一带的商户聊到过这个问题，因为布衣书局的收书处恰好面对此区域。石雕摊主告诉他，这些雕件也能做得很精细，但要雕造精细就得花更多的工钱，而这些成本当然要加在售价上，这使得很多买雕件的人不能接受。所以他们雕造到稍微精细，而价格又不太贵的程度。但即便粗糙，胡同说这些石雕件依然卖得很好，因为他每次来到收购处，都看到不少的雕件卖了出去，又有新货补了进来。有着怎样的需求就有着怎样的市场，这一点不值得感慨，但我望着灯光下的这些各式各样的雕像，还是让自己的心泛起微澜。

市场西北角的这处旧书区跟南面的不同，因为这里有了顶棚，但胡同却说这个顶棚的上方乃是非机动车的停车场，只是将其下方开辟成了旧书摊位。尽管这个区域有个顶棚，但不知什么原因，这里的热闹程度比南区差得很远。胡同说，经营古玩旧书业很特别，越正规的地方越缺乏人气。

虽然如此，在这车棚之下还是有一些摊位，一一看过去，也基本上是下架书。胡同在这里遇到了一位熟人，显然此人知道胡同不会收这些下架书，他说自己带来了一些古书。闻听古书我来了兴趣，示意胡同让此人拿出来翻看。果真在一个体积较大的书包内看到了一摞线装书，摊主说是明版书，而那书一望即是坊刻本。我对此兴趣不大，但其中一册清刻本的《广韵》还是引起了我的注意，因为这本书上钤着多方藏印，其中最大的一方乃是广雅书院的藏章。

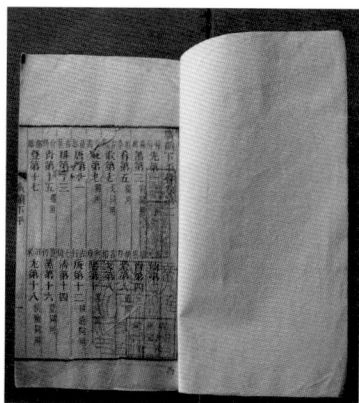

广雅书院的大章

车棚下

该书院我曾去探访过，然而此院的藏书章我却第一次见到，其尺寸之大超过了玉玺，细看篆刻手法及墨色确实是当年之物。胡同也对此书显出了兴趣，他向摊主问明价格，该册残本对方开价一千元。常见的清刻残本未曾有过这样的价格，于是胡同把该书还给了对方。

我原本还想到布衣书局的收书处去拍照，然而小飞问了一下旁边的商户，这片区域还没有合上电闸，故只好站在楼下拍张照片后离去。之后，我们三人又来到了南区，此时这个区域来了更多的商户，越发热闹了起来。可惜，我找不到合适的位置来拍摄旧书区的全景，胡同让小飞返回收书处取来了一个板凳，他二人扶着我登上板凳而后向下拍照。但西头的那盏灯太过明亮，依然无法拍清楚这里的全景。我原本在这里还请胡同约了一位固定摊位的经营旧书者，想做进一步的访谈。可惜此人临时返乡无法进行这个采访，故这个遗憾只能等下次再来潘家园时弥补了。

起步较晚　影响居上
北京隆福寺古旧书街

　　就书界的影响力而言，隆福寺古旧书街仅次于琉璃厂。葛鸿年、张金阜、孙印堂、邵仲英合撰的《隆福寺街的旧书业》一文对此有如下的定位："如果说琉璃厂是北京的一条文化街，那么，昔日的隆福寺街，也可算得是东城的文化街了。在这条文化街上，书市是主要的组成部分。我们四个人长期在北京的旧书业从业，其中有两个人（葛鸿年、张金阜）从小就在隆福寺的旧书店里当学徒。"这四位作者均长期从事旧书的经营，他们的叙述当然更贴近实际。

　　隆福寺街当然是因隆福寺而得名，该寺的建造时间并不遥远，初建于明景泰三年，于敏中等编纂的《日下旧闻考·明景帝实录》中称："景泰三年六月，命建大隆福寺，役夫万人。以太监尚义、陈祥、陈谨，工部左侍郎赵荣董之。闰九月添造僧房，四年三月工成。"

　　为了建造此寺竟然动用了上万人，但即便人多，仅九个月的时间就建起这么一座大寺也堪称奇迹。按照明刘侗《帝京景物略》的记载："三世佛、三大士处殿二层，三层左殿藏经，右殿转轮，中经毗卢殿至五层，乃大法堂。"如此看来隆福寺的规模足够宏大，

东四北大街上的隆福寺牌坊

何以在这么短的时间内能够建起这样一座大寺，当然有其便利条件在。因为该寺所用建材乃是取自翔凤殿等殿的现成石料，同时建寺旧址原本就有一座东崇国寺，这两个便利条件加在一起，使得该寺建造的速度很快。

隆福寺是由明景帝下令建造的，故此寺为朝廷的香火院之一。奇特的是，隆福寺乃是明代京城唯一的番、禅同驻寺院，也就是说，此寺是由喇嘛与和尚共同使用。但到了清代，这里就完全成了喇嘛庙。由于隆福寺距朝阳门不远，而朝阳门乃是南方客商运粮入京常走之门，隆福寺慢慢形成了北京城内的著名大庙市，与护国寺、土地庙、花市火神庙和白塔寺并称为旧京五大庙会。又由于隆福寺距北京贡院不远，各地来京赶考的举子常常流连于隆福寺的庙会，因此这里就渐渐有了书肆，再后来书肆越来越大，就形成了著名的古旧书街。

隆福寺是从何时形成了古旧书街呢？葛鸿年等所撰《隆福寺街的旧书业》一文中讲述了这样的故事："在过去的科举时代，北京的书市是进京赶考的考生们常去的地方。这些考生如果考中了进士并做了京官，总爱去书市逛逛，买点书籍或字画之类；考不中的在返乡之前，也往往要去书市卖掉一部分书，以便轻装上路。相传有江西某氏来京会试不第，便在京设肆卖书营生，三年后再应试；他三次应试都不中，无面目回乡，只好在京长期落户经营书业，以后同乡来投者日多，便形成书业中的江西帮。此外，北京经营书业的还有来自河北省南宫、束鹿、冀县等地的人士，他们又形成书市中的河北帮。"

以上这段叙述未能提及具体年代，但这段话讲述的内容更像是琉璃厂，而关于隆福寺书业经营者的籍贯，该文又称："在隆福寺街经营旧书业的基本上是河北帮，只有个别户是江西人经营。"

关于隆福寺旧书街最早开设的书店，葛鸿年等人在文中称：

> 隆福寺街的书店最早开业的是三槐堂，清道光年间开设；其次是聚珍堂等7家，清光绪年间开设；问经堂是清宣统年间开设的；宝文书局等27家则是民国以后开设的。

这段叙述讲得十分明确，隆福寺街最早的书店乃是开设于清道光年间，这个时间要比报国寺和琉璃厂晚许多，但此书的叙述仅指的是开店的时间。其实早在乾隆年间，隆福寺就已经有了不少的旧书摊。李文藻在《琉璃厂书肆记》中写道："内城隆福诸寺，遇会期，多有卖书者，谓之'赶庙'。散帙满地，往往不全而价低。朱少卿（豫堂）日使子弟物色之，积数十年，蓄数十万卷，皆由不全而至于全。盖不全者，多是人家奴婢窃出之物，其全者固在，日日待之而自至矣。"

李文藻记载的是乾隆三十四年的事情，那时的隆福寺每遇庙会都有很多的旧书摊。而有意思的是这些书摊上所卖之书大多都是残本，按照书界不成文的规矩，残本往往卖不出好价钱来，且爱书人也不喜购不全之书。然而李文藻却在文中记载某人专到隆福寺大量地买残本，更为奇特者，此人所买的这些残本后来大多都配成了全书，这简直是一个奇迹。就我的经验而言，残书能够配全乃是小概率事件。而这位朱豫堂能够打破书界的配书魔咒，最重要原因，乃是他所买的这些残本，基本上是大户人家的奴婢从主人家偷出来者。这些人因为不识字，所以偷书之时不懂得把书拿全。但过一段他们又会把另一部分不全之本偷出售卖，只要有耐性就总有一天能够把残书配全。

看来隆福寺当年旧书经营主要是赶庙会期间前去摆摊，毕竟这里寺院是主体。庙会只是每月两次的定期开办，后来因为书业的兴隆，在隆福寺附近渐渐有了固定的旧书店。然而毕竟书业还不是隆福寺一带主要的业态，而后有一个契机，才使得隆福寺书肆迅速发展了起来。

清光绪二十七年，一位喇嘛在值班时因为打瞌睡打泼了油灯，后扑救不及时，使得隆福寺毁于大火。这场大火烧掉了隆福寺一大半，而喇嘛无钱重修，于是就住在残庙内，把烧毁的地块对外出租，以此赚取一些生活费用。故而隆福寺一带的书摊和书店就越发多了起来。而在道光、同治间，在此开办书店者越来越多，清震钧在《天咫偶闻》卷七中说：

> 内城书肆均在隆福寺，旧有三槐堂、同立堂、宝书堂、天绘阁四家。同治中，同立堂歇业；光绪中，天绘阁改聚珍堂，今止此三家。"三槐"向多旧书，售主亦多，近则迥不如前。而"宝书"、"聚珍"二家，颇能争胜，然尔来旧书有甘井先竭之叹，价日增而益无觅处，内、外城所通行者，新书而已。

看来那时的书店也常变换着主家，书店经营并不是件容易的事。光绪年间，大藏书家缪荃孙也是隆福寺的常客，他在《琉璃厂书肆后记》中描绘当时的所见：

> 后护国寺、隆福寺东西两庙会，虽无古书，尚有小摊，今则并摊俱无。厂东门火神庙，正月三日起，至十六日庙会，从前四大家：一宝森堂，一同立堂，一三槐堂，一善成堂，后各家均败，止有零星小摊，无复牙签锦赗，留人寻玩矣。

隆福寺那几家著名的书店之后都衰落了下来。到了民国初年，隆福寺书肆又迅速地火热了起来。再后来，国内建起了几座图书馆，尤其是大学图书馆开始广泛地买书，由此促进了隆福寺旧书店的大发展。葛鸿年等在其文中写道："民国十五、十六（1926、1927）年间，北京图书馆成立之后，大力购买清代禁书，外国人喜研汉学者和国外一些文化团体如日本东方文化事业委员会等，也纷纷来华搜购经史考据之书，如《皇清经解》等，一次就购数十部，燕京大学还曾出重资收购明清两代的地方志等书，大部分运交美国哈佛大学、国会图书馆等处。当时隆福寺街的书商如文奎堂、文殿阁、修绠堂等经常为外商搜购图书，使大量珍贵古籍外流，实堪痛惜。由于当时市内旧书供不应求，各书店还大批派人去外埠收购。在1921年至1936年间，可说是私营旧书业的'黄金时代'。"

　　对于隆福寺旧书店黄金时代的描写，孙殿起所著《琉璃厂小志》中专有一节谈及，文中列出了几十家书店名称以及经营者的大名，可惜这样的罗列太过简单。到了六十年代，雷梦水写了篇《隆福寺街书肆记》，该文比孙殿起所写的详细了许多。对于何以要写这篇《书肆记》，雷梦水在文中先作了如下的交代："1963年春，中共北京市委书记邓拓同志，文化部文物局局长王冶秋同志嘱我写一篇《琉璃厂书肆四记》，所记以营售古书者为主，载于《文物》月刊1963年第5期。1965年秋，又嘱我继写隆福寺以及东西两商场等处的书肆记。此记刚刚脱稿，'文化大革命'就开始了，因而密藏深山。此稿幸免于劫火，实非易易，可谓不幸中之幸矣。"

　　看来那个时代的北京市领导还有着很深的传统底蕴，能够意识到有些事情如果不被了解实情的当事人记录下来，这段重要的史实就会消失在历史尘埃中。而雷梦水写完此稿不久就赶上了"文革"。雷梦水将此文妥善地藏在了不为人知之地，才为中国旧书店留下了这份翔实的史料。

雷梦水的这篇《书肆记》将隆福寺街分为了路南和路北两部分叙述。其中路南列出十二家，所列第一家则是东雅堂，关于该店老板的情形，雷梦水在文中写道："张德恒字少亭，河北深县人。受业于文奎堂王辑五先生。1940年与其师弟韩书义、张长起字子久合设此肆。张德恒颇通版本，往年常赴南省各地奔走收书。"看来这位老板乃是熟悉版本之人。关于他经手过的善本，雷梦水在文中写道："1942年购得南宋嘉定间刊、元印麻纸本《隋书》一部，订二十册；又明崇祯十三年刊本《名山藏》一百零八卷，为明晋江何乔远撰，有明史可法批校并跋（案：此书《清代禁书总目》著录）。1952年由南京收进日本活字本《白氏文集》，为唐白居易撰，皮纸，订十册，后归北京大学图书馆收藏。1956年由广东收进明弘治八年会通馆铜活字本《容斋五笔》一部，订十册，为宋洪迈撰，棉纸，极为罕见，后归北京图书馆收藏。"

这等好书真让人羡慕，不但有宋刻元印本整部之书，同时还有明代英雄史可法的批校本，更为难得者，该老板还经手过整部的明代会通馆铜活字本，此处所列的几部书均属于一级、二级善本。

隆福寺的修绠堂也是一个有名的书店，此店能够做大跟大藏书家陶湘的鼎力支持有很大关系。葛鸿年等人所写之文称："修绠堂起家是靠北洋政府时期曾任交通部次长陶湘的资助，陶湘曾将自己不用的藏书数百卷让修绠堂代卖，并交给该店一千元现洋做资本开展营业，还请人刻印了宋元四十七家诗词交该店出售。日伪时期，修绠堂曾为日本临川书店和一些英美书商收购古书，获取大量佣金。"

修绠堂的主人孙助廉是民国年间很有名气的书商，此人于1942年又在上海开办了温知书店，同样经营得颇有特色。对于此店的经营方式，雷梦水在文中写道："助廉与修文堂主人孙实君为昆仲。助廉颇通版本，多藏古版书，其经营特点为随时应变，何类书畅销，即尽量搜集。助廉自幼曾受陶兰泉先生之熏陶，最喜配书，尤喜集配丛书，如某氏之著述，或某一官版书，则设法配齐而

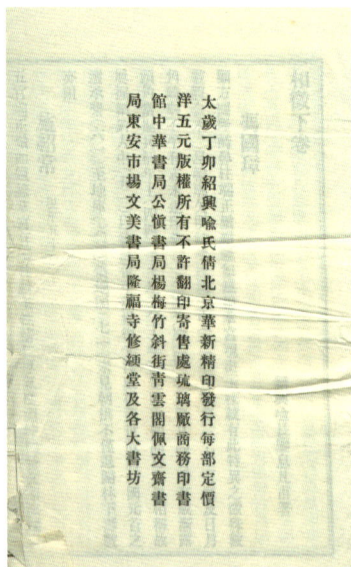

《相征》二卷民国排印本，修绠堂书牌

售。曾费二十余年之长时间，至各处搜罗，集配了一部巨大官版丛书《内聚珍本丛书》，此书从未有人配齐过，孙助廉花巨大功夫只集配一百二十余种，未配齐，可见大部书集配之难。"

看来，孙助廉也有配书之好，但他的配书并不是配残本，而是将丛书零种尽量地凑齐。尤其那部武英殿用木活字刷印的《聚珍版丛书》，此书因是陆续刷印而成，跨期颇长，从未有人配齐过。相比较而言，陶湘所藏的那套基本完整，而补配该书之人正是孙助廉。

对于孙助廉所收到的著名版本，雷梦水在文中写道："又收得合肥李某藏批校本一批，以桐城派批校者较多，如姚惜抱批校之《扬子法言》《墨子》；方东树批校本《渔洋古诗选》及沈钦韩、姜西溟批校本《韩昌黎集》各一部，均为精品。又于沪收得宋刊本《五臣注文选》仅第三十卷一册；又在青岛收得第二十九卷一册，是为奇遇也。此书为海内孤本。"

看来，孙助廉同样重视名家批校本，而他能从上海和青岛分别收得宋版《五臣注文选》零册，这也堪称奇迹。因为孙助廉对版本的在行，所以修绠堂所售之书一向不便宜。为此，有些买书人对该店颇有微词。比如1942年6月14日，周作人买了一部名为《恒言录》的线装书，转天他写了篇题记，此文收在了《书房一角》卷四："昨日以六金买得《恒言录》二册，可得廉矣。此书原有一部，乃十年前从修绠堂得来，照例极贵，书上记有年月，但不书钱数耳。惟凡有可喜之书，予见即复留之，有重出二三者，今买此书亦为是故，阅之却复有所得，盖虽同一版本而又有殊异也……此等版本之变更，其事甚微，却亦甚有意思，值得查考记录者也。"

周作人以很便宜的价格买到了《恒言录》，然而此前他已经有了该书，当时就是在修绠堂买来者。而对于他当年在修绠堂所花书价，周作人用了"照例极贵"四个字，言外之意，他在修绠堂从来没有买到过便宜之书。为什么要重复买书呢？周作人解释得很明确，那就是每部古书在版本上都有细微差别，而作这样的考证是很有价值的一件事。仅凭这一段话，就可知周作人深谙版本秘诀，而绝非只为了读内容。

隆福寺街路南的文殿阁则专做日本人的生意。对于这种特色经营的来由，雷梦水在文中描绘道："约在1931年左右，有日人松村太郎者，来京收书，先与琉璃厂松筠阁交往最笃，后至隆福寺街文殿阁购书，店伙吕清荣招待殷勤，因而购书大部分来自其店。此后，该店生意兴隆。松村亦常年居其库房，尝选有关边疆之珍籍，编印《国学文库》四十一种，计四十九册。及《西洋人论中国书目》五册。"

看来，书店能够找到一位懂事的学徒工也是福分。当年松村太郎到北京来收书，主要是与琉璃厂打交道，后来他偶然来隆福寺文殿阁购书，该店的伙计吕清荣招待得十分周到，故松村太郎从此把这里作为他主要的购书之处。对于这件事，梁容若在《台湾出版界的综合观察》一文中写得更为明确："从前隆福寺有个书店叫文殿阁，专蒐罗欧美人研究中国的书，有参考作用而绝版已久的，加以翻印。印刷在大连，选书似由日本东方学会中人主持。所印英、法、德、俄文书都有。德人卫德明曾向我说，欧美的东方学者旅行北京，找欧洲买不到的西文书，也是目的之一。我看过的《文殿阁书目》，他所翻印过的西文书，曾到百种上下。"

民国年间，以往不受重视的带版画之书大放异彩，几乎每一部都成了爱书人追求之对象。这种风气很快传到了旧书界，于是各家旧书店纷纷挖掘带插图的线装书，其中在隆福寺有一家宝绘斋在这方面的经营颇具名气。雷梦水在谈到宝绘斋主人樊文佩时说："受业于带经堂王寿山先生。樊先设文鉴堂于宣武门内，其后徙至隆福寺街，易名宝绘斋。樊颇识版本，在京经常跑小市收书，常收到佳本，虽其藏书多为零册单本，但质量较高。"

这位樊文佩既懂版本又能吃苦，常常能从偏远的乡村收来好书，而后以高价出售。此人跟著名戏曲家翁偶虹关系甚好，《北京话旧》一书中收录有翁所撰《逛庙会》一文，翁偶虹在该文中提及："我最熟识的是宝绘斋，主人樊玉卿，精通小说、戏曲的版本。在他那里，我买到过《梨园集成》《古柏堂传奇》《艳异编》《龙图公案》《欢喜冤家》《绿野仙踪》《野叟曝言》等书，版本既好，图像尤精。他有一句口头禅，自诩囤积小说的特点是'没图不要'，因而我送给他一个绰号，也叫'没图不要'。"

隆福寺街路南还有一家文奎堂也很有名气，此店开业于清光绪七年，店主王辑五很会经营，跟满人贵族关系密切。张之洞去世之后，其后人将书分批售出，有不少是经文奎堂买卖者。张之洞所撰《书目答问》对旧书界有很大影响，他的这部书被称为旧书业入门的必读工具书。葛鸿年等人所撰之文中特意强调了这一点："业务知识首先必读张之洞的《书目答问》，并抓紧时间看书架上的书名，记住某种书放在何处，以备给主顾找书。还要记住各种书的卷数、著者姓名、几种版本，因为版本不同，书价各异，有时差价非常悬殊。要研究书的版本，还必须学会鉴别各朝代纸张的性能和规格。如宋代纸柔软、洁白，纸纹细密；元代纸粗糙，纸纹较宋纸稍宽；明代纸分为棉纸与竹纸两类，棉纸坚固，耐拉有劲，竹纸以竹草为原料，纸色黄，纸质不坚易碎；清代纸最好的是开花纸、罗纹纸，纸质很好，其余如竹纸等较劣。要鉴别版本的年代，关键就在于对纸质的考究。"

看来背诵《书目答问》乃是书店学徒者的基本功。葛鸿年等人的这篇文章强调了古书用纸的重要性，文中明确讲到，判断版本的年代，纸张是个关键点。这样的超前意识，可谓深得我心。可惜的是，时至今日，所有公私书目仍然不著录纸张，这个缺憾不知道何时得以弥补。

文奎堂经手过的善本很多，我节取雷梦水在文中写到的一段话："1925 年与待求书社、晋华书局，三家合伙购得徐梧生旧藏书一大批，其中抄校本及宋、元、明本不少，清朝家刻稀见本亦甚多。宋板有《晋载记》，棉纸，订十二册。《史记》百三十卷，有邹道沂批，棉纸，订七十册。明刊本有元刊明初补本《玉海》二〇四卷，薄棉纸，订百册。正德刊《百川学海》，竹纸，订四十册。锡山安氏活字本《颜鲁公集》十五卷，棉纸，订六册。"

其实在《颜鲁公集》之后，雷梦水还罗列出了许多的善本，我节录至此，则缘于这部铜活字本的《颜鲁公集》经过多年的辗转，最终进入了我的书斋。可惜我无法知道，当年文奎堂买卖该书时的进价与售价，否则的话，可以把那本书的故事讲述得更为完整。

隆福寺街路南还有一家粹雅堂，郑振铎先生曾在此店买到《新刊出像补订参采史鉴唐书志传通俗演义》，此书颇为罕见。《西谛藏书题跋》中收录了郑振铎给该书所写跋语："我尝于三年前从孙实君处得周氏大业堂刊本《唐书志传通俗演义》六册，虽是不全本，亦以重值收之，盖明刊小说书最为难得，大业堂镂小说不少，我一本都无，故遇此书尤不肯放过。今晨携晓铃访书隆福寺，晓铃云：有粹雅堂至今尚是单干户，颇有零本好书，因同过之。主人张君出此相示，云彼旧曾经营三友堂，知三友堂所得小说、戏剧书居多归余。孙实君之《唐传》亦系彼所售予，中阙五、六两本，今此第六本，理应亦归之余，我额之，乃以四十金取归，不知其第五本何时复可得也。"

郑振铎藏书特色之一就是明清版画，并且他对任何稀见的版画书无论残缺一律不放过，所以这册书虽然是残本，他仍然以大价钱将其买了下来，而将他带到粹雅堂者乃是吴晓铃。郑振铎努力想将该书凑齐，不知其最终是否如愿？

不知什么原因，隆福寺街路北的书店数量要比路南少许多，雷梦水在文中仅记录下三家。虽然如此，但隆福寺在爱书人眼中始终是一处圣地。也有人觉得，在这里捡不到什么便宜。比如日本大藏书家德富苏峰在《中国漫游记》中讲到了琉璃厂和隆福寺，他在该文中首先称："到了北京，我先去了琉璃厂。昨天十八日，我又去了隆福寺街。两个地方都是古书店的聚集地。有人问我有没有什么收获，我只能遗憾地回答没有。"

他竟然在北京的两大书市没有任何收获，这真是个奇怪的说法。而其在文中又提到："中国确实是大国。这一边，革命进行得如火如荼；那一边，人们照样把玩古董古书，忙得不亦乐乎，甚至一掷千金。旧时的名门望族随着时代变迁而衰落，他们收藏的古书也随之流入市场。这些古书，几乎是这边刚流入市场，那边马上就有人购入己囊。"德富苏峰写此文的落款是"大正六年十月十九日清晨于北京"，即公元1917年。作者感慨于在战乱之时，还是有很多人买古书。对于这样的心态，1938年的周作人在《阮庵笔记》的跋语中写道："廿七年戊寅端午前三日，隆福寺书估携此书来，乃收得之。在此时尚买闲书，奇矣，但不看书又将如何？"

周作人发出了同样的感慨，在战乱之时，他仍然买下了隆福寺书商送来的书。他自己也感慨在那个时刻为什么还有心情买闲书，而后他又自问自答地说，不买书不看书作为文人又能干什么呢？以周作人的这句话来回答德富苏峰的疑问，真是最恰当不过了。

德富苏峰对中国旧书店家家修补古书既爱又恨，他在文中称："几乎所有的古书店都兼营制书业。即使是那些被虫蛀得厉害，破旧不堪的古书，经过书店的修复，都会焕然一新，仿佛昨天才出版一样。在制书业这一领域，日本到底不是中国的对手。不过，过分的修复，反而损害了书籍本来的古韵，可以说是过犹不及。"

对于这一点，我跟德富苏峰一样，有着同样的纠结。有些书不修就太过破烂，但修书又破坏了古书的原本装帧。看来修旧如旧，是一种折中方式，可惜能做到这一点的修书手太过罕见。

日本侵占北平之后，北平的旧书业一度衰落了下来。到了1941年，日本在京的侵华机关开始收购图书资料，同时有一些藏书家又开始大量地买书，故隆福寺的旧书业又渐渐兴旺了起来。日本投降后内战再起，北平的书价又一次跌到了低谷。葛鸿年等人在文中写道："日本投降后，蒋介石挑起内战，直到北平解放前夕，是书业最困难的阶段。那时，书价大跌，一斤旧书还换不到一斤玉米面。书商为了维持生活，有的曾将《大清会典》《七省方略》（现价均每部万元）、局版《九通全书》等论斤卖掉，成为造纸原料。"

北平解放后，国家机关及各大学的图书馆开始收购线装书，隆福寺的旧书业又得以兴盛。到了1958年，隆福寺旧书店参加了公私合营改造，而后这些旧书店一同并入了中国书店。故隆福寺旧书街渐渐名存实亡了，因为在这条街上仅余一家中国书店门市部，此店的原址就是当年的修绠堂。

22年前，我每次到美术馆看展览时，都会顺便到隆福寺中国书店去看书。当时只在此店买一些相关的工具书。此店处在隆福大厦背身，店堂面积是通敞的一大间，上架之书有一大半都属二手书。当时的售价很便宜，故来此买书图的是价格低廉。而今这一类的书不但不打折，而且大多都高于定价数倍，可见人们对这一类的书依然是情有独钟。

我在此店也买过一些线装书，第一次买多部书乃是十几年前，翁连溪先生带我前来。翁先生跟该店当时的经理颇为熟识，某天翁先生跟我说，该店收进来一批藏家之书，于是我二人前往此店。眼前所见是堆在店堂内的一捆捆的洋装书，我对此没什么兴趣，而翁先生比我耐心好，他拆捆一一查看，果真从中找到了几通名人手札。在翻看到书堆的底端时，还是发现了几捆线装书，于是就有了我的所得。

而今我想去隆福寺拍古旧书一条街，于是去电中国书店副总张晓东先生。张总跟我说，隆福寺街在五年前就已封闭，正在进行彻底的改造，而他们的那家店也关张了几年。按照合约规定，隆福寺街改造三年后，此书店同时开张，可是时间过了五年，这条街也未修整完毕，故到何时开张，他们也不知道具体的信息。

虽然如此，我还是想到此街一转。这一天是 2017 年 10 月 3 日，国庆长假连上了中秋节一并休 8 天，这么长的时段，我还是想在写书的间隙去跑几个地方，也算是我在长假期间的旅游项目。今日天气晴好，于是兴冲冲地开车前往隆福寺。从各种报道看，因为高速路的免费，到处堵车严重，北京城内反而显得很空旷，路面所见之

街牌

路面的车少的出奇

车不足平时的几分之一，在北京内城开车能够如此畅快，当然令我心情大好。

　　然而看来是高兴得有些过头，当我把车停在隆福寺旁准备拍照时，突然发现快门按不下去，立即查看，原来相机内没有放置内存卡。十几年来的寻访，这是第二次犯同类错误。隆福寺一带停车困难，我好不容易找到一个空位，真不忍心仅停了一分钟就驶离。于是百度一番，发现在朝阳门附近有一家照相器材门店，无奈只好开车前往，而后拎着相机直入此店。年轻的店主看我的形象有可能是位傻大个，于是张口就要八百元。而我记得买相机时，内存卡的价格也就两百多元，我不想做此冤大头，猛然看到旁边有家数码港，进店一问果真有货，仅以 240 元就买到了比我相机内原内存大一倍的内存卡。

　　重回隆福寺，幸运的是，那个可停车之处依然无车，于是立即占住这个有利地形，而后走到隆福大厦的正面前去拍照。

果真如张总所言，隆福大厦仍然包着施工用的脚手架。入口处有人把守，直接告诉我禁止入内拍照。我只好走上东四北大街的人行天桥，站在上面隔着土墙向内拍照。其实近几年开车从这里路过无数回，只是因为开车期间全神贯注于路面情况，未曾留意这座大厦已经被包裹了起来。几年前，隆福大厦的一侧成为了娃哈哈集团经营的饭店，我跟爱书人李东溟先生等在此吃过饭，而今这个饭店也没有了踪迹。

20世纪50年代，市政府在隆福寺原址建起了一座大型的摊贩市场，名为"东四人民市场"，而后实行了公私合营，东四人民市场改为了国营百货商场。该商场与王府井百货大楼、东安市场、西单商场齐名，成为了北京四大商场之一。但那时，隆福寺仍有残存的殿宇。1976年，河北唐山发生了大地震，这些残存之房有了倒塌的危险，后被全部拆除。到了八十年代，这里建起了一座八层高的大楼，从此改名为隆福大厦。可能是为了留存隆福寺的遗迹，该大厦的顶楼又用仿古手法修建了大殿和角楼。可惜的是，我却从未走入这新建的顶层隆福寺一看。

而今隆福大厦正在维修之中，在其后方又建起了一座更为宏大的大厦，不知这座新大厦作何用途，好在正在修建的隆福大厦右侧留了一条通道。我沿此通道前行走到了大厦的后方，在后方看到了如今的情形：左侧封闭了起来，成为了施工的一部分，而右侧仍然保留着老的街区。于是我就沿着右侧慢慢地向前探看。

而今的隆福寺街上已经看不到书店，沿街的门面房也未做过整修，不知是否正在等待拆迁，而这些门面房大多租了出去，经营的品类主要是时装。沿此前行三十米，看到了东宫影剧院。不知道这是不是当年有名的东四剧场，在院内转一圈，看不到老建筑，于是出院继续沿着隆福寺街向前走。

在街顶头的位置又看到了一座彩绘牌坊，牌坊的四围却未能看到对于隆福寺街的介绍。在此街顶头的位置，有一家面积较大的食品商场，站在门口向内探看一番，里面所售均为改良过的北京小吃。当年的隆福寺每到庙会之时都会有许多小吃摊，杨舒编著的《地名里的老北京》有一篇谈到的就是隆福寺的小吃："当然小吃品种更是遍布庙会各个角落。但多数小吃摊商，还是集中在庙会西侧，这里有残存西配殿，一些卖茶汤、油炒面、豆汁、杏仁茶等流食的小坐商在此还设有座位，桌上铺有洁白桌面，门脸上悬挂白布帘，这在当时的庙会上，卫生条件算是一流了。可别小看这些小坐商、摊商、推车和担担者，其中不乏精工细致、饶有风味品种。如扒糕、灌肠、炸丸子、羊霜肠、爆羊肚、驴打滚、吊炉烧饼、馄饨等等，以现在技术水平衡量，亦称上乘。不少老北京市民特意到庙会吃上一盘豌豆黄、灌肠，以饱口福。"

虽然说这些小吃今日仍可看到吃到，但我总觉得品尝这类小吃最好还是在露天的摊上，那样的感觉跟精致商店中买到的同类商品味道完全两样。

隆福寺街上看不到老书店，于是我就走入了周围的几条胡同，在那里看到了一些老建筑，然而书店的痕迹却一丝也未曾寻得。之后，我又不死心地转到了隆福大厦的背面，这一带已经建起了高高的围挡，隔着围挡向内探看，隐约看到了当年中国书店门市部的位置。不知道什么时候那里才能重新开张?

天祥劝业　古街文庙

天津古旧书市

　　我在天津居住了八年，古文化街应该算是我最为流连忘返之地，已经记不清来过这里多少回。虽然离津之后也来过此街几次，但细想之下，距上一次来到此处至少相隔了十五年。这么长的时间内，虽然也多次回到天津，但却并没有再次踏入这条最爱之街，这其中的原因有多种，然而最重要的一条则是有朋友告诉我，这条街在天津整治海河的宏大工程中被拆掉了。我第一次听到这个消息时当然有些失落，但想一想，一切都在变化之中，似乎这条街的消失也是一种命中注定。

　　此次到天津参加《今晚报》举办的"第三届阅读推广天津论坛"，事先我给该论坛的组织者王振良先生打了个电话，问到他天津的古旧书街的留存。他提到几个地点，其中之一就是古文化街。与之交谈一番，我才明白自己以前得到的信息并不准确，天津古文化街只是进行了升级改造，并未彻底拆除。而我来天津拍古旧书街，这里当然是首选之地。

　　乘高铁来到天津，天津站内排队打车的队伍之长不在北京南站之下。虽然乘车地点是在楼下，队伍却排到了露天的广场，今日阳

天津古文化街入口

光充足，至少被曝晒了二十多分钟才乘上出租车。然而仅仅是起步价就开到了古文化街的入口处，虽然在津这么多年，但我却没有从天津站直接乘车到古文化街的经历，以至于并未留意两者之间这么近，这么近的距离让我大感不好意思，毕竟这位出租司机也在车站排了老半天的队，于是递给他二十块钱，告诉他不用找了。

停车之处并非我来此街的常入之口，因为天津的街道大多随着海河的弯度绕来绕去，故天津人指路时少有称东南西北。所以我也搞不清古文化街另一侧的入口是否是该街的西口，如果这种推断不错的话，我的常入之口应该在东口，而那一侧是与水阁大街相交。我对这条街名字记忆深刻，是因为当地人有着特殊的发音，他们读

"阁"为"稿"音。也许是这条街的路牌我未曾看到的原因,所以在"水稿大街"往返过很多回,直到离津前的不久,我才知道这条街名原来是个"阁"字。

可能是升级改造的原因,我站在古文化街的西口有些茫然,因为在记忆中实在没有眼前的景象。此街入口处的正中所摆放的一块大石头上,明确地刻着天津古文化街的字样。石头的后方则是一架制作颇为精美的石木牌坊,透过牌坊望过去,街内仍然有着不少的游客,但跟十几年前比起来,显然不到那时的几分之一。人的心理就是怪:以前我来此街,总嫌这里游客太多,因我走路速度快,穿入此街中总会碰撞到其他人,而此街内的两家古籍书店却是处在该街的中间位置,故无论从哪个方向穿入,都会跟行人们发生冲突。而今,街内行人稀少,又让我感叹商业的不景气。

在入口处右手的位置,有一个长长的门面房,以商业眼光来看,这处门面房应当算是该街的黄金地段,古人说"买卖只差寸地",哪怕两家相邻的商铺,其生意的兴隆程度也会有很大的差异,而眼前处在黄金位置的这家商店,竟然是"耳朵眼炸糕"。此物乃是天津的名品,被称为天津三大小吃之一,我印象中该店的原位置距这里还有一站地的距离,不知是否为我记忆所误。但此店飘出的香味,却勾起了我的怀旧味蕾,于是我走上前买了四块,而这四块却是四个口味。我站在这大街之中,把相机挎在身后,双手捧着耳朵眼炸糕,十分畅快地吞食掉其中的两块。

人的记忆确实是很顽固,虽然我已知道古文化街进行过改造,但还是不由自主地从记忆深处勾勒出当年的形象。显然记忆中的残

熟悉的招牌

留无法与当下的所见叠合，但阳光下的"果仁张"、"泥人张"等招牌还是让自己有着莫名的亲切。而今的古文化街有如各地旅游景点前的特色商品街：所售之物除了个别名店之外，剩下大多雷同。看来创新是何等之不易，谁不愿意别出心裁地制造出畅销商品呢？但现实说明，突破思想的疆域是何等之不易。

　　边走边看，来到了古文化街的中心位置，直到此时，才唤起我当年的记忆。这里有一个广场，广场的正前方就是著名的天后宫。不知什么原因，这么多年来我从未走入此宫，然而来这一带的次数却很多，因为天后宫正门左手的位置，就是当年的天津市文物商店，我在此店买过一些古代的字画。曾经有一次，我为自己的诚实付出了不小的代价。当年我在这里的字画堆中，挑出了一幅齐白石的立轴，此画的内容是花卉虫草，标价仅 160 元。当时我向一位先生请教，为什么齐白石的真迹标如此便宜之价格，他告诉我说这是木版水印，然而我对木版水印有着很强的直观感受力，眼前所见的这一幅显然是齐白石的真迹。而十五六年前，齐白石所画的一纸三裁，价格已在20万元上下。于是我跟店员说，自己买下这幅作品，他问我何必要买这样的仿物，我直率地告诉他这是真迹，很有可能就是该画木版水印的底本。

我的这番话瞬间令自己失去了捡便宜的机会，店员马上告诉我，这幅画的价签搞错了，应当是16万元，因为160元后面的那个"0"字本应当写作"万"。一瞬间的变化令我大感不舒服，领略到了诚实的代价。而今站在天后宫门前，当年的文物商店已看不到踪迹，那段买画的经历却让我不能忘记。身后的天后宫同样没有看到入内的游客，看来是10元的门票挡住了游客的步伐。我不记得自己这么多年来为什么没有进过天后宫，也记不起是否有收门票的因素在，但每想到这一层，我都会嘲笑自己对待金钱的荒谬态度：10块钱的门票要节约，花十几万买古书却在所不惜。

从天后宫门前继续前行，不远处应当就是当年的文林阁，文林阁正是天津古籍书店下属的门市部。而今，此家书店也无痕迹，但当年的记忆却未曾磨灭。那时文林阁的经理乃是高梦龙先生，当年如何结识高经理，我已不能忆起，然而我对他的形象却记忆深刻，因为我在此店买过不少线装书，有些残破之书都是他给我重新做了金镶玉。颇为难得的是，他能给新做金镶玉之书写上标准的书根。用毛笔写出标准的印刷体，并且每一册的书名不差分毫，这种本领直到今天我都认为很神奇。后来王洪刚先生给我发来了一张图片,我才第一次直观地看到,古人书写书根时是有着怎样的巧妙手段。

正因为动手能力之拙,使得我对高梦龙的这套本领赞叹不已,也正是这个原因,我从他手中买了一些线装书和碑帖。此店的内侧那间无窗的小办公室,是我当年最神往之地。而我正是从此店了解到:摆在前堂架上的线装书都是普通本,真正的好书都会放在内室,只有在经理的带领之下,才有机会看到这些好书,而那时我不满于小屋之内书价之昂。今天看来,凡是在前店堂架子上买到的便宜书,基本上没有什么版本价值。

关于文运堂的来由,我是从雷梦辰原著、曹式哲整理的《津门书肆记》中得以了解。这件事要从文林阁讲起,大概是民国初年,王桂林、李汝堃和王锡林共同在东门里开设了文林阁,主营古旧书,当年生意情况很好,但不知什么原因,到了民国十三年,文林阁却停业了。此三人分产而后各自开办了书店,王桂林开办的书店名叫宝林堂,李汝堃则是培远书庄,此书庄后来更名为宏雅堂,王锡林则开办了文运堂。1956年后,全国各地搞公私合营,文运堂也就并进了天津古籍书店。

但是在民国年间,这三家书店均经营得有声有色,王桂林所开办的宝林堂,当年带出了五位弟子,比如他的长子王连弟就是五位弟子之一。为了进一步提高业务水平,王连弟曾经拜北京文禄堂王晋卿为师,而文禄堂乃是琉璃厂专门经营善本书的著名堂号。也正因为如此,后来的宝林堂也是主营善本书。当年"上第二子"袁寒云所藏宋版书有多部都是宝林堂所售者。关于该店所经营的善本,雷梦辰在《津门书肆记》中写道："宋版《三国志》六十五卷，晋陈寿撰，蜀眉山大字体，雅雨堂藏（雅雨堂，卢见曾之室名，卢刻有《雅雨堂十种》），善价售予北京图书馆；宋版《无为集》十五卷，宋杨杰撰，订四册，前后各钤有五玺，三册有文渊阁印。又宋版《楚辞》一部，有抄补。以上二书，《天禄琳琅书目》已著录。二书先后均以善价售予北京图书馆。"

李汝堃的培远书庄后来开办于东门里大街，经过近些年的改造，此街已经没有了痕迹。李汝堃的弟子张树森对版本颇为精通，曾经与北京保萃斋韩凤台合伙在北京文奎堂花两千元买下了宋版《礼记集说》一部三十二册，而后以四千元售出。在民国三十三年，张树森还通过封货的方式买下了一批书。关于何为封货，雷梦辰在文中作了如下解释：

> 北京旧书店封货一事，系业古旧书者所创，与天津拍卖行之拍卖形式相同。封货之前，先将所封之书运往某地点，通知同业。所封之书大都三五种一号，十号二十号不等。封货时，所到之同业，人人可查阅所封之书。欲购者，索其卡片填写号数、欲购之价以及书店名称、经手人等，填好密封，交与司管封事者。至日落时，当众开封，谁价大即归谁。

这是不错的一种交易方式，以我的眼光来看，这应当是拍卖的前身。而今，日本同业间依然使用这种方式交易书籍。

王锡林的文运堂培养出四位弟子，其中最有成就者乃是张振铎。当年文运堂收到最著名的书乃是元刻本的《楚辞》和宋刻本的《孝经》，这两部书后来都卖给了天津大藏书家周叔弢。周叔弢得到这部《孝经》后十分高兴，特意刻了一方"孝经一卷人家"的印章。虽然有人说这部《孝经》实际是元刻本，但即便如此周叔弢仍然对此书喜爱有加。可能是因为这个原因，周叔弢跟张振铎有着很好的关系。

民国二十八年（1939），王锡林的弟子之一杨永维开设了茹芗阁旧书店，张振铎则开设了振古堂。后来张振铎的振古堂迁到了天祥市场，再后来他成为了天津古籍书店的经理，而后在他的经营下，天津古籍书店成为了中国古籍书店系统中的名店。而我到天津古籍书店买书之时，张振铎已退休。在他孙子结婚时，后来的继任经理穆泽先生曾带我到其家拜访张振铎老先生，而后我还参加了他孙子的婚宴。在此期间，我跟老先生请教了一些天津古旧书业的往事，他每次都非常和蔼，娓娓道来。

由文运堂前行不足十米就是当年古籍书店的位置，而今这里也变成了卖旅游纪念品的商店。在此店的正前方，有一条难得的长条凳，我坐在此凳上望着面目全非的古籍书店旧址，心里多少有些落寞，因为有一段时间，我几乎把所有的闲暇时间都消磨在了此店之中。我第一次学习拓碑也正是在此店。坐在此处，当年的情形历历在目，我就着矿泉水咀嚼着所剩两块耳朵眼炸糕，想起自己当年为了在此看书，常常不吃午饭，很多时候也是以一瓶矿泉水作为垫补。而今瓶水仍在手中，然这里令自己喜爱的线装书却都不在了。正在惆怅间，长凳另一侧的一位小女孩问我，可否帮她拍张照片，

古籍书店旧址

　　而其所站的位置背景正是当年的古籍书店。面对此店，我感觉自己反应迟钝，以至那位小女孩抱怨我为什么拍照速度如此之慢。

　　关于天津古籍书店的来由，曹式哲在其整理的《津门书肆记》中引用了 1990 年编印的《天津市古籍书店店史（讨论稿)》中的所载：

　　　　1956 年 6 月 18 日，对私营书店的公私合营改造基本完成，天津古旧书业进入以国营书店为流通主体的收售阶段。1956 年 6 月，新华书店天津分店古旧书门市部正式成立。与此同时，天津古旧书业还存在着两家私营合作书店，即天祥市场合作书店（张璞臣任经理，李光育任副经理）、南市合作书店（寇松年任经理，张兆林任副经理）。1960 年 6 月，天津古旧书业最后两家私营合作书店并入新华书店天津分店古旧书门市部。

在走到古籍书店之前，旁边有一个小岔口，拐入此巷，顶头的位置是一个小广场，这是当年水阁医院的位置。如今这个广场上立着一尊新的雕像。从雕像的形式上看，应当就是天后。转到正街继续前行，眼前所见就是我所熟悉的水阁大街，而今这条街也做了彻底的整修。街的左手位置就是海河边，虽然这里距海河不足 30 米远，而我却不愿往此方向行走。因为当年我曾在河边停车，而书包并未拿下。从书店返回时，车窗被撬，里面的包不翼而飞，而书包内恰好有一册元刻残本。虽然是残本，但那本书却十分罕见。此书的丢失让我急出了一头汗，当时真不知道通过什么渠道能够通知那位偷包人：包内的钱全归他，而那本书却要还给我。之后的这些年，我也一直留意着古籍拍卖场和各地的书店，可惜二十年过去了，那册元刻本却从未出现在市面上。

出古文化街右转，沿着水阁大街走到顶头的位置，再往前的这段路就被称为东门内大街，而该街的入口就是文庙。当年的文庙正是古籍书店的古旧书库，对于这里的藏书现况，我却未曾目睹，而当年古籍书店经理彭向阳先生多次向我描绘这里堆书的盛况。如今我走到文庙门前，里面已经不可能有任何的古书在，可能是因为这天不是周日，文庙周围静悄悄的没有任何的声响，我原本想走入院内，感受一下当年的氛围，可惜售票处却未曾看到人影。而恰在此时，有一辆出租车停到了附近，于是我立即上车请其把我送到

文庙原正门

劝业场。

劝业场可谓近代天津最著名的标志性建筑，金彭育在《法国建筑师穆勒的建筑作品》一文中说："劝业场是当时华北地区规模最大、功能最全的综合百货商场，是一处标志性建筑，是中华著名的商业老字号。"这么壮丽的一座大厦，在新中国成立前，里面却有着多家旧书店的存在。

大概在20世纪80年代初，我第一次来到劝业场，当时就被其雄伟的外观所震慑。走进商场内，二楼之上仍有多家书店在，可惜那时对版本不熟悉，仅买得一部民国版的《辞源》。当时与劝业场比邻而居的天祥市场也同样是著名的旧书店聚居之地，但是这么多年来我却始终搞不清天祥市场的具体位置。王振良告诉我，天祥市场早已被拆掉，而后新建起的楼已经是劝业场的组成部分。但该商

场究竟在劝业场的哪个位置,我却未能问明白。此次到天津之前,我想起在劝业场内开办拍卖公司的孔令琪先生,他说可以带我现场指认天祥市场旧址。

劝业场这一带早已变成了步行街,出租司机将车停到了长春道,我由此绕到了劝业场的附近。孔令琪带着我来到了这座大厦的近前,而今劝业场的周围已经盖起了很多座高大的现代化楼房。虽然如此,劝业场那典雅威严的外观,依然有着鹤立鸡群的震慑力。所以我走到楼前,心情依然有着小小的激动。

大概在九十年代初期,劝业场正对面的位置是一座二层小楼,这里同样是古籍书店的门市部。而到了九十年代中期,这个门市部的一楼变成了鞋店,二楼继续经营古旧书,再后来这两层小楼全部对外出租,而书店搬到了后方。我大概就是在这里第一次见到孔令琪。而今这座二层小楼已经被拆得没有了痕迹,变成了一座现代化的 shopping mall,好在旁边的浙江兴业银行大楼得以保存,而我在这座大楼前的台阶上曾经坐过很多回。

我仍然惦记着天祥市场,孔令琪在原地一转身,指着侧边的劝业场大楼说:"这就是天祥市场的位置。"然而我从外观上却看不出两者之间的区别。孔令琪指着楼的外立面让我细看,果真两者之间的交汇处是两种不同的新旧颜色,而新的一侧就是当年的天祥市场。几十年前,天津古籍书店就处在天祥市场的二楼。关于这两座大厦之间的关系,肖克凡在《点点滴滴劝业场》一文中写道:

> 小时候,记得劝业场是包含"天祥市场"的。比如当年

$\dfrac{1}{2}$

1. 兴业银行　2. 天祥市场与劝业场交汇处

走进劝业场向售货员打听文具柜台在几楼，得到答复之后你往往再问一句："是天祥还是劝业场？"

　　这是两座商场偶合而成的大型商厦，中间有通道相连。记得劝业场有一座旋转式楼梯，很有气魄。"天祥"则是一座天井式建筑，柜台分布在周边。为了防止天井坠物，"天祥"在一楼与二楼之间设有一层钢丝网。儿时，我曾经多次折叠"纸飞机"掷入天井，一只只"纸飞机"盘旋而下，最终落在钢丝网上，我便认为它安全着陆了。

看来这两座大厦之间原本也有间隙，只是有通道将两者连在了一起。天祥市场被拆除之后，又在其原地盖起了一座新的大厦，而这两座大厦肩并肩地紧紧连在了一起，外立面的风格也刻意地保持一致。因此若不留心细看，很难注意到这组庞大的建筑其实是由新旧两部分组成。关于天祥市场的旧书经营情况，古籍书店的老店员呼智生先生有过讲述，曹式哲将呼的所言录入了书中："天祥市场位于天津繁华的商业区中心地带，四通八达，每日客流量很大，外地客人亦多在此流连，确属经商宝地。各路商家看好天祥市场绝佳的地理位置，纷纷向这里聚拢。天祥市场当年是津门书肆比较集中的地方，二楼、三楼的书店、书摊总计40余家，颇具规模，遐迩闻名。"看来正是因为天祥市场的绝佳位置使得这里成了旧书店的聚集之地，而对于市场内的布局，呼智生又说道："中西书局在天祥市场三楼，其内部结构是：室内陈列线装古籍，室外则是平装中文书刊和外文书刊两个书摊，摊位总长10余米，经营面积30平方米。中西书局周边除了书店、书摊，还有卦摊。前来购书的多为藏书家、书画家、作家、记者、学者、教师、学生等具有一定文化层次、文化品位的读书人，有时还有外国人光顾。"

呼智生原本也是旧书店店主，1948年跟张世顺合伙开办了新化书局，1949年两人分家，呼开办了复兴书局，而张则创建了庆记书局，而后因为公私合营，呼智生成为了天津古籍书店的店员。二十年前，我到古籍书店买书时，呼先生已退休，但他时常回书店看一看，我正是在古文化街的古籍书店二楼店堂与之相识。老先生身材矮小却精神矍铄，时常站在店堂的正中跟我聊起书界往事，我只好弯腰驼背地站在那里洗耳恭听。从他那里，我了解到20世纪五六十年代，他经常到东北去收书，因此给书店收到多部天禄琳琅旧藏之物，老先生讲起那些往事虽然语调平和，我听来却是惊心动魄。

关于呼智生的业务能力，2009年2月2日的《藏书报》刊有曹式哲《亡羊补牢，犹未为晚》一文，此文中有如下一段话：

> 呼智生先生（1919—），河北省海兴县人，天津市古籍书店长期经营古旧书籍的老师傅，业务根基雄厚，虽退休多年，却依旧钟情于古旧书业，至今在天津市古旧书籍拍卖会上仍可见到老人活跃的身影。我曾与呼智生先生有过数次短暂交谈，老人谈论古籍滔滔不绝，如数家珍。现有二子、一儿媳专营古旧书，可谓传承有人。

曹式哲写此文后的三年，也就是 2012 年，呼智生去世了，终年 93 岁。我与他的儿子呼顺利相识，大概是在 1996 年，呼顺利在水阁大街的把角处开了一家书店，他的那家店我去过多回，后来我们在拍卖会上又时常相见。印象最深者，乃是他从拍卖会上以底价拍得了一部明嘉靖嘉趣堂所刻《文选》。大概六七年之后，他又将该书送到了同一家拍卖行，大约以他买到价格的十几倍拍出，可见其市场眼光确实不错。有一次我在上海博古斋遇到他，他说自己正在大量收购术数类线装书，是一位大买主委托他收购的，此后近十年我却再未看到他的身影。

拍完天祥市场的外立面，我跟孔令琪到其办公室一坐。走进劝业场内，里面的情形更是今非昔比，偌大的商场顾客很少，孔令琪边走边感慨，说经营情况特别的差，商场多次想转型，却还没找到好的契机。不过商场经理却对他很照顾，没有给他的店涨租金。因为商场经理也知道经营书利润很低，有这样的体谅，看来这位经理也是爱书之人。正因为如此，孔令琪的店铺成为了这个巨大商场之内，唯一一家有书的商家。

坐定之后，我向孔令琪提了一系列问题。首先我好奇于呼智生为什么能够到东北去收书，孔先生告诉我，当时店里的老先生分片负责国内不同区域的收购，因为经营旧书店，收购最为重要。以孔令琪的话来说叫作："新书靠出版，旧书靠收购。"呼智生负责之地就是东三省，当年溥仪把乾隆皇帝所藏的天禄琳琅几乎都带到了东北长春。1945 年，这些书被疯抢，有不少失落在了民间。当时有很多旧书商以及字画商都会派人长期在东北收购这些珍宝，而呼智生也长期跑这一带，所以他给店里收来了不少好书。

我跟孔令琪又聊到了当年在古籍书店拓碑之事，他告诉我说，其实那是四块魏墓志，而此墓志正是他跟师傅张振铎共同从陶湘后人手中收购而来。说话间孔令琪拿给我一份 2016 年 1 月 25 日的《藏书报》，第三版刊载的正是孔令琪所撰《沽上旧书业传薪者——我的师傅张振铎》。这篇文章我曾仔细地看过，孔令琪又向我讲述了当年张振铎对他的教诲，我马上问他师傅近况如何，孔令琪黯然地说："张师傅今年三月去世了，终年 97 岁。"爱书之人能够如此长寿，多少令我欣慰。我劝小孔不必为此悲伤，毕竟能够活到这个年龄已经堪称人瑞。但我心下还是觉得有些遗憾，毕竟我与老先生也算相识，而我却没能仔细地向他请教更多的问题，如果能做一些录音，那将会留下更多的第一手资料。

关于张振铎何以到天祥市场开办书店之事，曹式哲在书中写下了如下一段按语：

> 张振铎，1920 年 10 月 24 日（农历九月十三日）出生，现年 94 岁。祖籍河北省黄骅县赵家堡。版本、碑帖书画鉴定专家。其祖父原为渤海湾渔民，后定居今天津市塘沽区河头乡一带开荒种地，转为农民。张振铎 7 岁读私塾，历时 7 年。1934 年，被乡亲介绍到天津市大罗天古玩市场古香斋文物店学徒。次年 2 月转至东门里文运堂书店学徒，师从经理王锡林（字鹏九，河北省盐山县人），与杨永维、纪根滇系师兄弟。1941 年 3 月，振古堂书店聘其出任经理。一年后，出资人撤

资，振古堂书店宣告歇业。张振铎先在永和书店任店员，后至黄家花园一带摆书摊。1946 年 5 月，由族婶出资，张振铎在天祥市场二楼设振记书局，并出任经理。1952 后 3 月，出资人无力再投资，张振铎将振记书局盘出，自己先后出任文化书局、津联书店经理，并曾任鲁丰书店店员，直至 1956 年 1 月天津私营图书业全行业公私合营。1956 年 1 月至 9 月，张振铎出任天津市公私合营图书总店副经理兼新华书店天津分店古旧书门市部主任。

我在天津的那个阶段，给我修书的主要是施维民先生，当时还有另外几家修书者，然而他们的修书速度都比施先生差很多。因为我性子急，所以最喜欢做事干净利落者，故后来的修书之事全部委托施维民。他当年给我修书的价格是：做衬纸者一元一页，做金镶玉者 1.2 元一页。孔令琪听到我当年的价格后笑了起来，他说现在最便宜也是这个价格的十几倍，而稍微难修的善本其价钱早在百倍以上了。小孔告诉我，施维民已退休，但返聘回店带徒弟，以便给店里培养新的修书人才。

关于施维民修书为何能够又快又好，通过曹式哲整理的《津门书肆记》中的引用，我了解到了更多的信息。穆泽先生回忆说：

> 1960 年 6 月，天祥市场合作书店并入古旧书门市部，张世顺、杨富村开始在新成立的装订组修补、装订古旧书。据我所知，张世顺、杨富村在古旧书门市部（1978 年改称古籍书

店）曾经再度纳徒。第一次是 1961 年 9 月，我和单学仪由领导决定拜张世顺、杨富村为师，学习修补、装订古旧书。地点在泰康商场三楼。在两位师傅的耐心指导下，我和单学仪从简单的洗面粉、打糨糊、换皮、订线到较为复杂的修补虫蛀书、溜口、划栏、衬纸、包角、金镶玉等工艺，历时一年，才掌握了基本要领与操作程序。

看来，穆泽经理也曾学过修书，他的师傅是杨富村，而这位杨富村就是杨永维，他正是文运堂主人王锡林的四位弟子之一。杨富村后来开办了茹艻阁书店，培养出了两位弟子，一是范英臣，另一位则是雷梦辰，而雷梦辰正是琉璃厂著名的书人雷梦水的弟弟。大概在二十年前，彭向阳先生带我前往宜兴埠去看望雷梦辰。当时老先生住在女儿家，与他见面时，我的第一印象是老先生沉默寡言。我在其家中仅看到了一架工具书，老先生说是写作之用，余外没有看到其他之物。临走时，雷梦辰送了我一本书，书名已记不起，只记得他在上面题字时写下了"内有拙文一篇，请韦力先生指正"的字样。

关于雷梦辰后来的情况，章用秀在《书林有路 学海无涯——雷梦辰与古籍版本鉴定》一文中写道："雷梦辰自打从古籍书店退休后，一直在家整理图书资料。因当年在库房值班时中了煤气，得过一场大病，至今说话尚不利落，但思路颇有条理。"

雷梦辰何以中了煤气我却不了解详情，孔令琪告诉我说，因为宜兴埠距老城区较远，所以雷梦辰一直住在库房内，一边看库一边也算是对他的照顾，而他那时主要的精力是整理旧期刊。那个库房我去过一回，里面有很多高大的铁架子，上面摆放着数量巨大的杂志，每捆杂志上都写着所缺之期的纸条。小孔说，那些纸条都是雷梦辰所写。当时，店里卖了一批杂志给北京的中国书店，书店的人前来库房拉货时却敲不开门，于是此人找到了其他的店员，把门撬开时，躺在那里的雷梦辰已经口吐白沫，中煤气已经到了很严重的程度，于是立即将他送往医院抢救。从此之后，他返回了宜兴埠，再也没有上班。由此我想起当年我看到雷梦辰时，他何以如此的沉默寡言。小孔告诉我，雷梦辰在 2003 年就去世了，享年 74 岁。但是老先生所写的书界往事却让后世大为受益，为此我颇为怀念这位沉默寡言的雷梦辰。

关于修书问题，仍然要讲到施维民的师承，穆泽接着说道："第二次是 1980 年，古籍书店恢复装订业务，业已退休的张世顺、杨富村应聘在装订组上班，并带徒三人：高梦龙、施维民、尚秀智（女）。地点在文庙。"原来，高梦龙和施维民都是杨富村的弟子。我在古籍书店买到的善本中，有些书后明确地写明是杨富村所修，少有修书者会把自己的大名写在书后。由此可见，杨富村对自己修书的质量有着何等的信心。虽然我未能赶上杨富村修书的时代，然而他的三大弟子中，有两位都给我修过书，这也是一种间接的荣耀吧。古籍书店的老店员王振声在回忆中也曾提到杨富村手艺之高："杨富村的古旧书修缮技术精湛，天津市前副市长、著名藏书家周叔弢曾经点名要杨富村为其整修藏书。杨富村的'金镶玉'手艺能够为线装古籍增辉添色。"

我跟王振声也有几面之缘，我到古籍书店买书的阶段王振声已经退休，但有几次我在店堂内看到一位身材瘦高的老人，穆泽介绍说这就是王振声。王振声老伴儿是石家庄人，故王退休后也前往石家庄，听说在那里还开办了一家旧书店，可惜我未曾去过他的店。穆泽还告诉我，王振声的字很漂亮，故善本书库内所写书签都是出自王振声之手，因为他曾经返聘回店帮着整理库中之书。

　　我跟孔令琪还聊到了书店的多位老先生，有许多已经陆续故去，令我二人感叹不已。聊完之后，我们沿着劝业场的大楼一层一层向下走，看到每一层的店员人数都比顾客多，又怎能让人不叹惜。看来不仅是旧书业在迅速地衰落，其他的零售业也同样面临困境。难道曾经的辉煌已经不可能再现？这样的话题聊起来真让人不舒服。劝业场的一楼仍然悬挂着民国间天津四大书法家之一华世奎所写的匾额，据说当年此匾的润笔费是五百块大洋。一个字一百块，在那个时代远远贵过了宋版书。也由此可见，当年的经营者是何等的有魄力。真希望旧书业能再出一位力挽狂澜的人物，再现昔日的辉煌。

印售并重　中外交融

上海文化街

近几十年来，就古籍的交易量而言，中国有两大集散地：一是北京，二是上海。但以历史的悠久程度来论，上海的古书业要比北京晚许多。晚清民国间，上海有一家著名的书店名叫来青阁书庄，店主杨寿祺曾写过一篇《五十年前苏州书店之状况》，文中涉及上海旧书业的起步："在 1909 年至 1911 年间，为苏州旧书店的营业发展时期。此时上海还只是书籍出版发行的地方，对旧书尚无专营之店。如扫叶山房、文瑞楼、千顷堂、校经山房等书店，只收购藏家整批出售之书，若是零星书籍，他们就不收了。当时苏州为江苏省城，所以附近各县同业如收到佳书，都到苏地脱售。"

如此说来，在苏州古书店兴旺发达的清末，上海的古书业才刚刚开始。虽然说近代上海因为西方印刷术的传入，刊印了大量典籍，但那是印刷业也就是新书业的兴旺，而经营旧书的商店虽然也有几家，却只是兼营，只在收到整批的旧藏时才做一把交易，日常古旧书的买进卖出并非其营业范围。也正因为如此，古旧书的买卖在晚清阶段的南方主要是集中在苏州一地。

那么上海的古旧书经营业起于何时呢？这件事依然跟苏州有

上海福州路

关。因为战争的原因，苏州的许多达官贵人迁居到了上海，买家的流失使得苏州旧书业迅速地衰落下来。于是原本在苏州经营的来青阁主人，派出当时还年轻的杨寿祺前往上海探路。杨寿祺在其文中写道："同年八九月间，我祖父闻悉上海市面甚佳，遂即命我到沪观看。当时上海四马路（即今福州路）龙昇旅馆门口，有专售旧书的鼎新书局一家，单间门面，三人合伙。我曾去该店，见店堂内有三架书籍，两位职工，上店购书者虽则甚多，但是花色品种，完全不能满足读者需要。苏地只售一元之书，他们售价两元，大部头书则价格相差不大。我回苏后，将此情况告知祖父。他独自一人，筹备数月，至1913年2月底亲来上海，当即租定青莲阁楼下东隔壁铺面一间。返苏后将苏店存货合销之书，立即包扎装运至沪，三月初旬正式对外营业。所以来青阁为当时上海旧书店的第二家。"

杨寿祺的祖父打听到上海商业经营状况较好，于是派自己的孙子前往上海的四马路也就是今天的福州路探路。经过一番观察，杨寿祺发现在四马路专门经营旧书的店铺仅有一家，并且门面很小，他还观察到此家书店售出的价格小部头者比苏州贵一倍，大部头的书则与苏州价格相当。他摸清这些情况后，立即返回苏州，将探得的现况报告给祖父。于是祖父经过一番筹备，终于在上海办起了来青阁分店。

由此可知，上海的第一家专营旧书的书店名叫鼎新书局，来青阁为第二家。来青阁前来上海开店的时间已经是 1912 年年末，虽然如今难知鼎新书局创建于何时，但从其规模及体量来说，应该比来青阁早不了几年。如此说来，上海在民国年间虽然成为了中国南方旧书业最大的集散地，然其起步时间只是在晚清民国时期，而北京的书市早在明末就已经兴旺了起来。

但是，如果从出版业的兴旺发达程度而言，其实上海比北京重要得多，而正是因为印刷行业的发达，才带动了上海旧书业的起步。俞子林在《上海福州路文化街概述》一文中写道：

> 上海文化街的形成，不能不说到清道光二十三年（1843）英国伦敦教会麦都思来沪设立的墨海书馆。该馆初设上海县城北门外，1850 年迁至麦家圈（今山东中路南段）。

由此可知，上海福州路一带形成了著名的文化街区，跟清道光年间英国人创办的墨海书馆有很大关系。俞子林在其文中接着写道："随着墨海书馆的建立，这一带逐渐开设了一批书店。自清末至民国成立（1912）以前，书店比较集中的是在与麦家圈相邻的棋盘街（今河南中路南段），如申昌书局、扫叶山房、文瑞楼、鸿文书局、新学会社、中华图书馆、著易堂、乐群书局、广智书局、文明书局、广益书局、神州国光社、锦章书局、国学扶轮社、会文书社（会文堂）小说林社、群益书社、中国图书公司等。"

由俞子林所撰该文的题目可知，上海的文化街基本上以福州路为主体，然后延伸到此路的周边：

> 上海福州路文化街大致是以福州路为中心，包括今黄浦区北至汉口路、南至广东路、西至福建路、东至河南路这一块地方，但有时也可以广泛一些，如汉口路西段近广西路一带古书店较集中，也可以被认为是文化街的一部分。根据 1948 年 8 月编印的《上海市书商业同业公会会员名录》记载，当时全市有书店六百零七户，在上述文化街地区有一百六十二户，占四分之一强，而且几家全国知名的大书店都在这里。在这区域内，还是上海两大报——《申报》和《新闻报》报馆所在地，位于报馆旁的望平街（今山东中路北段）则是著名的书报杂志集散地。

虽然说福州路不是上海书业的全部，但却是上海一地最集中的地方，所以这里才被称之为上海的文化街。但也有人认为把福州路一带称为文化街只是文人们所说的形容词，就实际而言，上海并不存在文化街这个实体。

沈松泉就有着这样的主张，他在《1925 年前的上海文化街》一文中称：

> 1925 年前，上海的书店设有门市店面的主要分布在两条街上：一是棋盘街，即河南路上自福州路转角至广东路稍南的一段；二是福州路，自河南路转角至福建路稍东的一段。"文化街"这名称实际上并不存在，只不过是一般喜欢逛逛书店的知识分子心目中的一个概念。

虽然如此，但沈松泉还是仔细描写了福州路一带出版业的盛况：

> 当时设在棋盘街上的书店自福州路转角往南数，有中华书局、商务印书馆、文明书局、民智书局、武学书局、公民书局、中华图书馆、扫叶山房、文瑞楼、著易堂、广益书局（后迁福州路）等。福州路以北的河南路上有一家会文堂书局。河南路与山东路之间的交通路上，有一家新民图书馆。
>
> 设在福州路上的书店自河南路转角往西数，有中华书局、梁溪图书馆、新文化书社、群众图书公司、有正书局、大东书局、泰东图书局、国华书局、来青阁等。中华书局跨在河南路和福州路的转角，所以两条街上都可以数到它。

这么多的书店聚集在很小的范围之内，可见当时书业的经营

1 | 2

1. 《芥子园画谱》民国二十三年有正书局木版彩色套印本
2. 《吴友如真迹》民国大东书局石印本内页

是何等之辉煌。当年民国间，两大印刷巨擘——商务印书馆和中华
书局也集中在这一带。除此之外，著名的世界书局、大东书局也都
在福州路附近开办经营场所。朱联保在《略谈上海的书业》一文中
详细列出了这些著名的出版印刷企业所处的位置："商务印书馆发
行所，早期在福州路山西路（昼锦里）口，1902 年迁至河南中路，
1912 年搬入自建的四层五开间房屋，即今河南中路二一一号门牌。
中华书局发行所，早期在河南中路的九江路汉口路之间，俗称'抛
球场'的地方，1916 年搬入河南中路福州路转角自建的四层房屋，
与商务毗邻，即今河南中路二二一号门牌。世界书局发行所，原在
福州路怀远里（今世界里）口东边，1932 年迁入福州路三九〇号

定建的四层七开间房屋（青莲阁茶楼旧址）。大东书局发行所，原在福州路怀远里口西边，1931 年搬入福州路山东路口时报馆楼下五开间门面（有正书局旧址）。开明书店发行所，1926 年在福州路山东路口东边，后来搬入福州路二七八至二八六号五开间门面，抗日战争发生后，缩小门面，搬至同路二六八号一开间门面了。"

除了书籍出版业外，很多著名的报馆也在福州路开办，最著名的申报馆就是开办在望平街，即为今日山东路的北段。此路的南段当时名叫麦家圈，麦家圈内同样开办了大量的书店。比如国光书店、大方书局、学生书局、长风书店等等，有几十家之多。这些书店中有很多办得颇有特色，沈松泉在《上海解放前的中小书店》一文中列举出 51 家有特色的书店，其中第 30 家为美的书店，真不知道前些年在电视上大做广告的"美的空调"是否是这家书店名称的延续。美的书店创建于 1927 年，显然比美的空调早了几十年，然而这家书店在经营方面却很名副其实。沈松泉写道："美的书店设在福州路。创设年月约在 1927 年。出版物以张竞生主编的有关性心理、性教育的书籍为主。该店的特点是门市营业员都为女子。开设大约五年左右即闭歇。"

那时的上海真够开放，美的书店竟然专卖跟性有关的书籍，为了突出这个特色，店员一律为女子，这种经营方式至今都没人能够效仿。其实从福州路的业态而言，这家书店的开办颇为应景，俞子林在《上海福州路文化街概述》一文中写道："再说福州路（旧称四马路），在清末已是一条繁华的马路了。光绪十年（1884）申报馆附设申昌书画室（即申昌书局）出版的一本《申江胜景图》中，有一幅'四马路路段'的图，楼宇栉比，游人如织，图中标明的招牌有'阆苑第一楼'、'茶园弹子房'、'华众会'等（按华众会即青莲阁茶楼的前身）。为图配的文字是：'五花马，七香车，绮罗丛里斗繁华。锦衣郎，红粉女，并肩唧唧相私语。……'可见那时主要还是一个生活娱乐和商业场所。"

文化氛围浓郁的福州路原本是一条声色犬马的游玩之地，美的书店开办于此，应该能够对上海的娱乐业提升品位起到一定的作用。可惜的是，当美的书店开办之时，福州路一带的娱乐场所已经衰落了下来。代之而起的是，这一带成了出版业的集中地。

新的出版物有了长足的发展，从而带动起旧书业的起步。福州路一带旧书店渐渐越办越多。俞子林在《文化街概述》一文中有着如下简述：

> 上海福州路文化街也有古书店。如扫叶山房，1880年自苏州来沪设分号，先在城内彩衣街，后迁棋盘街（河南路），它曾以木刻刷印后改用石印出版了很多古籍。千顷堂书局创于1883年，先设南市城内，后迁汉口路二九六号，也以石印古书为主，尤重尺牍和医药用书。艺苑真赏社位于汉口路二七七号（1915年建立）曾出版不少珂罗版印刷的书画艺术类图书。另外还有一类古书店是以向社会上收购再销售为主的，如福州路有传薪书局、文汇书店、汉文渊书肆、受古书店、博古斋书店，汉口路先后有蟫隐庐、抱经堂、二酉书店、来青阁（初设福州路）、忠厚书庄、富晋书社、文海书店、汉学书店、积学

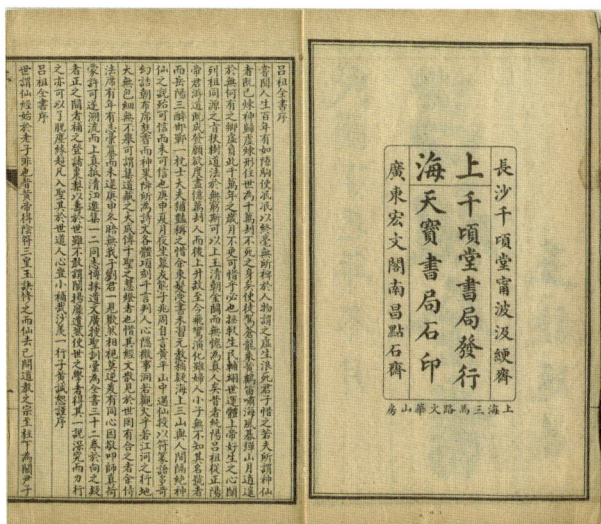

《吕祖全书》三十三卷 民国六年上海千顷堂书局石印本

书社、艺文书店、宣和印社，以及广西路（近汉口路）的来薰
阁、温知书店、艺林书店、文源书店等。

　　对于上海这些旧书店的经营情况，袁西江在《上海古书业述
略》一文中讲到了其中的几十家。文中所谈的第一家就是陈立炎的
古书流通处。然而按照尹言顺在《上海过去之古书业》一文中所
言，陈立炎原本开设的书店名叫六艺书局，此店只是经营新书，后
来因为一场官司倒闭，转年陈立炎又开设了古今图书馆。

　　那么陈立炎是惹上了怎样的官司呢？原来这件事跟著名的藏书
楼——天一阁有很大的关系。陈立炎在民国初年因为不了解情况，
收购到了一批天一阁被盗之书，为此被抓起来关了几个月。尹言顺

在此文中引用了陈立炎在《古书流通处书目》中的一段自述："犹忆民国二年四明冯某携来旧书数十种，琰选购其半；未几复来，察知为天一阁物，遂拒却之。后来'来青阁'、'博古斋'诸家收去。事为某公（按即缪筱珊）所闻，踵至来青阁索观不遂，因电告范氏，而窃书之事始发。琰误收无多，涉讼经年。民五复以购卢氏书至甬，有司重提前案，诬系逾月。凡诸往事，思之如在目前。"

经过这样一场官司，使得陈立炎大伤元气。通过陈立炎的叙述可知，牵涉到天一阁案的书店还有来青阁和博古斋，因为这两家书店在不知情的情况下，也买到了赃物。那个时代书店的经营者虽然有着商业上的竞争，但基本上却能诚信经营。比如来青阁主人杨寿祺就是一位有气节之人，韩振刚在《抗战期间上海古书业简述》一文中写道："来青阁书店老板杨寿祺在八年抗战期间，因苏州河四川路桥上有日本兵站岗，过桥的人都要下车向日军鞠躬，否则就要挨耳光，杨老先生为了不向日本人鞠躬，八年中宁可不做生意也不肯过桥一步。这一民族气节，曾在书业界传为佳话。"

为了做人的尊严，宁可不做生意，这样的人怎么可能会在了解情况下，去收购盗来之书呢？而杨寿祺的口碑也同样受到了业内人士的夸赞，高震川在《上海书肆回忆录》一文中写道："来青阁书庄是民国初年上海的古书店中开设较早的一家。原在福州路，后来迁往汉口路七〇六号，在上海书肆中颇有名声。店主人杨寿祺是苏州人，经常走访上海的旧藏书家，作风正派，对待藏家出让的古书，收购价格比较合理，深受社会上文化界人士的好评。"

袁西江在《上海古旧书业述略》一文中谈到的第二家和第三家书店，分别是食旧廛和蟫隐庐。这两家书店都与罗振常有关，而罗振常则是国学大家罗振玉的弟弟。罗振常在上海与金颂清合伙开办了食旧廛书店，此店到民国五年左右停业，此后这两位股东又独自经营。罗振常自办了蟫隐庐书店，金颂清则开办了中国书店，这两家书店后来都成为了中国旧书业的著名品牌。

　　可能是因为罗振玉的关系，罗振常在鉴别版本方面颇为在行，他能从残本堆中挑出稀见的宋元本。他还有个独特的癖好：在收得的宋元残本中一一写题跋，来讲述本书的价值及版本递传的情况，这种做法在其他书店主中很是少见。而他题跋的这些宋元残本我已经陆续买得了十几种，其中有几件都是他处未见著录者，由此可见

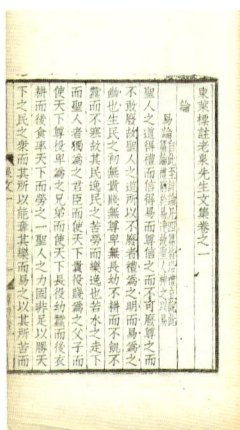

1. 郎晦之注《老泉文集》十二卷 民国二十九年蟫隐庐活字印本，卷首
2. 郎晦之注《老泉文集》十二卷 民国二十九年蟫隐庐活字印本，书牌

罗振常的眼力是何等之厉害。

罗振常在买卖旧书的过程中也从事出版业，袁西江在其《述略》一文中写道："曾景印古籍：《韩柳文》（据宋廖氏世綵堂刻景印）、《明周宪王乐府三种》（民十五年据宣德本景印）、《蛾术堂集》（民二十年据道光刻本景印）、《经进东坡文集事略》（民九年铅印）、《琵琶记》（据明凌刻本石印）、《蟫隐庐丛书》。"而其所出影印本也颇为漂亮，从字体上看，罗振常所排印之书应当有单独一套字模。可惜这套字模的来源及归宿，我未查到相应的史料。

金颂清跟罗振常分开经营之后，创办了中国书店。袁西江说在 1925 年左右，金颂清全部接下了陈立炎古书流通处的底货，而尹言顺则认为是 1929 年，尹在《上海过去之古书业》一文中写道："1929 年前后金颂清将古书流通处全部盘下，在西藏路大庆里口开设中国书店。由陈乃乾主持。为时约一年。陈因个性不惯应酬繁剧，自行辞退。在陈主持中国书店期间，对古书业作了两项改革：一、当时藏书家风气，专着重收罗宋元版本明刻明抄，考究黑口白口，不问内容如何。因之各同业都看重版本，以谋重利。陈则相反，着重于书籍的学术价值，有些看来是普通的书，别家却不易觅到，如到中国书店，则必可如愿以偿，得到当时读者的好评。二、古书业带有神秘性，价目向来不公开，看对象讨价。即同业中，亦互订暗码，各不相同。陈则首创编印书目，公开标明定价，外埠读者藏家称便。后来各同业也仿效编目。"

而今的福州路上依然延续着旧书店名称的有博古斋，对于此书店的来由，袁西江在《述略》一文中称："博古斋书店店址福州路（广西路东首路北），店主柳蓉邨（女），苏州东山人。曾收得独山莫棠全部藏书，其中珍本大部售给嘉业堂主人刘翰怡。"

在这里袁西江明确地称，博古斋主人柳蓉邨是一位女子。柳蓉邨在民国年间的古旧书业颇有名气，因其为人精明，业界赠以"柳树精"的绰号。可能是因为中国古旧书业很少有女子经营，我本能地认定柳蓉邨是个男人。故而当我看到袁西江直接写明其为女子时颇为吃惊，于是在网上搜索一番，竟然搜到了苏州黄恽先生在其博客上发出的一篇名为《苏州博古斋纪事》一文，该文中有这样一段话：

上海博古斋

柳蓉春有一个绰号，叫柳树精，大概与他长得瘦长有关，又正好姓柳，做生意不苟且有关，才有了这样略近贬义的绰号。

柳蓉春娶妇殷氏，生有一子一女，子柳企云，女柳月娥。柳企云娶顾佩玉为妻，柳月娥嫁朱尚和，后两人不和仳离。柳月娥回家依靠老母和长兄生活。

顾佩玉与柳企云生三子一女，为人颇强势。柳企云于1938年因病去世，博古斋就落到三个女人手中，乃是殷氏和女儿柳月娥，以及媳妇顾佩玉和第三代尚幼小的三子一女。

这段话中的柳蓉春正是柳蓉邨，黄恽在其文中写道："博古斋为洞庭东山人柳蓉春（号蓉邨、一作蓉村）在民国初年创设，据《民国上海出版业》说，民国七年，柳蓉春在上海开设博古斋，也有说是民国六年（1917年）。上海博古斋设在汉口路惠福里弄口，这是苏州在上海的一家分号。"

既然这两者是一个人，那么柳蓉邨又娶妻生子，显然其不应当是位女子。然而，早些年我曾听博古斋的老先生们调侃说，本店继续使用这个店名不吉利，因为此店是女人开办的。既然有着这样的传说，也就难怪袁西江在其文中直接把柳蓉邨注明为女士。

且不管博古斋的创办者是男是女，我对此店却有着特别的感情，因为我在南方买到的第一批古书就是出自此店。二十多年前，博古斋古旧书经营处就处在临街楼的后院，那个后院内有一排平房，其中的几间房既有旧书也有古书，而在那里我没买过几部书。

若干年后，旧书的经营场所搬到临街的三楼之上，可能是为了庆贺乔迁开张，新店内用了几十个书架摆满了线装书。那时我恰好到上海办事，看到如此众多的旧书大为兴奋，从架子上挑下来一大堆，兴奋的心情竟让我忘记了身上没带着几个钱，于是只好请店员帮我将选出之书打包暂存，当时这些书总计打了二十六个标准包，价格是三万元。返回之后我立即汇款给博古斋，得到了这批书。今日看来，当初买的这批书中没有什么像样的善本，但那三万元，还是比北京的书价要便宜很多。

后来，我又陆陆续续在博古斋买到了一些善本。再后来，博古斋开始跟上海国际拍卖公司联合举办古籍拍卖会，在其所办第一场拍卖会上，因为朋友的打招呼，我还跟博古斋的经理发生了误会。几年之后，博古斋办起了自己的拍卖公司，我有幸又成为了该拍卖公司的顾问。这一切都说明，我跟博古斋有着一定的因缘在。可惜，我还是搞不清柳蓉邨究竟是男是女，所以在草此文时，也不知道自己应当感谢她还是他。

因为这样的缘由，从 20 世纪 90 年代中期开始，我不断地跑到上海去淘书，而大多数的时间都是住在福州路附近的旅店。在早些年，还未兴起网上预订酒店，故每次来上海只是贸然地闯到福州路一带，一家一家的去碰运气。因为福州路处在闹市之中，如果到得晚，有很多酒店都会客满。不知什么原因，我对金钱始终没有统为一体的概念，比如买书的金额跟住酒店的费用，虽然两者之间完全不可同日而语，但我总会觉得高档酒店太贵，宁可住在普通酒店中省下小钱，然后到拍卖会上与人狂争。

自从有了拍卖会，中国渐渐形成了古籍善本的两大集散地，为此这些爱书人像候鸟一样在北京参加完拍卖会，大概一个月后又纷纷来到上海。书友们往往会集中在几个固定的酒店，记得当时有一位书友提议：大家往返奔忙，既然上海是必来之地，不如在这里买房。那个时间，北京的房价已经是六七千一平米，而上海仅三千多，可惜众人没有前瞻的眼光，如果少买几部书而在上海多买几套房，恐怕升值幅度远远超过了古书。

虽然来上海这么多回，而在上海期间又主要晃荡于福州路这一带，然而我却从未想到拍一拍这个著名的书店街。2017 年 8 月上海书展期间，我要在此举办讲座，为此我跟着海豚出版社的几位先生又再次来到了上海。因为此次来上海的目的是为了参加书展，故本次所订酒店并未在福州路的周围。到达的当天距第一场聚会还有几个小时的时间，我跟着海豚社的于立业先生特意跑到福州路去拍照。

虽然说上海的旧书店大多数已经没有了踪影，但福州路到如今依然是书店业最集中之地。关于福州路旧书店渐行渐少的原因，俞子林在《上海福州路文化街概述》中列出了 1949 年后直到当今的三次大变革。其所言的第一次，乃是新中国成立初"军管会接收了国民党反动派官僚资本开设的书店"。而其第二次变革则更为彻底：

> 第二次变革是 1956 年全市书店实行公私合营的社会主义改造。各私营书店的出版部门按照出书范围分别并入公私合营

的新文艺出版社、新美术出版社、少年儿童出版社、上海画片出版社、新知识出版社和上海文化出版社，一般书店发行部门则全部并入公私合营上海图书发行公司。上海图书发行公司将他们合并改建为若干个门市部，又吸收原私营古旧书店和旧书摊从业人员建立了规模较大的古籍书店和上海旧书店。至1958年，福州路的书店格局已划分为三大块：一是由新华书店上海分店领导的上海科技图书发行公司（原中国图书发行公司）；一是由上海图书发行公司改名的上海古旧书店（下设古籍书店和上海旧书店多个门市部）；一是国际书店改名的外文书店（福州路三九〇号原世界书局旧址）。从此，旧时的许多书店已全部消失，成为国营书店的一统天下了。

上海旧书店的第三次变革则是改革开放之后，而其标志性建筑则为该路上建造起的 27 层高的上海书城。此书城建于 1998 年，成为了福州路上地标性建筑。而这个书城的侧旁则是吴宫大酒店，此酒店也是我到福州路来住过最多的一家，我每次都能通过窗户看到这座高大的书城。

上海书城处在福州路和福建中路的交叉口位置，我跟于立业正是在这个位置下了出租车。而今的福建中路上仅有一家旧书店，此店也是博古斋的下属门市部。站在此店门前就可看到高大的上海书城，而今此书城已是上海书展的分会场之一。走入城内，里面人潮如涌。因为我手中端着一台单反相机，使得这里的保安紧紧地盯着我的一举一动。而书城之上则是上海人民出版社的办公场所，在那

从福建中路看到的上海书城

里虽然有多位熟人，但想一想为这样的小事去找朋友，太过小题大做，于是我跟于立业又转身走出了书城。

书城的斜对面有一个很小的花园，花园的后方乃是经营美术用品的几家商店。我最早看到藏书票就是在这其中的一家店中。而今走入店内，已然看不到藏书票的身影，我向店员打问，他却称本店从来没有卖过藏书票，我只能一声叹息。

沿着福州路向河南路方向行进，路过的第一家书店当然就是博古斋。而今博古斋的一楼经营西书，二楼经营专业书，三楼则是特价书，四楼原本有几十家旧书店，但在前些年经过一番合并仅余下了四家。旧书专家陈克希先生在这里也有间办公室，以前我每次来

福建中路上的上海旧书店

此处时都会到他办公室一坐，与之喝茶聊天。

博古斋书店的对面也是上海图书公司下属的一家书店，原本这里才是博古斋的总店，而我正是在此店的三楼第一次买到了一批线装书。而今这家书店的一楼专营艺术类图书，原来卖旧书的三楼改为了画廊，名称也变为艺苑真赏社。艺苑真赏社在民国年间颇有名气，主要以珂罗版的方式来印刷古代名画和碑帖。因此，上图公司恢复这个名号，并且以此店来专营艺术类图书，可谓实至名归。

而今艺苑真赏社的侧旁是外文书店，二十余年来这家书店始终开办于此处。因为我外文很烂，所以从未走进过此店。外文书店的正对面则是上海文化商厦，这个商厦从外观看，实在是像二十年前的百货商场，其一楼主要经营电子器材，二楼则专卖特价书。其实这些特价书应该就是出版社的滞销库存，因为这里上架之书大多都有副本，并且这些书均为全新，我在这里买到过不少有用的工具书。而我所喜爱的目录版本学著作在这里基本上都能看得到，其售价往往是标价的一半以下。虽然能够以便宜的价格买到有用之书，但是我所看重之物遭到如此的贱卖，心中还是会生出无名的怅惘。

走出文化商厦，继续向东走二十米，对面就是山西南路。此路在民国年间名为昼锦里，也曾是书店聚集之地。当年的上海《书林》就开办于路口，而这条街的左侧则有生活书店和神州国光社。1901 年，大画家黄宾虹跟篆刻家邓实共同创办了该社，专门出版书画碑帖和印谱。此社出版的《美术丛书》最为有名，这部书收录了中国历代关于美术方面的论著，直到今日都是艺术界著名的一部丛书。到了 1928 年，不知是什么原因，黄宾虹等以四万元的价格把

$$\frac{1}{2}$$

1. 从未走进的外文书店　2. 上海文化商厦

神州国光社卖给了陈铭枢。后来，该社于1955年公私合营并入了新知识出版社。而今我走在这街上，已经完全看不到书店的痕迹。

从山西南路继续东行则是山东中路，这两条路之间不足一百米，此处原本称怀远里。怀远里正对面则是著名的杏花楼，而今杏花楼的门前始终聚集着一些倒卖月饼券或食品券的人，我不知道这是怎样一个营生。其实杏花楼的东侧原本有一家独立出版社，杏花楼的南侧则是武林书店，而今这里也没有了书店的痕迹。隔着福州路，杏花楼的正对面原本有广义书局和大众书局，而山西中路和福州路的交叉口则是著名的大东书局，如今在这个位置上已经盖起了一座现代化的大厦，书店则完全没有了痕迹。

以福州路为界，山东中路的北侧原本称作望平街，这一带曾经集中了几十家出版机构，其中有著名的中西书局，而这家书局如今是上海世纪出版集团下属的出版社之一。友人黄曙辉先生整理的一些书大多是由中西书局来出版。而山东中路的北侧与汉口路交汇处，则是艺苑真赏社的旧址，此社的右侧则是著名的朵云轩。而今朵云轩成为了南京路上著名的文化商店，里面出售的饾版拱花印刷的画谱最受藏家所喜爱。大约十年前，朵云轩所售《萝轩变古》笺谱的售价是两万元，刘扬先生等人在此买了几部，当时均可打九折，刘先生也劝我买此谱，我说有这个钱不如去买古书。而今这部笺谱的价格已经涨到了十几万，足以说明我对书价确实没有预见性。

由山东中路返回福州路继续东行，这一带原本有上海书店、文化书局等十余家旧书店，而今这个位置上开办了一家周虎臣曹素公笔墨庄。十几年前，我曾在此店买到了一箱老墨，印象中每块墨的价钱在两三百元之间。而今走入该店，仍然有老墨出售，变化则是在我当年所买价格的后面添加了两个零。当然也有涨幅没有这么高的老墨，但却是寻常所见的品种。

在这家墨店的旁边，还有一家书店，可惜的是这家书店只是售卖通俗读物，其销售方式则是论斤出售。虽然说这是商业行为无可厚非，但是看到这样的情形，多少会从心底生出吾道真孤的感叹。

沿着墨庄继续东行，前方一百米则是宽阔的河南中路，这一带曾经集中了许多著名的出版企业，河南中路原本就是著名的棋盘街，而此街跟福州路交汇的位置就是著名的中华书局和商务印书馆办公之地。文明书局、启新书局、广雅书局、中国书局等也都曾开办于这一带，而今从这里展眼望去已然找不到任何的痕迹。

因为历史的原因，上海的这些书局和旧书店大多已经没有了痕迹，好在福州路依然是上海的图书流通中心。仅凭这一点，直到今日它仍然是爱书人心中的圣地。对我个人而言，无论是提到还是想起上海，我都本能地在脑海中浮现出福州路的风貌，真希望这里能够聚集更多的书店，使其成为名副其实的东方书城。

驰誉江南　善本难觅

上海文庙书市

　　上海文庙书市乃是江南地区最著名的淘书圣地,《上海名建筑志》中有一节的题目为"文化之源:上海文庙",可见这座文庙并非只是当今读书人的最爱,同时也曾经是上海地区有名的文化建筑。对于其起到的作用,《上海名建筑志》中统计出了如下数据:"文庙是当年上海县城唯一的儒学圣地,是历代帝王尊孔重儒和培养封建官僚的场所,每年的秀才考试就是在这里举行的。元、明、清三朝,上海县籍秀才最后考上进士做官的有 279 人,据统计:明中叶后上海学宫备案并发给膏火银(生活津贴)的廪生、增生、附生常年额为 650 人左右。所以文庙在古代是培养造人之地,也是现在上海中心城区唯一一座祭祀中国至圣先师孔子的场所。"

　　这段话中用了"唯一"这个字样,可见这座文庙在上海地区有着怎样崇高的地位。关于这座文庙的来由,该志追溯到了宋代:"上海文庙的历史也是源远流长。据旧方志记载:宋景定年间,即1260—1264 年间,镇人唐时措购韩姓房屋改建为梓潼祠,就是文昌宫,祭祀孔子,上海市舶分司使缪相之拨款赞助,修建了两庑、门庐、棂星门等。咸淳三年,即 1267 年,接任的董楷又在梓潼祠

文庙街的牌坊

后筑古修堂，作为诸生肄业的地方，于是上海正式有了镇学。"

　　自此之后，文庙几毁几建，又经过搬迁，形成了今日的格局。因为文庙的存在，在其周围形成了很好的教育氛围，《南市文史资料选辑 第1辑》上有贾观军所写《上海文庙》一文，文中称他家祖先几代都居住在这附近，故而他对文庙的变化特别关心。贾先生在文中详述了文庙的历史变迁，最有意思的是文中写到的民国元年到十五年之间，文庙每年两次的春秋祭典。而对于文庙周围的教育氛围，文中有多个段落讲到，我摘引其中一段如下："文庙的四周学校林立。其东则为梅溪书院，几经改组，解放后为蓬莱一小现仍称梅溪小学，蓬莱路半泾园路口有西成小学，现改为蓬莱二小，在柳江街有龙门师范附属小学二部；蓬莱路上有爱群女中，也是园里有蕊珠书院。文庙东面还有'半泾园'和'也是园'两座古小园林，经抗日战争破坏而荒废,至今仅存半泾园路和也是园路路名。"

对于文庙的历史变迁,曹聚仁所著《上海春秋》中有一篇《上海的文庙》,该文简述了文庙的历史变迁,文末写道:"1934 年,大概是戴季陶的建议,忽然要祭孔了,我们曾经参加过上海的祭孔,典礼以文庙一祭谱为蓝本,大体说来,和《儒林外史》中的祭奠吴泰伯是差不多的。今日的文庙,只是游览之地了。"

除此之外,在文庙的周围还有多所学校,可见文庙所辐射出的文化光芒使得附近有了浑厚的文化氛围。其实不仅如此,这里曾经还是上海图书馆的驻地,《上海名建筑志》中写道:"1931 年 12 月,文庙改建为上海民众教育馆,尊经阁也改建为上海市立图书馆,为上海最早的市立图书馆。1932 年 1 月成立,馆藏书籍约有 2 万册。1936 年 9 月 1 日位于江湾的上海市立图书馆开放,该馆并入上海市民众教育馆,成为一个图书阅览室。"

将读书之处变为了最重要的藏书之处,这是上海文庙的一次华丽转身。经过几十年的发展,上海图书馆以其宏大的藏书量以及高质量的善本,成为了中国十大图书馆之一。再后来,这里又经过一次转变,成为了上海甚至江南地区最大的古旧书集市。《上海名建筑志》中写道:

20 世纪 80 年代,地方文化部门做了一件好事,把文庙大成殿前的一大块空地利用起来,开设了"文庙星期日旧书集市",每周日对外开放,200 来个摊位井然有序,买卖双方供需直接交易,这倒符合市场经济规律。读书人在这里"乐淘淘",除了觅得好书的欣喜,还有讨价还价的乐趣。后来,在文庙东北部开设上海最大的街坊式图书二渠道批发市场。

由此可见,文庙最初为读书祭孔之处,后来转变成了藏书之处,再后来又成为了著名的图书交易场所。这样的三变,在其他文庙中不多见。而更为有意思的是,上海文庙变为了图书交易之地后,又分为公私两个体系。其中之一是书刊交易市场,对于这个市场的由来,《南市区续志1993年—2000年6月》中写道:

> 1993年6月由区政府和市新闻出版局联合筹办的"上海文庙书刊交易市场"挂牌成立,中共上海市委副书记陈至立为该市场成立揭牌。这是文化领域引进市场机制的一次尝试,共有13个省市46个单位进场交易,总营业面积近1000平方米,年营业额约1亿元。此市场发行面遍及全市90%以上的个体书报亭,成为上海图书报刊市场的"龙头"。

由这段记载可知,上海文庙书刊交易市场乃是上海市相关部门批准的图书批发市场。与之并存者还有一个民间参与的旧书市场,对于这个市场,《续志》中写道:

> 1993年之前的几年间,文庙旧书集市一年办4次(春节、元宵节、暑假、国庆节),每次开四五天。复旦大学几位同学向市长写信,要求开办像法国塞纳河边十里书市一样的旧书集

市，区文化馆获此信息，邀请出版、公安、工商、文化等行政机关以及社会知名人士座谈，征求他们对举办旧书集市的意见，得到一致赞许。经过筹备，建成"上海文庙旧书集市"，每周日开放。1993年以来，每个星期日参加旧书集市的一般都在二、三千人次。为了配合"扫黄、打非"活动，建立由社会文化管理所、公安、工商等人员参加的联合检查组，采取宣传教育与检查处罚相结合的办法管理旧书集市，取得较好效果。文庙星期日旧书集市被群众誉为"沪上淘书乐园"。

看来旧书交易市场创办于1993年之前，当时一年仅在四个假期间举办，而后复旦大学的几位学生给市长写信，这封信受到了市长的重视，随后就成立了"上海文庙旧书集市"，同时在开办时间上也做了大的调整：在每个周日都会举行。这种交易的节奏一直延续到了今日。

是哪位市长有这样的高瞻远瞩呢？《南市卷》中有一篇《书海滔滔——上海文庙书刊交易市场成长记》，文中给出了明确的答案：

早在80年代初，复旦大学的几名学生写信给当时任上海市市长的江泽民，建议上海应开辟类似法国巴黎塞纳河畔的"十里书市"，以此来繁荣上海的文化事业。江泽民对此非常重视，专门作了指示，由市新闻出版局给予落实。就这样，"文庙特价书市"应运而生了。

这里复旦大学的几位学生给市长写信的时间比《南市志续志》上所载的提早了 10 年，而当时的市长是江泽民，正是他的重视才有了上海文庙旧书市。对于此事的转变过程，《书海滔滔》一文又写道：

> 文庙特价书市每年举办 4 次，即春节、五一节、暑期、国庆节，每次 5~7 天，每次虽有几万人参加，然而淘书者还是感到不满足。经与市文管会，区工商行政管理局和上海书店等部门商量，取得一致意见，于每星期日举办一次"文庙旧书集市"。文庙开办了这两个书市，一时成为沪上"书找读者"、"读者找书"的新书与旧书交替展示，书店与读者、读者与读者之间互通有无，传播书讯，各取所需的买卖、调剂的最热闹、最活跃的书市了。十几年来，文庙已举办了"旧书集市"近 500 次，受到了读者的欢迎和领导的称赞。江泽民在 1986 年亲临市场视察，当场挥毫题写了"文庙书市"四个大字。文庙书市名气越来越响，影响越来越大。

由这段记载可知，上海首先开办的是特价书市，后来才在每星期举办一次文庙旧书集市。而这两个集市经过合并，共同成为"书刊交易市场"。因为该文中明确地写道："为了在文化领域加快发展社会主义市场经济，重振上海的书刊出版发行的雄风，把文庙的'特价书市'和'旧书集市'推向更规范、更便捷、更上一个新高度，跃上一个新水平，上海市新闻出版局和南市区人民政府决定在文庙创建书刊交易市场。"

书刊交易市场营运了 11 年后，因为场地狭小的原因搬迁到了他处，但所搬之处因为距市区太远，很多人不愿意去，故那个市场渐渐的歇市了。而文庙旧书集市却一直保留了下来，我在其建成后的几年就曾到那里寻觅过一番。

大概在 1998 年，上海的朵云轩拍卖公司开始举办古籍善本专场。北京的几位朋友一起前往上海看预展，在等待拍卖的过程中，我跟随几位朋友前去转文庙集市。那时的集市十分热闹，可能是因为院中场地不够用，很多卖书人将文庙路两侧占满，穿行其中颇为不易，挤入文庙院中更是不容易。那时的文庙还没有后来的摊位，卖书人都是在地上铺一块塑料布，而后席地而坐。这令淘书者颇为辛苦，因为一路看过来，始终是弯着腰探寻，然后蹲下翻捡，我仅看了其中一部分就已经腰酸腿疼。

虽然辛苦了两个多小时，我却没有任何的斩获。在那个时候，我的注意力还集中在古籍善本方面，对于资料性很强的旧书颇不措意。而文庙市场所经营的品种基本上是民国旧书和大量的二手书，线装书偶尔也能看到，但几乎全是晚清坊刻本的科举参考书，跟善本挂不上边。也正因为这个原因，自那趟之后，我再未到文庙淘过书。

十几年后，我再一次来到文庙，此次的目的不是为了淘书，而是因为要写上海图书馆的历史。如前文所言，上海文庙曾经是上海图书馆的发祥地。多年以后，文庙的尊经阁又建成了藏书楼。关于该藏书楼的情形，朱贻庭主编的《与孔子对话——论儒学的现代生命力》一书中有这样一篇文章《恢复尊经阁藏书楼功能展示儒家经典著作风采——上海文庙藏书楼重建落成开放迎客》，该文中有如下一段话："尊经阁是中国文庙建制中不可或缺的建筑。历史上它是贮六经、御制诸书及百家子史的藏书楼。上海文庙尊经阁，始建于明成化二十年（1484），系两层砖木结构建筑，后毁于清咸丰三年（1853）清军讨伐小刀会起义的战火中。1931年上海市教育局拨款在尊经阁原址上重建藏书楼，并于1932年6月开放。这便是上海最早的唯一的一座市立公共图书馆。1966年'文革'期间，馆藏图书被毁，房屋改作他用。1997年，由人民政府拨款，在原址重建尊经阁。2006年5月，市、区有关领导视察上海文庙后作出指示：文庙应增加儒家文化内涵，要恢复尊经阁藏书功能。"

可见，早在1931年尊经阁就建起了藏书楼。而到了2006年12月14日，有关部门仅用半年的时间，就将藏书楼的功能予以恢复并且对外开放。对于这个重建过程以及该楼内的藏书状况，该文中又写道："2006年盛夏冒着酷暑，奔赴上海各大图书专业单位，登门求教，调研行情，几乎寻访了上海所有古籍经营者和民间古籍收藏者，而后依据藏书楼的特点，订出收藏目录和工作流程，经过半年努力终于如愿以偿。现已搜集、选购了儒学经典等古、旧书籍228种，计15大类，共5700册。其中有古籍善本珍品，如：百衲本《二十四史》；中华书局《四部丛刊》；清版《皇清经解》；元刻本《朱子大全别集》；明仿宋刻本《尔雅翼》；明初版《孟子集注大全》和《论语集注》；明版《春秋集传大全》《盐铁论》；清雍正内府本《钦定书经传说汇纂》和《钦定诗经传说汇纂》；清乾隆时'毁书'，吕留良等所编《四书朱子语类》等，另有日本珂罗版《至圣文宣王》、香港 1898 年版中英文对照《四书》，以及部分中华再造善本影印本。"

这也正是上海文庙的奇特之处，它跟书籍有着各式各样的密切关联。真可惜我前来探访尊经阁的时间不是星期天，所以无法将那个书市与后面的藏书楼叠加在一起，这也算我对文庙的小小遗憾。

而今为了写文庙旧书集市的小文，我在 2017 年 11 月下旬再次来到此地。这次来，是因为上海图书馆的一场关于苏东坡的讲座。二十年来，我虽然仅去过两次文庙，但对文庙内的情形却并不陌生。因为上海的爱书人韦泱先生最钟情于此地，这二十年来，他写了多篇文章谈到他在文庙的访书故事，而他每出一本新作，都会寄赠于我。我印象中他赠给我的书有《人与书渐已老》《跟韦泱淘书去》等等，这些书内所记之文几乎全部都跟文庙有关。虽然说韦泱先生有自己的视角在，比如他偏好财经类的民国旧书等等，但他遇到其他好的民国书，无论哪个门类也绝不会轻易放弃。其他的上海爱书人是否像韦泱这么勤快我不了解，但至少我从他那里能够得知，文庙内究竟出现过怎样的好书。

前一段时间韦泱又出了一本《淘书路上——韦泱淘书札记精选》，他在该书的后记中写道："一是旧书市场已无可意之书，淘书仅仅成了一种形式。二是年岁渐大，腰椎患病，不能否认这与经年的淘书有关联。"

看来，对文庙痴心已久的韦泱先生也因为这样那样的原因准备金盆洗手了。为什么会这样呢？该书的后记中有这样一段话："这些年来，淘书未曾间断，而旧书市场已呈颓势，且不可逆转，旧书店、旧书摊萎缩甚多。淘书况味，已大异其趣。而每次涉及淘书的日记，亦愈发简单无味，甚至成了干巴巴的几行书目。这样的情景，对一个酷爱旧书的人来说，可谓'无可奈何花落去'。"

看来著名的文庙旧书集市也如同他地一般，再难淘到像样的好书了，这使得韦泱先生意兴阑珊，他的这个决定当然令爱书人听闻后大感失落。可是前往文庙看旧书市场若不请他带路，则难以找到更合适的人选，所以我明知他已经对此兴趣不大，还是给他打了个电话。韦泱兄闻听我准备文庙一游，当仁不让地说要给我带路。他的这句话让我想起了天一阁的周慧惠那句调侃："争当芷兰斋带路党。"我当然明白这是一句调侃，然而朋友所给予我的厚爱，我还是要铭记在心。韦泱在电话中告诉我，前往文庙一定要赶在早晨七点半之前，因为这是文庙开门的时间，我若提前赶到可以目睹开门前的盛况。

此次的上海之行，得到了上海草鹭文化公司的刘裕女士和陈璞先生的大力支持。他们二位在早晨六点多就已经到了酒店楼下，而后刘裕开车陈璞导航，不到二十分钟就赶到了文庙街。但此街竟然是单行道，刘裕只好到其他地方去停车，我跟陈璞步行穿过马路前往文庙。

文庙街的路口有一座仿古牌坊，从牌坊到文庙门口约有两百米的距离。二十年前，这段路上所摆出的书摊真的让人体味到行路难。但今日一眼望过去，路的两边却空空荡荡。走入文庙街，路两侧的小商店也有了一些变化。两年前我来此处寻访上海图书馆之源，这条小路上有一家宠物商店，我在那个店中仔细地向店主请教了养猫的一些诀窍。而今这家宠物店与那位和善的店主都已经没有了踪迹。更让我感叹的，当然还是书市的衰落，毕竟二十年前的记忆仍十分清晰。两年前来文庙因为不是周日，街两侧的空空荡荡能够理解，而今我特意在周日赶到这里，没想到还是如此，心理上难免有落差。

好在文庙门前还站着百十余人。我远远地看到韦泱正向我的这个方向张望，但我一直走到他的身边拍他的肩膀时，他才看清楚站在面前的我。如今想来，已经跟他有十几年未曾见过面，不知道我的容貌是否已经衰老到他不能辨识的程度，但我宁愿把他的视而不见解读为他视力的衰退。

我第一次见到韦泱大概也是二十年前。有一度我想制作一款实用的藏书票，上海的弗闲斋是有名的藏书票经营店，于是我来到上海市前往此店，由此也了解到这座商厦内开着多家旧书店。正是在这里我见了陈子善、瞿永发以及韦泱等几位先生，但从那时起直到今天，我都觉得韦泱没有大的变化。不知道他有着怎样的驻颜术，此次因为忙着拍照，忘记向他讨教这个问题。

这天文庙的门前聚集着许多三轮车，上面大包小包的全是书刊，还有人在这里现场摆摊开始经营。其中一人在摩托车的后座上摆放着几本春宫画，问了问价格，似乎这样的书一点都不便宜。征求书主的同意后，我给这些书拍照，旁边立即过来一个人向我推销"压箱底"。我看了一眼，感觉他的这个物件制作得颇为粗糙，远远

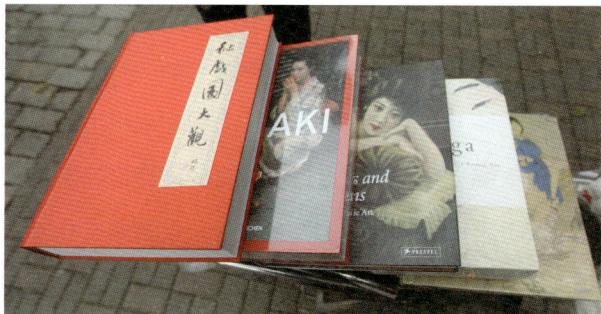
春宫画

达不到古人在制作方面的精益求精。

我等三人到达文庙门口时，距开门还有二十分钟，这个过程中门口聚集的人群越来越多。虽然我不买这些旧书，但看到这里人气渐旺心底还是有了些许的安慰。然而门口的这种场面我却无法拍下全貌，于是请陈璞在门口的石狮子头上俯瞰拍照，效果确实好了许多。

在拍照的过程中，我注意到有人到旁边的售票处去排队，我立即请陈璞排了过去，而韦泱马上把陈璞拉了出来，他说自己已经买好了票。文庙的门票十元一张，但书市的门票却是一元。韦泱说这些资深淘书人都会一买就是十张，省得一次次排队。而今天距年底仅剩一个多月，韦泱却说他这是一年来第三次到文庙，可见他对文庙的淘书狂热的确是降了温。

正在聊天期间，文庙的大门突然从里面打开了，一瞬间这些摊主们拼命挤着向院中涌去。陈璞问韦泱："他们是进里面抢占有利地盘吗？"韦泱称并非如此，因为这些摊位都是固定的。既然如此，为什么还要疯狂挤撞呢？韦泱笑称这就是一种习惯吧。

这些摊主纷纷来到文庙院中最大的一个院落，而后在院当中的桌子上先铺上一块较宽的木板，之后在木板上摆放书籍，这也是我二十年前所没有看到的情形。长桌的高度恰好不用弯腰即可看到摆放之书，这让淘书人少了许多辛苦。但还是有些摊位会把书摊在地上，任由淘书人围上去在那里翻捡。

文庙的两廊也摆放着一些铁桌子，其中有个摊主一本本地向外拿书，从纸色看这些都是旧书。我本想挤上去一看究竟，却受到了旁边的摊主的呵斥。韦泱说这个很火的摊主经常能拿来一些好书，但价格都不便宜，但真正的懂书人仍然可以从他手中淘换到难得之本，正是因为他的火使得隔壁的摊主很没好气。听过韦泱的解释，我理解了这位摊主乃是因妒生气，看来处处都是江湖。

刘裕对纪念章感兴趣

韦泱的战利品

　　韦泱带着我一摊一摊的看下去，虽然他说今年基本没有再买旧书，但我还是感觉到他看到喜爱之书时仍然走不动路。他在某摊位中看到了一册《美术丛刊》，对方开价20元，韦泱随口还价为10元。老板立即回了一句："开张！"韦泱只好掏出10元递了过去，站在旁边的刘裕说："看来你应当说5元。"韦泱却认真地称，这些摊主都很熟识，每本书应该还价到多少大家心知肚明。看来乱还价也是破坏规矩的一种表现。而刘裕则兴奋于这里的供销两旺，她说没想到有这么多人在此买书。

　　说话间，有一人过来跟韦泱打招呼，他说自己买到了善本，想通过韦泱找我做一下鉴定。我问韦泱此人何以知道我能够鉴定此书，韦泱正色地说："你以为别人不知道你是谁。"看来在某种程度上来说，"臭名远扬"跟"天下谁人不识君"都不是什么好事。虽然古书圈是个小圈子，但到哪里都被人认出，显然不容易私底下干些事，这种感觉当然令人不爽。

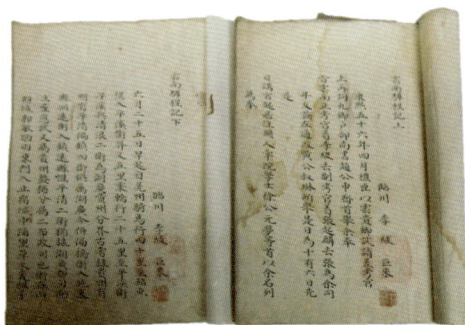

九千元买下的线装书

但我还是认真地翻阅了眼前的这部书，该书一函两册，抄写在旧皮纸之上，从字迹上看确实为清代中后期钞本。这样的钞本已然够得上是善本级，我问买主多少钱买得，他说对方开价一万元，他最终以九千元买下。看来善本级的古书还价幅度并不大。买主问我这是否确实是古书，我告诉他当然。更有趣的是，这张拍照的桌子上印着"假一罚十"的字样。我问买主在这里买书是否能做到这一点，他闻言一笑："那怎么可能。"

一个小时后，文庙内的人越来越多，我们几人沿着摊位浏览。刘裕说这些经营者有不少是外地人，因为她从口音能够听出他们来自何地。这些人相互打着招呼，看来彼此之间也是熟人带熟人的关系。全国的旧书行业大多数是这个模式，我不清楚这其中的利弊。

文庙的这些摊位中主要售卖的应当是二手书，韦泱说这里曾经是盗版书的集散地。后来经过有关部门的治理，这种情形已经绝迹，现在这里的主要交易品种乃是一些旧平装，除此之外也有其他

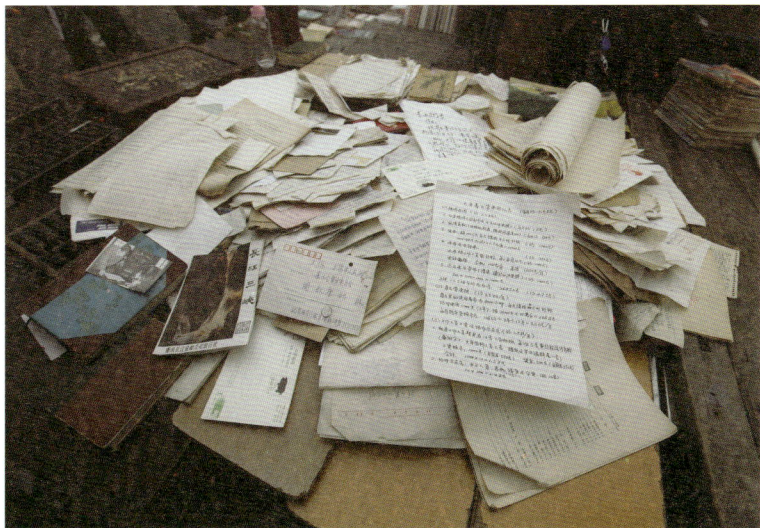

信件杂乱地摊在桌子上

物品，例如一个摊位专门售卖各种信件，这些信件杂乱地堆在桌子上，任由众人翻捡，有些信还带有信封。看来人们想保护自己的隐私是何等之不易。想想二十年前，我跟书友间的交往也主要是通过通信方式，曾经有几年平均每天都会写几封信，这样说来，自己所写之信存的数量也不小，到这时我很希望它们已经被收信人随手丢弃，否则说不定哪一天，在这市场之上也会有自己所写之信被人翻来捡去。

虽然说这里是以旧书为主，在摊位上还是能看到一些特别之物。有一位摊主专门售卖"文革"旧书，其中却又杂放着一本民国版的《西湖景区图》，开价两千元。除此之外，他还有一卷老地图，翻看这些地图，大多为民国出版物，其售价差异较大，他说带钓鱼岛的地图就会卖得贵。看来卖老地图也要跟得上形势，而摊主还告诉我，他的地图很好卖，有的人一次就会买很多张。

经过两个小时的闲逛，基本上看到了今日文庙的现况。我在这里还是碰到了几位熟人，这让我感叹爱书人的队伍并未壮大多少。韦泱也同意我的观点，他说这么多年来，真正的骨灰级淘书者就是那几位，而新一代年轻人对此兴趣不大。虽然我在这里也看到了一些新出版的童书，但似乎在这市场中很难见到八零后，而陈璞应该是这个市场中最为年轻的一位。他却笑着跟我说，而今的八零后也算是老人了。我在这里还看到了"文革"时期出版的《十万个为什么》，这样的版本让我大感亲切。我意识到：来这里的淘书人其中一类可能与我心境相同，他们是想在这里找到当年的亲切之物。在那书荒的年代，能够得到一本书是何等之兴奋，而这种对书的渴望深深地刻在了脑海之中。而今走在这书市里，如果能偶遇童年时的读物，也会由此唤醒当年的饥渴。我想，这正是文庙书市虽然衰落，却依然有生命力在的原因吧。

书以类聚　友以群分
上海聚奇城古籍书刊交流中心

聚奇城沿着宽阔的上海灵石路排出去长长的一大排，应该在百米以上。从外观看，这排门脸房像是两层，里面的设计却是三层，这种明二暗三的设计跟天一阁相暗合，由此也喻示着这座古玩城跟书必然会发生联系。从大门走入，里面是一间间的古玩店，这种格局似乎是全国古玩城的共同模式。瞿永发先生带我来到此城时已近下午五点，走在一楼大堂之内，穿行于一家家的商铺之间，竟然静悄悄的，没有遇到一个行人。乘坐货梯上到三楼，看到了"古籍书刊交流中心"的匾额。一般说来，国内习惯性地将这四个字组合成"古旧书刊"，这让我读来颇觉亲切。

上海聚奇城的三楼全部留给了古籍书刊。以几千平米的面积专做旧书，至少在国内的古玩城中，于我而言前所未见。交流中心中间的位置摆着一些空柜台，瞿兄告诉我，这是有意留出的，以便不定期地举办展览和交流会。他一边带我参观一边向我介绍着交流中心的情形，聚奇城开业于2013年，当时就把这三楼设为了古旧书的专区，之后陆续进驻了十几家商户，现在还有空余的店铺，近期有几家正在办理入驻手续。他说，这里几位经营古旧书的店户关系处得很融洽，他们想齐心协力把这里打造成上海喜欢旧书之人的乐

聚奇城远眺

园，并且希望全国各地的爱书人只要来到上海，就会必来此地。我跟他聊到了福州路，问他为什么不将这个交流中心设在福州路上，因为那里毕竟是老上海古旧书刊流通的最著名街区。瞿永发说，福州路那一带的商铺租金太贵，使得书价也会相应地提高，在价格上就没有了优势。他又告诉我说，现在上海开旧书店者有几十家，所做主要还是二手书，也就是通俗上所讲的旧书，而经营民国书和线装书者很少。

我们边走边聊着旧书业的各种事情。瞿兄认为，旧书行业现在难做，今后还会更加难做，原因只有一个，那就是真正的旧书越来越少，但有一点是例外，那就是连环画。他说，这种小人书现在在市场上特别火爆，原因是有些大款喜欢，不少的大老板肯花费几千万买小人书，而花几百万者更多，上海一位藏连环画的书友前一段把自己的珍藏卖给了一位重庆老板，总价是 1000 万元。他说这位书友卖出旧藏之后，用这钱买了房，还给儿子办了结婚之事。

我对旧书行情完全不懂，问他为什么连环画如此火热。他说自己也不做这类书，以他的理解，就是因为连环画好懂，越好懂的东西市场越大，而现在的那些富豪们从小都看过连环画，所以有怀旧情结。我说，线装书和旧平装不也同样可以怀旧吗？瞿兄说，这一代富豪哪有几个人读过民国书，就更不用说线装书了。他说，线装书虽然很古很珍贵，很多也是几百万一部，但对今天的人来说，太难懂了，有钱人当然要去买自己懂的东西。前几天有一套五十年代出版的连环画《三国演义》，因为品相特别好，以 300 万元成交了，如果拿一部古书卖给这位老板，哪怕值 3000 万，他也不会要。

时代特色

六十年前的小人书比有的宋版书还要贵，我的理解能力实在有限。瞿兄说，连环画有个特殊的现象，并非越古越贵，因为民国的连环画大多不值钱，卖不过解放初所出版者。他也觉得这种卖法很气人，原因也讲不清，但他认为有人买即是市场，存在即是合理。

聊天之后，瞿兄把我带到了他的店内，我在此看到了"海燕书屋"的匾额。这间书屋面积不小，至少在100平米以上。书屋的一角用玻璃隔了起来，可能是会客室或者办公区，余外的两面墙全是书架，中厅的位置有着几排玻璃柜，里面平放着一些旧书和期刊，每一本都封在塑料袋内。我注意到玻璃门上贴着营业时间，却只标明着周五和周六。瞿兄解释说，只有这两天这里最热闹，很多人来这里找书，其他时间他会去忙别的事。这张告示上列着两个人的联系电话，除了瞿永发，还有一位樊先生。瞿兄告诉我，樊先生是自己的合作伙伴，这个店是他俩人合伙开办的。

说话间，他引荐樊先生与我相见。一见面马上知道认识，我所说的认识是指在此之前的两天我在瞿永发家看书时，因为有其他朋友约我谈事，瞿兄马上请樊先生开车送我前往，原来瞿兄已安排好本来准备乘樊先生的车一起前往吃饭之地。当时我们在车上聊天，我能感到樊先生为人内敛且有着不露锋芒的睿智，他说之前见过我，是在2012年的黄裳先生追思会上。我很喜欢这种温文尔雅的爱书人。现在他递给我名片，于是我知道他的名讳是樊东伟。

于是几人坐在店内聊着书界之事，樊先生给我讲起了关于世界书局的很多内情，由沈知方聊到了沈仲涛。他告诉我，沈仲涛曾经在一本叫《红》的杂志上做整版套红的广告，广告内容就是征集易经类的书。沈仲涛当年是美国一家油墨公司的中国总代理，挣了大钱。他为了能跟国外商谈，还自学了英语，并且把《易经》翻译成了英文，在世界书局出版了两个英文版的《易经》。而很巧的是就在前一天，樊先生联系上了沈仲涛的儿子沈嘉谟。樊兄说沈嘉谟1957年因为出版冯沅君的《中国文学史》和斯诺的《西行漫记》被台湾当局抓了起来，因此他们全家就移民到了美国。樊兄还告诉我，中华书局是陆费逵和沈知方共同创建的，当时沈任副经理，负责销售，沈知方很有经营天赋。但是民国六年发生了"民六事件"，因为沈从欧洲购进大量印刷用纸而造成了中华书局的大亏损，于是他辞职离开了中华书局，并且在报纸上登出假消息说自己去世了，其实是躲到了苏州。后来他又返回上海，创建了世界书局，仅用了十年时间就把世界书局打造成了仅次于商务和中华的第三大出版机构。

樊东伟先生跟我细细地聊着这些掌故，说话极有条理且逻辑严密。我问他为什么这么了解世界书局的事情，他说自己近期一直在研究这个问题，搜集了许多相关资料。由此，他也聊到自己多年来虽然一直从事外贸行业，但对出版史极感兴趣。我夸赞他做事的执着与研究方式的正统，樊笑说自己其实兴趣广泛，以前喜欢到处旅游，并且明年准备定居加拿大，是为了让女儿在那里受良好的教育。我听到他这么一说，心中有一丝的惋惜。樊兄很敏感，瞬间捕捉到了我的心思，他说只是为了孩子而转换身份，而他自己仍然会专注研究民国出版史料。

在聊天过程中，还有一位身材颇为魁梧的书友坐在旁边，瞿兄介绍说，这位朋友叫作葛卫东，专门收藏红色文献。我笑说自己对此外行。葛先生说话特别质朴，他说："刘益谦你知道吧，刘益谦的老婆每年要投上亿的资金买红色油画，这就是红色的力量。"他又告诉我，红色文献从时代上讲，自然比古书晚，但价值并不比古书差，比如1920年8月版的《共产党宣言》，因为错印成了"共党产"，并且是红色封面，所以，今天的市价在百万元以上，还不好找。他告诉我说，搞古籍收藏的人太少了，而搞红色文献的人要比搞古籍的人至少多一百倍以上，甚至这一百倍都是很保守的估计。他说，中国人太喜欢红色收藏了，因为喜欢的人多，所以货源极其紧俏，1920年到1949年之间的红色文献最为珍贵，因为那个时候国民党查禁得很严，故而印的少，流传下来的就更少，尤其白统区、根据地、日战区、上海孤岛等地的红色出版物最难得。葛先生又告诉我，现在有很多内地大老板都喜欢收藏红色文献，只要是精品、孤品，价格高他们也愿意要。有一位陕西的老板专门收带毛泽东头像的民国版本，这位老板做煤矿生意，钱多且人豪爽，很多红色文献的精品都到了他手里。

聊天的过程中，我顺便观看着海燕书屋内的情形。右侧墙的立柱上挂着两个匾额，上面一个写着"近现代文献史料收藏研究委员会"，瞿兄说这是上海市收藏协会给他们颁发的，他们把这些店户组成一个委员会后向上海市收藏协会申报，很快就得到批准，因此他们这里的经营户都成了有组织的人。下面的那个匾额则写着"河北出版传媒公司《藏书报》上海联络处"，瞿兄说这是王雪霞给他们颁发的。由此可知，王主任为了这张报纸的拓展推销，也真是下了不小的功夫。

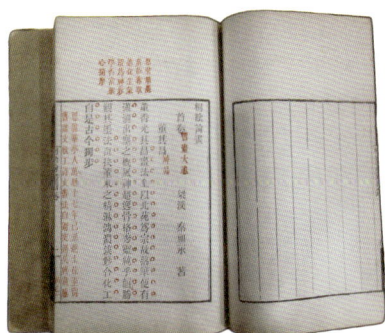

1. 海燕书屋内景　2. 桐阴论画

　　我在玻璃柜内看到了唯一一部线装刻本之书，乃是清末朱墨套印本的《桐阴论画》，这部线装书在成堆的旧平装书中颇显突兀。瞿兄笑称，此书来自文庙，当时这部书有人出价 1.1 万元，他出价 1.2 万元，后来那个人又加了价，他就不要了，但是加价的人后来也不要了。卖主找到他，他只好以 1 万元买了下来，但是他并不了解这部书应该值多少钱。由此又聊到了文庙。瞿兄说，他近些年买下的这些书至少有一半以上来自文庙。文庙开业于 1986 年，现已开了快三十年，他说，许多人因为爱书才会经营书。之后我们又聊到了田涛，他说自己在福德广场经营的时候，田涛曾经来过两次。

聊过了天，喝过了茶，三人提出带我到各家店去转转。进的第一家店就是"峰云堂"，瞿兄介绍说，这是三楼面积最大的一家店铺，因为经营连环画，所以也是这些店铺中生意最好的一家。我进里面看了一圈，看到里面陈列的全是花花绿绿的小人书。以我的拙眼，看不出哪本价值连城。这些小人书不但全部封在塑料袋内，还

装在盒内的精品小人书

有的专门封在硬塑料盒里，我估计封在盒里面的要比封在袋里面的价值更高，因为老板不在店里，也无法向他请教相关的知识。在此我还看到了一些自己少年时读过的出版物，比如《方腊起义》《万恶圣人家》《毛主席的好学生焦裕禄》等等。

有一家碑帖店是我所感兴趣的，此店名为"履薄斋碑帖铺"。此店门口挂着告示牌，上面写着"高价收购古籍善本、碑帖拓片、民国旧书、线装本、金石印谱、名人书画"，几乎把古籍类的文献都包括全了。店内分一大一小两个房间，大房间里陈列的基本上都是碑帖拓片，挂在墙上的立轴均为整张整裱，柜台里则放的是剪条本。另一面墙上玻璃柜里陈列的均是线装书，从书根的情况看，几乎全是和刻本。专营和刻本者我以前还从未得见。瞿兄介绍说，此店老板专门经营碑帖及和刻本，在国内已经做得小有名气，跟许多家拍卖行都有联络。而我很喜欢另一间屋内摆着的一组旧书箱，里面盛放的应当是《廿四史》，但每个书箱上把《廿四史》的"廿"字都刻成了"念"。虽然"廿"、"念"同音，确实也有古人将"廿"写成"念"，但像这样刻在书箱上，确实不多见。

碑帖店的隔壁是"启文书斋"，此店的经营品种颇为特别，里面摆列着许多"文革"时期的招贴画，另一侧的墙上则是民国时期的广告招贴画。十几年前，我在布里斯班一位朋友家中，也看到墙上挂着几张旧上海美女像，我告诉他那是仿制品，当时为究竟是仿制还是原物，两人还差点争执起来。我为了证明自己所言不虚，回国之后专门给他寄了几张真品，他才相信。但我为此也给自己招来了麻烦，因为见到的朋友纷纷索要。而今在这家店里又看到了那个

1. 念四史　2. 民国时的审美情趣

时代的风情，一问价格，已是我当年买得之价的十倍矣。

晚上，瞿永发赏饭，同去者还有樊东伟、葛卫东以及启文艺术书店的老板胡启文。本在一家特色饭店订了桌，因为里面太过吵闹，于是又换了一家。此家饭菜颇为可口，印象最深的一道菜是切牛肉，这盘菜之大，至少占了大半个桌面，里面还伸出一只牛角，造型很有气势。我对此觉得有些怪异，胡启文先生解释说，瞿永发吃饭必点牛肉，因为他做股票。

因为樊东伟先生开车，而我又不能喝酒，所以只有另外的三人喝酒，然而三人却喝了整整两瓶白酒。这三人中似乎胡先生酒量稍弱，喝到一半时话已经多了起来，他说自己本在上海浦发银行工作，但从小就喜欢书，这是受家族的影响。1978 年时，他妈妈就让他去排队买世界名著，他从 1995 年开始收藏连环画，认为收藏连环画不是玩小人书，而是收藏了一代人的情结。后来因为连环画，他又转而收藏艺术画册。他说，无论是连环画还是艺术画册都是很多大画家的作品。因为在银行工作奖金很多，能够让他有钱来买书，但他对银行的工作不感兴趣，一直梦想着要有自己的店铺，所以就有了这家启文艺术书店。他又告诉我，现在宣传画、年画、电影海报、广告画等等有很多人都在找，这个收藏群体扩展速度很快。

葛卫东聊起自己的往事时很是真诚，他说自己本在河南老家当厨师，但是从小喜欢书，然而书在当地农村却是很少见的稀罕物。他听说上海书很多，于是就在 1999 年坐上火车来到了上海，可是下车之后完全不知到哪里去。我跟他说，北京的潘家园和报国寺经营古旧书比上海还要名气大，那你为何不来北京呢？葛兄说，这源于他小时候看的一场电影。他在很小的时候，父亲带他看过一个电影，片名叫《大上海1937》。从那时起，他就对上海极其神往，那趟出走终于实现了自己的上海梦。可是出了站，顿时让他觉得茫然，因为不知去哪里，他就坐在火车站的台阶上，看着那些行色匆匆的旅客们进进出出，偶然看到一位老太太到处给人指路，但这个指路需要收费，问客交6块钱，她就给写一张纸条。于是，葛卫东问她能不能介绍工作，老太太答应得很痛快，收了6元之后给他写了一张纸条，他按照上面的地址来到了徐家汇工作介绍所，然而此所又要300元介绍费。他兜里已经没有这么大的数目，仅剩了100多元，于是他又换了一家介绍所，这家的手续费仅收100元。然而他交了这100元也没找到任何工作，于是自己想办法跑到浦东一个偏僻的小饭店当厨师。这样干了半年，有了点钱，又了解市场，于是自己开了一个只有七、八张桌子的小饭店，一开就是五年，直到世博会的时候被拆掉，他又到杨浦开饭店。

葛卫东说，其实他从小就喜欢收藏，一开始是收藏铜钱，到现在还有几千枚，他到上海来的时候，身上只带了一面铜镜，因为开店没有钱，就把铜镜卖掉了。开饭店有了钱之后，他又搞起了收藏，后来发现红色收藏圈子很大，于是就进入了这个门类。这些年来，他跟国内搞红色收藏的人几乎都建立了关系，为此还出了一本书，叫作《红色文献锦图》。葛兄认为，无论是红色收藏还是古书收藏都是收藏队伍中的一部分，谁也替代不了谁，这就如同每种水果味道各不相同，没有哪种水果的味道可以替代另一种。我听懂了他的潜台词，并感谢他对古书收藏的包容。

　　这顿饭吃了近三个小时，宾主尽欢，快要结束的时候，瞿永发跟我说："你知道我为什么请这几位朋友跟你吃饭吗？"我说："不知道，只知道这都是收藏大家，可谓高朋满座。"瞿永发笑着跟我说，在座的胡启文是他们所办的近现代文学史料委员会的副主任、葛卫东是秘书长、樊东伟是副秘书长。"那不用猜"，我说，"你一定就是主任了！"

曾历旺市　难觅善籍
兰州古旧书市场

　　古旧书市场的形成，当然源于读书人及藏书家对书籍的需求。关于甘肃一地的藏书历史，邵国秀在《辛亥革命以前甘肃的藏书事业》一文中予以了详述，这篇文章将甘肃的藏书史分为私人藏书、寺院藏书及儒学和书院藏书三部分。关于第一部分的起源，该文首先称：

　　　　据现有文献记载，甘肃最早的私人藏书家，当属北凉的宋繇。隋唐两宋时期，无文献可考。元明清三代，私人藏书较前兴盛，著名的有陇西的汪世显，兰州的段坚、秦基贵，武威的张昭美、王文学、尹世阿，临洮的雍焯，武都的邢澎等。

将甘肃省的藏书史追溯到了北凉时期，可见当地藏书文化之悠久。宋繇能够成为已知记载中甘肃的第一位藏书家，这缘于北魏泰常六年，沮渠蒙逊攻打酒泉灭西凉，而后在宋繇家中"得书数千卷"。宋繇家中除了藏书之外，生活用品很少，面对此况，沮渠蒙逊感叹说："不喜克李歆，喜得宋繇。"看来，藏书之人在那个时代就大受

兰州古玩城内一家书店

重视。

　　虽然甘肃在北凉就已有藏书家，但隋唐以及两宋时期却无关于藏书家事迹的记载，而后可见的记载则有元代的汪氏万卷楼。对于此家的藏书，田建良在《元代甘肃汪氏万卷楼——甘肃古代藏书研究之一》一文中有着颇为详尽的论述，关于汪氏一族的家史，该文首先称："汪世显家族，是元代威震西陲的军事贵族豪门，为元代汪古族四大世家之一。从金末到元朝灭亡的近两百年里，汪氏六代握持兵柄，世袭巩昌（今甘肃陇西）等处便宜都总帅府都总帅，管辖巩昌路及平凉府、庆阳府、秦州（今甘肃天水）、陇州（今陕西陕县）、西和州（今甘肃西和县）、徽州（今甘肃徽县）、临洮府、兰州等二十余处地方。"

汪氏一族出过许多位著名的战将，对于他们所创造出的赫赫战功，田建良在文中写道："在元朝开国之初，汪氏祖孙三代统帅大军底定四川，参与平定浑都海、火都等叛乱，厥功尤伟；后分兵远戍瓜、沙（今甘肃安西、敦煌）二州，持续抗击吐蕃骚扰，既而调头围剿关陇红巾军等。"

汪氏家族不但能打仗，对文化也颇为看重："汪氏家族在历史舞台上一时纵横驰骋，极尽跃马弯弓、威震遐迩之能事；同时又'辈书数千百卷，而图画半之'，建儒学、修书楼，培养人才，为地方文化建设贡献力量。"

关于汪氏家族藏书的情况，主要记载于1964年4月在陇西县城西门内城墙下出土的碑刻《万卷楼记》。田建良在文中称，此碑已经不知所踪，但碑文却留了下来。该记中称：

国家创业以来，披舆地图，启土西南。越岁丙申，维我陇西义武汪公，佐命之初，总戎先驱，比岁浑入蜀。承平日久，文物繁多，户有诗书。于是，诸将士争走金玉财帛，惟公所至，独搜典籍，捆载以归，常曰"金帛世所有，兵火以后，此物尚可得耶？吾将以遗子孙耳！"

厥后，仲子忠烈公世其官，补所未足，雅欲创书院，集儒生，备讲习，以建、油、益昌，戎事倥偬，未遑也。

叔斋相公方妙龄，袭祖父爵任，于书尤笃好而宝藏之，凡遇善本，又极力收致。既而，即府治东南隙地，摒瓦砾，铲荒秽，因城闉，建书楼。列架于中，签整排比，条为之目，经史子集，亡虑万余卷；图画、琴剑、鼎砚、珍玩，横列其间，皆稀世宝。匾额曰"万卷楼"，万，取盈数也。

汪氏家族三代藏书，可见其家族对于藏书并非一时兴起，从汪世显到汪德臣，而后传到了汪惟正，祖孙三代都在《元史》中有传，其中汪惟正传记中称："惟正字公理，幼颖悟，藏书二万卷。"这个数量在那个时代已属大规模的藏书，但不知何故，柯劭忞的《新元史》将汪惟正藏书的两万卷改为了一万卷。不知道两者究竟谁为笔误，但即便是一万卷，能在元代藏到这么多的典籍，已经是不小的成就。

关于甘肃地区明代的藏书家，邵国秀在文中举出了段坚。段坚为兰州人，是景泰五年的进士。邵国秀在文中称他："在福山知县任内，提倡教育，兴建社学，用俸金为社学购书，并作《藏书箴》勉励后学。成化元年（1465年）从福山离任时，'民众争负先生书箧送之。'成化十七年（1481年）引疾归故里，结庐五泉山麓。以'奉先、事兄、教子、睦族、普俗'为宗旨，课徒受业，有《柏轩语录》《容思集》行世。成化二十年（1484年）卒。死后'田亩不及顷'，唯'典册六经子史充栋'。"

进入清代，甘肃最有名的藏书家当属张澍、戴慧英、田建良所写的《张澍：清代甘肃又一藏书名家》一文中首先讲到了张澍在清学史上的地位："在清代的甘肃学者中，最著名的当推武威张澍。"而后以梁启超在《近代学者之地理分布》一文中的所言为证："甘肃与中原隔，文化自昔朴塞，然乾嘉间亦有第一二流之学者，曰张介侯（澍），善考证，勤辑佚，尤娴熟河西掌故。"

张澍擅长考据之学，并且勤于搜集濒临失传的文献，这些活动显然需要有大量的藏书作支撑。关于张澍的藏书情况，可以用他在道光十五年所写的《卜居》诗为证："数百卷书籍，早已化云烟，碑版充箱箧，瓜分用质钱。"这几句诗的背景是，张澍在武威家中藏有一些书，后来因为与邻里发生纠纷，张家的房屋被占，他所藏的书籍碑帖也被对方拿走卖钱去了。晚年的张澍在西安和乐巷建起了新居，又接着搜集典籍："万卷贮后楼，子孙宜永宝。尚欲重校雠，所叹我已老。年年晒蠹虫，小子勿忘了。"

既然张澍的藏书也达万卷之多，为什么后世很少能看到他的旧藏呢？戴慧英、田建良在文中讲到了四点，其中第四条为："光绪三十四年法国人伯希和在大量掠夺敦煌文献后，路过西安又盗取了张澍遗稿及藏书一批运回巴黎，其中张澍遗稿 84 本，现藏巴黎国家图书馆，这是铁的事实。"

以上的这些记载，都可以说明甘肃一地在历史上也曾是藏书家辈出。除了张澍外，邵国秀文中提到的藏书家还有张珝美、王文学、秦基贵、尹世阿等等。而对于甘肃的寺院藏书，邵国秀当仁不让地提到了敦煌藏经洞。该洞发现于光绪二十六年，发现者王圆箓持这种说法，他在《王道士荐疏》中称："至二十六年五月贰拾陆日清晨，忽有天炮响震，忽然山裂一缝，贫道同工人用锄挖之，欣出闪佛洞一所……内藏经卷数万卷。"然而《重修敦煌县志》中所载的《王道士圆箓墓志》中却说："以流水疏通三层沙洞，沙出壁裂一孔，仿佛有光，壁破则有小洞，内藏经万卷……光绪二十五年事也。"

　　这里又给出了光绪二十五年这个说法，且不管究竟是哪一年藏经洞被发现，最早关注到它的是国外汉学家却是不争的事实。到了光绪三十三年和三十四年，英国人斯坦因和法国人伯希和分别从此带走了洞中所藏的精华，而后日本大谷光瑞等人也从此带走大量典籍。直到宣统二年，清政府才下令将残存部分运往北京，藏在了京师图书馆。关于敦煌藏经洞的巨大价值，邵国秀在文中引用了姜亮夫在《莫高窟年表·凡例》中的所言：

　　　　其繁富固足以当一大图书馆，而其内容在学术上之重要，
　　将十倍于孔壁、汲冢，皆吾先人劳苦积聚。虽片言只字，皆有
　　其极大之价值。世之所谓"敦煌学"者，实以此为基础。

虽然敦煌藏经洞所藏典籍的精华已经到了国外，但从数量而言，大多数还是藏在当今中国的国家图书馆。即便如此，这些年来，世面上仍有零星的发现。这也足见，敦煌藏经洞引起的文化现象至今余波不断，而这同样也是甘肃藏书史上最为辉煌的一页。

　　对于甘肃一地的儒学和书院藏书，邵国秀在文中首先讲到了陕西行都司儒学的藏书情况："甘州府（今张掖市），明洪武二十八年（1395 年）建，正统十二年（1447 年）重建，嘉靖三十年（1551年）改建尊经阁。阁中收藏图书 31 种，多为'残篇断简'，'子史集文'之书很少。嘉靖三十七年（1558 年）都御史陈棐派人赴陕西购买'诗文撰集天文医占法律书籍'，造四大柜厨盛之，书之首

尾钤盖印记，还'勒石记书名立于阁'，阁中藏书达151种。清初兵变片简无存，雍正三年（1725年）改行都司学为府学，收藏经史图书41种，藏书之富已大不如前。"而对于兰州府儒学的藏书情况，该文中又有如下简述："在城东南，元顺帝至正五年（1345年）知州姚谅建，初为州学，明洪武二年（1369年），改县学。正统十三年（1448年）复为州学。乾隆四年改建府学，中为大成殿，尊经阁在大成殿之东稍后。据载，清朝末年有藏书25种，主要是《钦定诗经传说》《钦定书经传说》《钦定学政全书》《钦定科场条例》《续增科场条例》等科举用书。"

对于甘肃各市县藏书的情况，相应的文献亦有记载，例如康熙版的《清水县志》中称："清水县儒学，明洪武四年知县刘德建于县治北南向，颁降书籍有《四书大全》《易经大全》《书经大全》《春秋大全》《礼记大全》《性理》《通鉴》《五伦书》《为善阴骘》《孝顺事实录》《小学》，贮藏于县学尊经阁。"

对于府学藏书的来由，乾隆版《重修肃州新志》中载有黄文炜所撰《尊经阁藏书记》："肃州学舍既成，复置阁于明伦堂之东，顾念来学者众，书籍鲜少，无以开拓其心胸，而增长其智识。时欲遣人远赴江南，以购求之。适学宪新承天子命来校是邦，鬻书者随至，因购得经、史、诸子，以迄制义、论策，共若干种，藏诸阁中。"

看来那时的兰州难以买到适用的书，管理者原本想到江南去购买书籍，最后赶上了机会，从当地买到了一批书。当地府学得书的方式，除了购买之外也能得到一些当地士绅的捐助，同时兰州也有一些刻书的作坊。胡玉雷在其论文《清代甘肃府州县学藏书研究》中称："甘肃的坊刻主要分布在文教发达的兰州、秦州等地，而位于政治、经济、文化、交通中心的兰州，从嘉庆至光绪年间共有坊刻 12 个，如万穗堂、佩兰堂、庆余堂、衡鉴堂等。"

以上的这些资料都可说明，甘肃一地原本藏书之盛，这样的状况一直延续到了 21 世纪初。跟其他地方一样，到了公私合营时期，兰州当地的旧书店及书坊全部合并，成了兰州古籍书店。但此店的名称曾经叫兰州古旧书店，2013 年 12 月 12 日的《兰州晨报》上载有该报记者雷媛所写《兰州古籍书店，城市历史与文化的寄存处》一文，作者采访了兰州古籍书店的第一任经理李彦章先生，谈到本店的名称来由，该文中写道：

> 李彦章说古籍书店最早的名称应该是兰州古旧书店，成立时间和中国书店的时间差不多。1952 年成立的中国书店应是我国古旧书店的标志样板，它开始确立了古旧书店的抢救、保护国家的珍贵古籍和古旧书回收、再发行的传统。厚宏达的印象中，解放后北京有了古旧书店之后，全国各省会城市就都陆续成立了古旧书店。

看来，公私合营后成立的国营书店原名叫兰州古旧书店。然而有着如此悠久历史的书店，却在 2013 年底停业了。对于这件事，记者雷媛采访了当时的古籍书店经理厚宏达先生："'等到门市被接收之后，我个人的使命也就完成了。'50 岁的厚宏达现在是兰州古籍书店的经理，随着书店的这次改革，他个人也将卸下经理一职而被另作安排。"

关于厚宏达在该店任职的经历，以及该店原本的状况，雷嫒在文中又写道："1983年厚宏达被招工进了文化宫的店，那时整座城市也就此一家古籍书店。600多平方米的书店有一半面积被地下室占去，地面上也就300多平方米的地方，不过按厚宏达的话说，就是这个规模的书店在当时却养活着40多个工作人员，还有临时工。'重要的是还有利润。'显然，那是属于这个老店曾经的辉煌。"

既然如此，那为什么兰州古籍书店要停业呢？该文中讲到了这样一件事："2005年厚宏达当上经理，一上任他就做了一次盘点，结果是库房里的线装古书已是残缺不齐了，看到这个状况，厚宏达心里明白，它们已经卖不上好价钱了。厚宏达说在他之前，书店日子不好过的时候，就有卖线装古书以弥补经营效益的做法，他也如法炮制，在请示上级并经过专家估价之后，将那些残缺的古书一次性全部卖给了江阴师范大学。据说那所南方的大学都没有讨价还价，当即拍板拿走了。"

兰州古籍书店将大量的残本一次性地卖给了江阴师范大学，这件事我此前未曾听闻过。我对兰州古籍书店的情况了解，大多是来自已经去世的杭州天堂伞厂老板王杭生。其实天堂伞就是一种折叠伞，王杭生经过自己的努力，将该伞创出独立品牌，从此在伞业一统天下。虽然业务搞得如此之精，但他对藏书也有着执着的偏爱。有那么几年，我们常在古籍拍卖会上短兵相接，虽然相互间没说过话，但从朋友的言谈中得知，王杭生也同样把我视作对手，而他在现场狂举的情形，让我徒有既生瑜何生亮之叹。

这种局面没有维持多久，王杭生和他的买书团队突然在拍场上消失了，我很快从书友那听到了传闻：王杭生前往甘肃古籍书店买书，他们一行人开着两辆车在从甘肃返回杭州的途中发生车祸，王杭生头部受伤，送往医院后不久就去世了。听到这个消息，我除了吃惊，还有一些心痛，虽然在拍场上我们是竞争对手，但毕竟像王杭生这样对书籍如此痴迷的企业家是极少数。他的离去，显然会让热火朝天的古籍市场有所沉寂，而这也让爱书人唏嘘不已。

在此前，我已经了解到王杭生跟兰州古籍书店有着颇为密切的关系，只是不知道他所熟知的经理是否就是厚宏达先生。而我也听闻，王杭生当年买到了一大批残本书，来源似乎是其他的古籍书店。王杭生的这种买法，不知道是否是受到了江阴师范大学的启发，而我却从未前往兰州买过古籍。

这样的一家店就此关张了，这不单是我的遗憾，也正是雷媛写文呼吁的原因。果真不到一年，兰州古籍书店又再次开张。2014年3月28日的《兰州晚报》刊出了一篇名为《兰州古籍书店重开业》的资讯。该文中写道：

> 2013年底，原来属于兰州新华书店的兰州古籍书店，划归到省新华书店的西北书城管理。因为经营亏损，兰州古籍书店文化宫店停业，这家成立于1957年的书店，为全国最早成立的古籍书店之一，是甘肃省内一家知名书店，它是由解放前

个体书贩发展起来的专业性书店，经营图书、报刊、电子出版物、文化用品、古旧书画、文房四宝、装订、裱糊字画业务。50多年来，这座文化老店以抢救、保护古籍和古旧书收购、再发行为宗旨，延续着历史和文化的香火，曾被读者当成兰州文化的一个符号。兰州古籍书店文化官店停业，在兰州图书行业和文化行业内引起很大震动，省内一些文化名人对此唏嘘不已，大家对这个书店的命运尤为关注。

看来，当地的爱书人对于兰州古籍书店的停业大感不满，经过一些有识之士的呼吁，古籍书店又重新开门营业了。我听闻到这个消息也同样大感高兴，这种心态有如古语所言："得鱼同一乐，何必我持杆。"

我的豁达维持了一段时间后，我还是忍不住想到当地一看。大概是2015年，我在网上结识了《甘肃日报》社记者王家安先生，王先生也有藏书之好，同时还是国内有名的楹联撰写高手，此后他赠送我多部与楹联有关的著作，而我也从他那里了解到了兰州市古旧书市场的状况。当然百闻不如一见，2017年3月5日，我来到兰州见到了年轻有为的王家安先生，而后在他的引领下，结识了兰州的多位爱书之人，其中有兰州市政府历史文化顾问邓明、甘肃省档案馆研究员陈乐道、甘肃举院博物馆馆长贾守雄等等。我们在聊天时，也了解到年轻的王家安乃是甘肃省楹联学会副会长兼秘书长。

我此次的行程原本要到兰州古籍书店一看，然众人告诉我，此店又再次关张了。不是再次开张不久吗？王家安说，因为经营状况不好，大概在开张一年后又重新关门了，如今那里已经改为了工艺品商店。听到这个消息，我有些沮丧。我跟王家安说，自己在报纸上看到的消息则是文化宫分店停业了，而通渭路总店仍然在经营中，后来经过不到一年的时间，文化宫店又开张。难道这两家到如今全都关张了？王家安说确实如此，他告诉我说，大概在2014年，位于兰州市通渭路和文化宫的古旧书店相继停业，停业后，新华书店集团为了维持生计，将铺面作为其他经营使用，而通渭路的古籍书店现在是经营地方工艺品的"文化集市"。

该店开张、关张的速度真是令人惊讶，虽然其他地方的古籍书店也有关门后再开张的情形，但频率却没有这么高。王家安告诉我，从2000年后，兰州的古籍书店名为"古籍"，其实只能在柜台见到零星的几部古籍，而且善本几乎没有。书店以经营旧书和文史类新书为主。80、90年代，古籍书店流出不少好书，而且值得一提的是，那个时候古籍书店影印出版了不少地方文史及方志著作，现在这些影印书籍在兰州旧书市场也很抢手。但到了后来，还是因为房租问题，古籍书店经营不下去了。

古旧书行业江河日下，众人谈论这个话题也均是一番感慨。而王家安称，当地还有许多私人旧书店，这些书店基本集中在了兰州一家古玩城内。于是王家安介绍我认识了兰州纸制品交易中心经理杨楠先生，原来杨楠管理的这个交易中心就是古玩城内最为集中的古旧书流散之地。

第二天中午，王家安请我到当地的特色餐馆去就餐，在那里我又结识了当地的藏书家邹建先生以及篆刻家张大愚先生。用餐结束后，我等一行人跟随杨楠先生前往探看兰州古旧书市场。

我们是步行前往该处，一路上王家安向我讲解着旧城区的变迁过程，可见他对当地的人文地理十分熟稔。在一条小巷的墙上我看到了多块壁画，上面描绘着甘肃当地的人文历史。每走到一块之前，王家安都能简明扼要地点评这些壁画文字写的是否准确。小巷的尽头有"赐福巷"的匾额，匾额的后方就是古玩城：路的两侧全是摊位，而每个摊位上摆放的物品都与各地古玩市场大同小异。商品的同质化，令我们一行人边走边感慨，而后在这道路的中段看到了"陇尚纸品展交中心"的匾额。

由此门进入，下方是一个面积巨大的地下空间，每间地下室做

实用的摆书方式

了隔断，形成了一家一家的商店。这里的经营品种明显与街面上的不同，虽然也有一些古玩摆设，但主要还是纸制品。我走进的第一家店铺名叫清风书阁，王家安介绍我认识店主祁军成先生。此店虽然名为书阁，但经营品种一大半都是其他纸制品，浏览一番，此店有几架子旧书，其余则是连环画，也有一些旧票证。二手书也有不少，但其上架方式却很特别：书分两层排列，里面的一层书脊朝外竖放，外面的一层则书口向下横躺。店主解释说，这样放书既可省地方，也能让找书的人看到里层的书名。如此巧妙的放书方式，我在其他旧书店内未曾看到过。

在这里看的第二家书店则是五泉淘书斋，此店的经营面积与清风书阁相仿佛，墙上挂着一些有时代痕迹的宣传画和领袖像。尤让我眼亮者，这里还有一些线装书，从书根望过去，这些书显然是晚清民国间的印本，但能有这么多的数量，也堪称难得。此家店中还有一些幻灯片，我在年幼之时，能够看到放映幻灯也是当时的稀见娱乐之一，但平均一年也看不到一回，这让小伙伴们纷纷自制幻灯片，而后用手电透过玻璃片打在墙上，虽然显现出的图像幼稚不堪，但也足令人骄傲。正是由于有着这样的情结在，我忍不住放下相机在这里翻看一摞一摞的老幻灯片，那些图案均非我幼年所见，这也证明了那个时代我的眼中之物是何等贫乏。

接下来众人又带着我参观了陈卫忠的国民书屋，此店除旧书之外，也跟其他两家那样经营宣传画和票证。而杨喜贵的广缘斋旧书店则主要经营文艺类图书，王宝宁的万达书屋主营旧书，从门类上说，他所经营的书各类品种均有。古今书院主人弥新宏也是这样的

1. 五泉淘书斋　2. 整齐

经营方式，而储惠忠的惠友书屋则主营各种连环画，黄河书店的韩顺峰所经营之书涉猎很广，郝红旺的洮馨书屋给我留下的印象是书品较好，高斌的天钰斋除了经营票证之外，也做钱币生意，而芦军平的黄土地书屋虽然也经营老票证，但依然以旧书和字画为主。

在兰州一地，竟然有这么多古旧书经营者，眼前的所见，使得我对古籍书店的关张所产生的遗憾略有消减。王家安告诉我，赶上周六日时，当地经营旧书者不止眼前的这些店，另外还有很多的摊位，而摊位经营则在城隍庙之中。于是，我等一行人穿过古玩城，前往城隍庙去探看。

安登贤编著的《兰州之旅》中称："城隍庙是供奉地方守护神的庙宇。兰州市城隍庙在兰州市张掖路步行街中段，修建于宋代，有殿 3 楹，祀奉汉将军纪信，又名纪信庙。明代重修后改易现名。兰州城隍庙坐北向南，占地 12000 平方米，建筑面积 4000 平方米。1956 年辟作兰州市第一工人俱乐部。现有建筑按中轴线依次为牌坊、享殿、正殿、寝宫、客堂，牌楼由节园颜妃墓前的贞烈遗旰牌坊改建而成（属明代建筑），院内有石狮一对，有 200 多年历史。"

这样的简介太过正式，远不如一路上众人给我讲的城隍庙的故事那样有趣，而更为有趣的，则是走到城隍庙门前看到金的属牌上简介，依然是如此的故事化：

据《汉书》记载，项刘时期刘邦的一名武将，名叫纪信，乃成纪（今甘肃天水）人，当楚王兵围荥阳，眼看汉王做俘虏的时候，纪信将军毅然扮作汉王，乘车出东门，佯装要投降楚王，从而巧妙地掩护刘邦由西门出逃，而他本人则被项羽识破后活活烧死，从而赢得"汉代孤忠"的美名。

现城隍庙为乾隆三十二年（公元1767），"通省官绅捐资重葺，后二年始成，原为忠烈侯坊"。是一座四进庭院式建筑，现有建筑按中轴线依次为牌坊、享殿、正殿、寝宫、客堂，牌楼由节园颜妃墓前的贞烈遗阡牌坊改建而成（属明代建筑），院内石狮一对，有200多年历史。

原来有这样生动的历史，但这严肃之地如今改成了古玩城，简介中写道："现今城隍庙则以文化交流，经营古玩、字画、玉器为主，为兰州地区职工文化娱乐活动提供了一个重要场所。"

如今的古玩城处在兰州的老市区内，进入庭院乃是方方正正的一块广场，广场的四面则为古代建筑，这些建筑的背景是近些年建的大片居民楼。两者对比在一起，倒有着别样的和谐统一之感。众人带着我一家一家地看过去，这些固定店铺主要是经营字画，旧书摊则只在节假日摆在中间的广场之上。可是这天恰好是星期天，为什么看不到书摊呢？王家安笑着告诉我：兰州的旧书市场之前最大最集中的就在城隍庙，每天都有零星的书摊，到周六周日规模增大，每天大概有二十几个书摊，有的书摊颇具规模，一次能摆出上千本旧书。但2014年左右，城隍庙申报国保单位，要求修旧如旧，恢复历史建筑原貌。管理部门就把庙内所有摊点（书摊只占四分之一）清理。没有了固定经营场所，杨楠等古书收藏家灵机一动，合资租赁了城隍庙对面古玩城的地下室，这才有了陇尚纸品中心。如今纸品中心这些店铺，基本全是当年旧书摊老板开的。

　　原来有这样的故事在，由此也让我明白了王家安及其朋友的美意：他们让我既能看到当今兰州古旧书市场的现况，同时也带我探看改变之前的状况。而这种探访方式的确让我对当地的古旧书市场有了更为清晰的了解。兰州古旧书市场的变迁，正如一面镜子折射出全国古旧书行业的现况。不知道到何时，这种状况才能得以改观。而如今，我站在这城隍庙的中心广场上，只能望着空空荡荡的广场，想象着这里摆放旧书的盛况。

声名远播　古书罕觏
山西张兰古玩市场

　　山西张兰古玩市场在中国文物界可谓世人皆知，金屏、平瑞芳编著的《乡村中国》，其中有一节的名称就是"张兰村——中国古玩第一村"。然而爱好收藏的人却大多称张兰村为张兰镇，此处究竟是村还是镇呢？文中给出的解释是："山西介休张兰村是张兰镇政府所在地。"

　　一个村庄能够被业界如此重视，这也正是张兰村的奇特之处。对于该村在古玩界的地位，2012年11月2日《发展导报》有该报记者尤佳所写《介休张兰全国收藏品交流会已连续举办12届——八方淘宝者，为何来张兰？》一文，此文中谈及张兰在中国古玩界的地位时称：

　　　　在收藏界说到张兰，没有人不知道，甚至在海外淘宝者中间，古镇张兰也是大名鼎鼎。拥有全国农村最大的古玩市场，拥有国内屈指可数的规模大、品种全的古玩集散地，张兰，毫无争议地坐上"中国古玩收藏第一镇"的交椅。

张兰古玩城

　　早在这篇报道的四年前，2008 年 12 月 1 日《经济参考报》刊发有该报记者邹伟、王炟坤所撰《昔日土里"淘食"，今朝海内"淘宝"》一文，此文对张兰村的地位给出了如下说法："这个被收藏界誉为'中国古玩第一村'的千年村镇，历史上几经沧桑，从明清时的繁荣，到战争年代的日渐衰败，到建国初期至改革开放前的息业落寞，再到如今重现荣光，并以此给当地居民带来富裕和谐。"

　　关于张兰村从何时、因何故形成了这么大的市场，各种资料上的叙述基本类似。金屏、平瑞芳编著的《乡村中国》中称："作为一个拥有千年历史的古镇，张兰村在明清时期商贾云集，有'小北京'之称。乾隆年间，张兰村的古玩兴盛起来。趁'康乾盛世'聚敛大量钱财的晋商，也把收藏古玩当成一种投资、一种风气，张兰村成为全国古玩的集散处。'家家藏宝，户户赏古'，一时蔚然成风。在收藏界，张兰村是大名鼎鼎甚至盛名远扬于海外淘宝界的。以一村之力连续 9 年举办全国规模的古玩交流会，至今张兰村仍是国内仅有。"

俗话说"盛世收藏"，张兰村所处的山西地区因其五六百年以来没有发生过大的战争，故聚集了大量的财富，当地有钱人开始将部分所得用以购买古玩，由此而渐渐形成了当地人收藏古玩的风气。

关于张兰地区的经济状况，姜正成主编的《晋商翘楚乔致庸》一书中称："介休张兰镇，在康熙时是'住户七百，商间四千'。嘉庆时'屋舍鳞次，不下万家''俨如大邑'。张兰镇农历九月二十日到二十九日的古庙会，汇集了各方人士；东、西大街两旁，摆满了京津杂货、古书旧货、饮食等，北门外则是骡马大会，平遥、祁县、沁源、霍县、灵石、孝义、汾阳等地的商号和手工作坊都要在此挤占一席之地。"

看来在康熙年间，张兰镇已经是很繁华的市场，在东、西大街已经有古书出售。对于当地古玩市场形成的时间，邹伟、王焰坤所写报道中，采访了张兰 50 岁的古玩商史广全："'张兰自古就有经商的传统，特别是古玩生意享誉海内外。'史广全说，张兰古镇在明清时期商贾云集，有'小北京'之称，乾隆年间，张兰的古玩兴盛起来，成为古玩的一大集散地，'家家藏宝，户户赏古'，一时蔚然成风。"按照这样的说法，早在乾隆年间，张兰已经形成了古玩市场。而这个商场的形成，依然跟当地的富户有很大的关系。陈全在其所撰《介休张兰古镇的历史变迁》一文中写道："张兰的晋商有一种习俗，很多东家会在年初派人千里迢迢到江西景德镇烧造瓷器，一些作为家用，还有很多会送给有贡献的掌柜或者伙计。久而久之很多人家开始对瓷器古玩有了很高的鉴赏水平，很多张兰人家中的堂屋里放一支条几，上面摆上朱砂胆瓶、朱砂茶叶罐，放上一座插屏，以此来显示自己的富贵和品位。有一些对文化追求的古玩，如渔樵耕读图，就是教育孩子认真读书的。"

显然物质基础的极大丰富乃是张兰人喜爱收藏的主因，然而从20世纪60年代开始，古玩的买卖被视为"四旧"，故这类市场被取消。从表面看，张兰古玩市场不存在了，然而私下里的买卖却一直未曾断绝。马骏在《张兰村：中国古玩第一村》一文中写道：

> 在20世纪60年代，古玩买卖表面上被取缔了，实际上市场并没有消失，只是从地上转入地下了。到90年代，古玩买卖还被当作倒卖文物。在四十多年的时间里，张兰人总是偷偷做着地下古玩转手生意。海外一些淘宝者前来这里，都是单线联系。大部分被收买的古玩，都被带到了广州出手。到2000年，张兰就有一千多人从事古玩经营，加上周边村子的几千人，呈不可遏制之势。

看来，2000年是张兰村古玩市场再次兴起的一个转折点，虽然从20世纪80年代初开始，张兰镇兴起了古玩生意，然而此后的近二十年时间，这门生意始终处于地下交易状态。随着《中华人民共和国文物法》的重新修订以及《文物保护法实施细则》的颁布，当地有关部门决定因势利导地建立起合法的古玩市场。《乡村中国》

一书中写道：

> 2000 年时，光张兰村就有 1000 多人在经营古玩，加上周边村子的几千人，已呈不可遏制之势。公安、工商、税务、文化部门，赶在一起商量什么能摆，什么不能摆。时任晋中市长的王雅安"包村"张兰，经过几次调研，决定把这个古玩市场搞起来。村党支部书记宋迎年和山西省收藏协会会长王艾甫取得了联系。2001 年上半年，古玩市场终于在村子泰山庙兴建，下半年第一届交流会开幕。市场建成后，很长时间没人敢进驻，再三动员并提供租金优惠后，有人提心吊胆搬进去。随着生意渐渐红火，次年村里建起了第二个古玩城，40 间商铺被村民一抢而空。也是在这一年，张兰村举办了第一届全国秋季古玩交流会，曾经繁华的古镇，再次因古玩生意红火起来。

关于张兰镇第一个古玩市场的建造细节，陈全在其文中有如下描绘："张兰镇的领导们率先看到了这个机遇，时任张兰镇委书记的张祖祁与张兰村委书记宋迎年马上开始筹建张兰古玩市场。他们召集起村里的古董商，阐明了政策，选举了以吴光辉为会长的古玩协会，然后在市中心原先泰山庙旧址上，将原先的旧房子拆除，修建了两个院子，98 间门面房。最初，镇村领导经过深思熟虑决定起名为'张兰民间工艺品市场'，后来上报时任山西省副省长杜五安处，杜五安批复完全可以直接将市场命名为'张兰古玩市场'。在上级领导的支持下，市场筹划中，镇村领导积极引导人们学习法律法规，并以极低的租赁费招募村里及外村的古玩经营户。在各方面的共同努力下，张兰镇规划兴建的中国农村第一个古玩大市场启动了！"

正是因为有这样开明的当地领导，才使得张兰镇古玩城破土而出。随着发展，这个古玩城很快不够用。到了2007年，当地有位叫郭宝生的人投资上千万又建起了一座新的张兰古玩城。而后张兰古玩城的名声越来越响，吸引到了更多的人，当地又出现了新的古玩城。到2003年，一座小小的张兰村竟然有四家古玩城，这种情形在全国绝无仅有。

为什么从20世纪80年代开始张兰镇这么多人又开始做古玩生意呢？陈全在其文中谈道："'文革'后期张兰古镇暴露出来很多的问题，最为突出的就是吃饭问题。张兰16个生产队有4000多口人，人均耕地不足9分，人多地少，温饱成了问题。人们在饥饿的环境下自然想其他办法，一些有经验有阅历有知识的农民开始收售古玩，'收古董'的行业开始暗地进行。"

看来地少人多吃不饱饭是张兰人从事古玩业的最直接动机，其实张兰镇的这种情况只是一个缩影，《乡村中国》中有这样一段记载："据山西省收藏家协会副会长牛润生介绍，20世纪80年代前后，山西省曾自发形成过一批类似张兰村的古玩专业村，如文水县的方圆村、武吴村，忻州市的安邑村，平遥县的永固村、汪郭村、曹家堡，襄汾县的东牛村、赵康村、董家庄，闻喜县的郭家庄等。最兴盛时，全省不下20个。但这些古玩村，多数已经没落。原因在于，经过多年收购，民间的古玩资源已接近枯竭。近年热播的电视鉴宝节目，普及古玩知识的同时，也提高了持宝家庭对古玩价位的心理预期，古玩村人便宜收好货的时代一去不复返了。张兰村古玩业之所以能在夹缝中继续生存，很大程度上得益于张兰人能及时转变思路走出去，拓展了古玩资源和市场。"

原来山西曾经有多个古玩村，鼎盛时期竟达 20 个以上，然而随着时间的推移，这些古玩村大多衰落了，唯有张兰村一枝独秀。为什么会出现这样的结果呢？牛润生只是说这得益于张兰人能够及时地转变思路走出去，何为走出去，牛润生并未作进一步的解释。以我的理解，张兰人不满足于在当地的经营，而是将触角伸向各地，据说在太原市经营古玩的有一大半都是张兰人。既然如此，那张兰本地市场岂不渐渐衰落？从相关报道看，情况并非如此。张兰镇在古玩村衰落的过程中能够杀出重围，成为全国唯一的古玩村，显然另有道理在。尤其这里每年举办一届的"全国收藏品交流大会"，更令此镇巩固了其在古玩界的地位。记者尤佳在其报道中写道：

> 进入 21 世纪，随着北京等大城市古玩市场的开发，张兰古玩市场于 2001 年诞生了。同年秋季农历九月十七至十九，张兰镇第一届全国收藏品交流会举办，全国各地的 5 万多名收藏爱好者云集张兰，地摊几乎摆满了张兰的大街小巷，规模之大、交易之火出乎预料。第二年，张兰村委会对古玩市场进行了扩建，店铺由原来的 50 家增加到 100 家。从此，每年农历九月十七至十九，张兰都要举办一次全国收藏品交流大会。

然而，我对古玩的留意度并不大，这也就是我了解张兰村较晚的原因。虽然我听说不少的书商都到张兰去进货，而后把淘得之书转卖或者放在店内出售。即便如此，我依然未曾前往张兰淘宝。但是张兰确实出过稀见之书，《乡村中国》中写道："张兰古玩可以称道的，有那本流落台湾的《金瓶梅》孤本，非常有名。上世纪 20 年代，《金瓶梅》正是从这儿到了北京，然后又越过海峡的。"而记者尤佳在《八方淘宝者，为何来张兰》中也有着极其相似的论述："张兰镇不是特区却有特色，这里人多地少，土地贫瘠，素有收藏古董、经营古玩之风。张兰古玩可以称道的，有那本流落台湾的《金瓶梅》孤本。上世纪 20 年代，《金瓶梅》正是从这里传到北京，然后又越过海峡。"

这两段话都未谈到张兰所出《金瓶梅》的版本，但既然如此的特意谈及，显然该书的版本应该很珍稀。既然是出过好书之地，并且是很多书商的货源地，我当然要到这里寻访一番。一者，直观地看一看张兰古玩市场中究竟有多少古书店。二者，也想碰碰运气，试试有没有可能捡到像《金瓶梅》这样的善本。

张兰虽然是村镇，但通有火车，然而从太原前往该镇的火车一天仅有一班慢车。我从网上查到的信息显示，很少有人会乘火车前往张兰，从距离上看太原到张兰仅 120 余公里，而这一趟火车的运行时间则长达近三小时。而今的高铁从北京到南京 1000 余公里的距离，也不过就比三小时多一点。如此想来，乘坐这样的火车确实让人难以忍受，故到达太原后，我请朋友安排车带我前往张兰。

此程与我同往者乃是梁飞先生，梁兄年轻有为，对古玩充满了好奇心，他在路上告诉我，张兰镇在山西很有名气，但他却没有来过该镇，而后向我了解关于古玩方面的各种概念。他所熟悉的古玩名人乃是马未都，多年前我在榆次老城内看到过马先生所开办的山西古家具博物馆，于是告诉梁飞山西的老榆木家具是何等之有特色。而梁先生则称，他们家原本有很多这样的老家具，可惜都不在意，渐渐地处理掉了。看来人们对古玩更多的是好奇心，要想让人从专业方面了解古玩业的特性，这样的普及工作依然任重道远。

行驶 120 余公里，从张兰镇下高速公路，刚驶出不远就看到一个十字路口有三位警察在指挥交通，梁飞靠过去向一位警察请教四座张兰古玩城的具体走法。警察愣了一下说，当地就一家古玩城，而后他顺手一指，原来距高速公路出口不远处就有一座仿古的方城。警察说，那就是张兰古玩城。

这天是 2018 年 3 月 9 日星期五，我从网上查得信息，周五乃是张兰古玩城每周开市的一天。然而站在路边望过去，这座体量不小的方城却静悄悄的没有人影。城门左右是两个大型的停车场，里面空荡荡的没有一辆车，看来我从网上查得的信息不准确，但既来之则访之，于是穿过新建的城门走入了古玩城内。

展眼望去，方方正正的古玩城仅在正中的位置盖起了一座仿古的高阁，而其周转所建商铺均为两层建筑，建造手法是简约西式，并不是我所想象的那种红墙绿瓦。古玩城内同样静悄悄看不到人影，路两侧停放着一些车辆，说明这里依然有人营业。

远处的古玩城

　　进入方城之内我并不知如何寻找，于是决定向右转，按照逆时针先围着这座城兜一圈。在一个侧墙上我看到了张兰古玩城的简介，这篇简介从张兰的地理位置谈起，而后追溯到了这里经商的历史，接下来则谈到改革开放后张兰人省吃俭用搞收藏的偏好。这座古玩城筹建于 2011 年，2014 年正式营运，占地 100 亩，建筑面积达 4.5 万平方米，总计有 340 家店铺。

　　张兰镇形成了这么大的产业，是什么人在当地带起了这样的风气？陈全在《介休张兰古镇的历史变迁》一文中举出了三位有特殊贡献的老人，第一位叫朱仓人，此人乃是张兰最有名的收藏家。第二位叫姬兴泰，此人虽然在 1976 年就去世了，但是他在 1949 年于张兰东街就开办起了名为"兴隆斋"的古玩店，公私合营时，此店被并入了张兰供销社。相比较而言，陈全在文中提到的第三位才对张兰古玩镇的形成起到了直接的作用：

第三位叫王道瑞，是张兰收购站的负责人。张兰收购站隶属于张兰供销社，主要业务是收购废品，兼营业务是寄卖古玩，"文革"后期，即 1973 年国家文物局恢复建制后，为了收购散落民间文物古玩，山西文物局通过介休博物馆馆长师延陵联系了张兰收购站，在张兰收购古董玩器，也就是说，张兰收购站的古玩业务是直接面对山西省文物局的。笔者曾经咨询过很多人，这样在村镇一级设立专门的收购古玩的站点或许在整个山西仅此一例。

这天天气很好，无风有太阳，阳光照在每家商户门口的石构件上，使得这些神兽的影子长长地延展到地上，形成了新的滑稽图案。我边看这些神兽，边寻找着古书的痕迹。而地上摆放着一些砖雕，有的刻有一些字迹，这些砖雕显然是从某个大户人家的门楣上挖下来的。在路边也能看到一些古碑以及宗祠的匾额，在一个商户的门前还看到了站成一排的兵马俑。这里的商铺大多关着门，隔着门玻璃向内张望，也看不到里面有书的陈列，而我仅在某个商铺的门口看到摆着一筐书，顺手翻看，没有一本是线装。

一路转到了北门，走出此门探看，原来此城距张兰村应该还有一公里的路途，这座方城仅是孤立于田地之中。张兰古玩经营的再度兴起，至今也有近四十年的时间，不太可能仅有这一座孤矗于城外的古玩城。按照我的经验：古玩集市的兴起，大多是在市镇的中心区域。于是我跟梁飞商议，等转完这座古玩城，而后进张兰村内探访一番。

　　继续前行，在某个商户门前看到两人在那里仔细辨认一个铁器上的字迹，我凑过去细看，其中一人问我找什么货。我顺口说自己要找古籍，这人马上说："我的店里有啊。"闻言大喜，我立即走入此店，果真店主给我拿出来一摞古书，其中他最看重的一部乃是《芥子园画传》。我拿起来翻看，竟然是康熙原版，从刷印情况看，也属于初印本。虽然说《芥子园画传》流传甚广，但世面所见基本

康熙版《芥子园画传》二

上是翻刻本，而原刻本则绝少露面，我在张兰古镇看到的第一部古籍竟然是康熙原刻本，这让我心下暗暗吃惊。

细看此书，可惜残损过半，我随口问店主此书什么价。他说6000元。这个价位开得过于准确，看来店主对古籍行市十分了解。虽然说这部残本放到拍卖会上成交价会过万元，但刨去各种费用及开销，卖主的实际所得也与这6000元相差无几。可是在这偏僻之地能够开出这种价格，还是让我感到难以接受，于是我随口问了句为什么卖这么贵，店主正色地跟我说："这是康熙原刻本，已经有多人给价4000元，我都没出手。"原来这么内行，我只好收起手默默地递还于他。

而后在该店又翻看了几部线装书，可惜这些书都是残本，版本价值也完全比不上那部《芥子园画传》。这让我没有了问价的兴趣，于是随口问店主，这古玩城内有没有专门经营古旧书的商铺。他说没有，同时又补充说，这里有不少的店都有古书，但并没有一家专营店。

　　我感谢了店主的指教，而后走出此店，其对门的一家店主向我打招呼，他说自己店里也有古书。进其店中，果真他给我拿出一摞线装书，其中一部《洗冤录详义》品相尚佳，虽然是光绪本，然世面流传较少。此书刊刻颇为精雅，而店主也很了解此书的情况，与之攀谈，他对古书界的情况也颇为了解。之后他递给我一张名片，上面印着"云源祥"，这是他的堂号，堂号的下面则是他的大名"王红云"，姓名后的头衔则用括弧写着"布衣"二字，名片的左侧则印着"君子之交"的字样。可见，这位王先生虽然经营古玩，也是淡泊之士。

　　观览云源祥，发现这里陈列的主要是家具和杂玩，然而我抬头张望，却发现这里并无匾额，细想刚才围着商场转了一圈，似乎均未看到牌匾。王红云告诉我，古玩城内各个店铺都没有悬挂匾额，这是古玩城的统一要求。

《洗冤录详义》

参观完古玩城，请梁飞开车驶入张兰村内，在村中心的一条道路交叉口上，我看到一座新做的牌坊，上面写着"张兰古镇"字样。我在文献上得知，张兰村的中心位置曾有一座昆阳楼，这座古楼高达七丈有余，到了1978年，古楼被拆毁了，从而使张兰村失去了地标。我不清楚眼前所见的这座牌坊是否就是在昆阳楼的位置上建造而成，但至少我跟着梁飞在张兰村内兜了一圈，这是本村唯一的标志性建筑。

　　在我拍这座牌坊之时，梁飞突然跟我说："古玩城在对面！"转身回望，果真有一栋六层商城，门楣上写着"聚宝斋古玩城"。这就是文献上所说的当地第二家私营古玩市场，于是我们停好车走入此城之内。

　　此座古玩城从建造风格看，有些像三十年前流行的乡镇机关办公楼：进入大堂两侧是长长的走廊。走廊的两边则是一间间的商铺，每一家商铺的大小面积基本相等，依我的目测大约有二十多平方米的建筑面积。沿着右侧的走廊边走边看，商铺内大多黑着灯，唯有一家店铺里面点着蜡烛，我看到店里坐着两人在聊天，于是顺口问："有没有古籍？"其中一人说有，而后他转身拿出几部线装书摆在了玻璃柜台上面。

　　顺手翻看，这些线装书有石印本、木刻版也有手钞本，只是因为光线暗，有些细节看不清楚，我顺口问，为什么不开灯。店主说，刚刚停电半小时，可能过一会儿就来电了。我们在交谈的过程中，旁边的那个人一直看着我，而后他站起身走过来跟我说："你是韦力先生吧。"

这句话吓我一跳，我第一次来到此镇，竟然在此能够碰到熟人，我定眼细瞧，却无论如何想不起他是哪位。于是我向他抱歉地说，自己记人的水平太差，请他自报家门。此人也说我可能已经想不起他，因为他是在1998年天津的一场收藏品交流会上见过我。时至今日已过了二十年，他却依然能够认出我是谁，我当然赞叹他记忆力实在是上佳，他找了张纸条给我写下了自己的大名及电话，我方知这位先生名叫史向杰。

史先生颇知礼节，他仅递给我自己的电话却并不向我索要，而后向我讲述二十年前见面时的一些细节。他说未曾想到我会出现在这里，而我则问他是否在这里开古玩店，史先生说并非如此，他是在此处负责古玩城的宣传工作。我向他咨询：警察为什么告诉我当地只有一家古玩城。史先生说，刚才我所去的乃是新古玩城，因为那座古玩城是国有的，所以警察会介绍那一家，而聚宝斋古玩城则属于私人性质。

寒暄过后，我继续翻看着此处的几部古籍，店主看我与史先生是熟人，于是给我递过了一张名片。其大名是任旭岗，这让我想到了若干年前的举重世界冠军占旭刚，虽然他们的名字差了两个字，但两人的体态却颇有相像之处。

因为进店的时间略久，我的眼睛渐渐适应了店内的光线，看到其店中主要经营一些银饰，任先生说这是他的专营，而后向我讲解这些银饰是何等之精美，以及工艺上的特殊。银器店兼营古书，这倒是有意思的跨界。他给我看的线装书，其中一部《增订联谱》颇不多见，该书前有乾隆戊戌年大盛堂的刊刻牌记。看到"戊戌"二

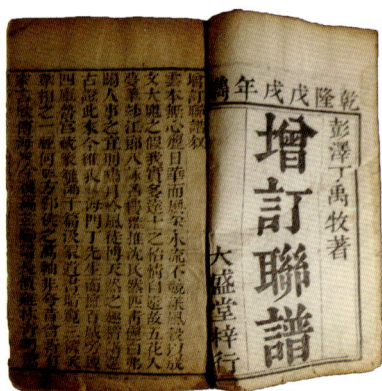
乾隆版的《增订联谱》书牌

字，让我想到今年同样是戊戌年，如此说来，此书距今 240 年。虽然说这个年头的古籍多得是，但无论国外还是国内，人们对某个整年头总是特别留意。同时，这也让我想到了兰州书友王家安先生，王先生致力于对联书籍的收集，上次在聊天时，似乎他说过自己没有乾隆版的对联书，将此书买来转送于他，这倒是有意思的纪念物。

于是我随口问任旭岗这本书卖多少钱，他说一万块。这个报价吓我一跳，一册乾隆本之书既非精刻本，也不是著名的佳刻，更不是现在人们追捧的内府刻书，为什么能开出如此高价？任先生却坦然地跟我说，因为他不了解这部书的价钱，所以只能往高里要。虽然我也知道古玩界有着漫天要价，就地还钱的潜规则，但我实在不谙此道，只好把这册书递还给他。

既然史向杰先生是该古玩城负责宣传之人，料想他对此城的业态应该很熟悉，于是我问他这里有没有专营线装书的店铺。他告诉我，六楼有一家。而他又为难地说，因为停电，电梯不能使用，问我走楼梯是否可以。我感谢他的体谅，告诉他没问题，于是沿着步行梯一路上行，来到了六楼。这里情形跟新古玩城有些类似：各家均无店名匾额。如果不是熟人带领，很难找到想找的店铺。

然而来到六楼的某家店铺门前，这里却上着锁，透过玻璃望进去，果真摆放着不少的线装书。史向杰立即给店主打电话，店主称很快会赶回。于是史向杰让我到此店对面的一家店铺内稍坐，此店主要经营钱币和一些杂件。我在这里看到了早期的布币和铲币，这些钱币虽然略有残损，但店主所说出的价格确实比十几年前贵得不多。古玩行业的特色乃是当某物市面稀少时价格就会高昂，一旦于某地挖掘出大量同类品，市价很快就被打压下来。金属制品、陶瓷制品因为进入地下几千年都不会毁坏，这方面情形尤为突出。然古籍太过娇嫩，从地下能够挖出者微乎其微，缺乏源头，也许正是古书行业难以在古玩城内形成大宗门类的主要原因吧。

史向杰在聊天时告诉我，对门的这家古籍专营店是北京潘家园老武家开的。他的这句话让我有些意外，我反问他是不是武思忠，他说正是。这位老武先生十几年前乃是古籍界谈论的话题之一，因为他无意间买到了李自成的《大顺历》。虽然出现在拍场上的仅是几十张残页，但因此书有着特殊的意义，仍被国家图书馆买去，后来听说老武手中还有一册全本，最终也是转让给了国图。

我一直认为老武家虽然是山西人，但他的主战场在北京，却未曾想他在张兰也开有商铺。史向杰告诉我，这间商铺乃是武思忠的侄子开的，然而前来开门者乃是一位女士。史先生介绍说，这是老武先生的侄媳妇，此女士告诉我，自己的老公因工作忙，没时间天天守在这里，所以让她来看店。但她向我明言，自己不懂书。

武家此店的面积也跟其他商铺一样，只是店内的古籍都悬挂有侧签，书品也看上去整齐很多，这正是该店与其他商铺的不同。而我则喜欢这样整洁的店铺，至少古籍在这里受到了尊重。我请这位女士拿出几本书来翻看，其中有一部书感觉十分眼熟，我猛然想起这部书前些年曾出现在京城某大拍卖行的拍场中，因为特殊的原因，这部书产生了一些争论，而我还被请去协调过此事。然而，未承想这部书却来到了张兰，于是我问女士这部书是否曾经上过拍。她点头称是，而后反问我："你是拍卖公司的人来搞征集的吧？"我告诉她并非如此，自己只是想写写张兰的古籍市场，并没有带着任务前来搞征集。

在看书的过程中，我问史向杰：网上说每周五在张兰都有古玩集市，为什么我到新古玩城却完全看不到？史先生跟我说，每周五确实有集市，但集市的地点不在新古玩城，而是在老古玩城后边的一片田地中，集市从早上六点开始，到中午基本就散了，而此时已经近午，他不确定是否还有地摊。然我还是想到现场去看一看，于是跟史向杰走出聚宝斋古玩城。而此楼的后面就是集市所在地。

眼前所见的集市乃是在一片田地内用黄土压平而形成的空地，此时在这空地上还有几十家摊位。走近细看，大多是一些杂件，有的摊位上也有线装书，然书的质量与此前所看的差得很远。

我在某家的摊位上还看到了"锦州古玩文化节"的邀请函，史

1. 上面是贝叶经　2. 整洁的线装书

向杰告诉我，虽然各地有很多古玩城，也会举办一些古玩节，但影响力却远不如张兰。各地的古玩城都会到张兰来散发传单，以此来招揽商户，然张兰古玩城却从不这样做，因为张兰在古玩界的地位绝对首屈一指。

谈到张兰的古玩城，史向杰说原本确实有四个，但其中一个已被拆掉了，到如今还余三个，张兰的古玩城虽然集中，但租金都不贵，每间商铺的租金根据位置的不同，大约在 4000 元到 6000 元一年。如此算下来，每家店铺每个月的租金仅几百元。这个价格确实很便宜，也许这正是张兰能够招来这么多古玩商户的原因吧。

我向史向杰索要一些张兰古玩市场的介绍材料，他说自己虽然在此搞宣传，但相应的材料并不多。而后他猛然想起了什么，让我在原地等候一下，他到另一个古玩城内帮我拿资料。几分钟后，史先生返了回来，他递给我和梁飞每人一本书，书的名称是《张兰老曹的古董人生》。我感谢了他的馈赠，史先生接下来又邀我共进午餐。我说自己还有下一程的寻访目标，感谢了他的美意，而后与梁飞乘车又前往他地。

回来后，翻看史向杰所赠这本书，原来是一部小说。虽然这样的书读起来更有趣味，但可惜书中的故事我无法摘引。然而，这本由陈树义、刘宏、陈全三位作者合著之书却在序言中谈到了张兰古玩镇在中国收藏界的地位：

> 到了清代的康乾盛世，张兰村更是成了商贾云集的大镇。清朝时在张兰设立山西水利同知衙门（俗称二府衙门）。

一九〇〇年，八国联军打到北京，慈禧太后、光绪皇帝带众西逃，就曾在张兰西街曹姓宅院住宿过。而今，张兰成为古玩收藏的集散地，古玩爱好者的一方乐土。这里储存着令人向往的古韵风情，在中国收藏界，若谈到山西张兰古镇，几乎无人不晓。

张兰一游给我以很多的遐思，这样一个偏僻的小村镇，竟然能够形成中国最大的古玩集散地，是什么力量能让张兰在众多的竞争对手中脱颖而出呢？直到看完此书，我也未能给自己一个满意的答案。时势造英雄，张兰村在古玩界的地位必有其道理所在吧。

大明湖畔　名泉四围

济南古旧书肆

　　本次的济南寻访，我事先给山东大学的杜泽逊老师去了电话，他帮我做了细致的安排。在到达济南的前一天，我接到了周晶先生的电话，他说听女儿讲我将前往寻访古旧书店。我说确有此事，但因为安排的事情太过紧密，故不想打扰太多的朋友，然而我好奇周先生的女儿何以知道我的行程？他在电话中略显吃惊地跟我说：我女儿是古籍书店的副经理，你不知道这个情况吗？闻其所言，我猛然想起，其实两年前，杜老师就告诉过我这件事，可惜我记忆力不佳，早已忘记此事。周晶又跟我说，他已经请齐鲁书社的领导安排了车，到时候带我前去寻访。

　　转天早上八点多，周老师说他已到酒店楼下，我赶快从餐厅跑过去。周老师介绍我认识了两位朋友，一位是齐鲁书社教育图书出版中心主任刘玉林先生，另一位则是该社学术图书出版中心编辑武良成先生。刘先生是第一次见面，周晶说刘先生所在的中心其实就是做教辅，乃是社内最赚钱的部门。刘先生看上去年纪不大，却在这等要害部门，看来在经营上确实有两下子。武良成先生虽也是初次见面，但我们通过电话，这是因为该社著名的以书代刊读物《藏

书家》乃是由他来主持。巧合的是，《藏书家》有三位特约撰稿人，而这三人就是杜、周两位老师再加上我。如此说起来，我跟齐鲁书社至少有了近二十年的渊源，然而我的济南寻访却是第一次给该社添麻烦，想到这一层，心下顿感坦然。

寒暄过后，周先生却没有让我上车的意思，他说昨日听闻了我要寻访的几处古书街，这些地方都处在济南的老城区内，而那一带停车十分困难，所以他建议，将社里的车停在酒店门口，然后我们一同乘公交或者打的前往。他的这个说法让我略感意外：既然开车前来，何必再要乘公共交通工具前往。但我觉得我第一次跟刘主任见面，若直言自己的想法，他有可能觉得我太过挑剔，于是恭敬不如从命，跟三人走到了旁边的公交站。过来两辆公共汽车都不是我们要去的线路，而恰好一辆出租车却停到了附近，看来这是天意，我四人上车，直奔旧城区而去。

关于寻访地点，我事先跟周晶做过沟通，其实我的信息得自于张景栻先生的《济南书肆记》一文，该文中简略地说道：

> 书肆及古玩店，多设于城内省政府前街（旧布政司大街）、省政府东街（旧布政司小街），以及迤东之芙蓉街、东花墙子街、辘轳把子街、曲水亭街、后宰门街等处。

当我告诉周晶自己要看这几条街的时候，他立即就说出："你是看张景栻的文章了解到的信息吧。"我吃惊地问他何以知之？他严肃地跟我说："这篇文章发表在《藏书家》第二辑，当时我还在社里编这本杂志。"既然如此，这事情就简单了，找到了如此熟悉济南旧书店的人，这给我的寻访肯定带来很多的便利。

然而在前往老街的出租车上，这三位先生对于从哪条街转起产生了不同的意见。我对济南的老街巷完全不熟悉，只能听他们争论一番，而后达成了一致的意见：从省府前街转起。这马上让我想到了张景栻在文中的所言，因为那篇文章就是把该街作为第一叙述对象，以我的理解，当年的省府前街，应当是济南旧书店最集中的地方。

然而，张景栻在省府前街的后面用括弧注出这条街巷的老名称：旧布政司大街。对于此街名的来由，雍坚先生在其所著《济南城记》中作了如下的解释："元代称宪衙街，那时省府大院一带是'山东东西道肃政廉访司'驻地，肃政廉访司简称'宪司'，其官署衙门简称'宪衙';明洪武元年（1368），置山东行中书省，治济南府，洪武九年（1376），山东行省改置山东承宣布政使司，布政司前的南北巷大街因此称'布政司街'。清沿明制，布政司俗称'藩司'或'藩署'。不过藩司前的街道做了更细致区分，布政司街改称'布政司大街'，其北端东西向的街称'布政司小街'。"

雍坚在这段解释之前，先说了一句："省府前街，自古及今这里一直是条'官道'。"前面的索引乃是"古"的情况，接下来雍坚则谈到了辛亥革命后直到1945年日本投降前的情形，而后他又讲道："1948年9月济南解放，次年4月，共产党领导下的山东省人民政府由青州迁至此。布政司大街因此改为省府前街，布政司小街

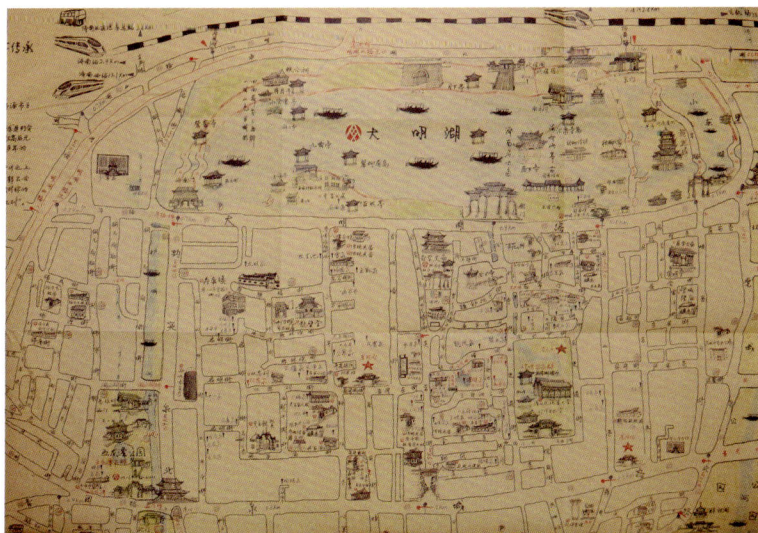

济南的旧书店都处在老城区的左下角

则进一步细化为省府西街和省府东街。"

雍坚的这番解释高度概括地说明了这条街的历史沿革，那么既然这里始终是一条官道，何以出现了许多的旧书店呢？雍坚又在其文中提及："新中国成立前，省府前街是济南城内的一条文化商业街，书籍、笔墨、古董、裱褙、印刷店铺鳞次栉比。"

然而，当我们的出租车停到省府前街时，在这里却未曾看到任何的新旧书店。周晶解释说，这条街在十几年前就做了拓宽，街两边的老房子全拆光了，所以已没有可能再看到当年旧书街的原貌了。而今的省府前街，展眼望去，宽阔宁静，路中及两侧的绿化搞得很好，只是没有了应有的旧味。不过，在我等下车之处的马路对面，却看到了一座新的石牌坊，虽然是新做，但毕竟是古式，于是

省府前街

我在省府前街的探看，就从这座牌坊开始。

走到牌坊近前，看到其左边并列着三块古碑，站在碑前细看，上面的文字已经模溯不清，然而螭首和碑身却为旧物，只是碑座为新补配者。刘玉林介绍说，这三块碑乃是山陕会馆当年的旧物。对于这三通碑是如何躲过劫难保留至今，雍坚在《济南城记》中有如下描述："该建筑始建于清乾隆三十九年（1774），一百多年后又再次扩建，占地3亩多，有房屋83间。'文革'期间，为建济南四十中的宿舍而拆除。这个会馆雕梁画栋，各种精美的石雕、砖雕、木雕一应俱全，当时拆得非常可惜。幸运的是，拆除山陕会馆时，立在馆内的3通石碑因太高太大，被留在了原地。1976年，居委会盖房子时，又把它们砌进了一栋平房的东墙中。东墙外是一个死胡同过道，碑刻存在的事情自此便很少有人知道。平房里的住户是一位非常热爱济南历史文化的人，为了使这三通石碑免遭破坏，这么多年来他一直守口如瓶。于是，这批记载山陕会馆历史档案的珍贵碑刻便完好无损地保存了下来。"

看来，在那运动如火如荼的年代，还是有有识之士，认为这样的胡闹不会长久。正如刘欢在歌中所唱："心若在，梦就在。"当然梦跟心，孰先孰后可以慢慢讨论，但斯文不灭却是人们能够活在这个世上的唯一希望。

关于省府前街上的书店，张景栻在其文中提及了十几家，他所讲到的该街上第一家旧书店乃是大观阁：

　　　　主人王殿检，绰号王疯子，济南人，主营书画。肆设于省府前街路西，匾额为王献唐所书。抗战军兴，献唐先生载书入川，济南沦陷，撤换为伪山东省长唐仰杜书。抗战胜利，唐仰杜银铛入狱，又改为山东省国民党委员庞镜塘书。济南战役结束，庞镜塘被俘虏，关店大吉。三易其匾，人皆笑之。后改业收购废品。

大观阁主人王殿检看来很有政治头脑，他在不同的时期找不同的名人来题匾额，这样的人怎么会得到"疯子"这样的绰号呢？见风使舵的人显然跟疯子是两个概念，但太过机灵者难以经营好古书字画业。在那特殊的年代，也有人会借机发战争财，比如这条街上的敬古斋就抓住了时机：

> 主人王仁敬，历城人，绰号王大个子。专营碑帖，肆设省府前街路东，市房三间。战前时代，聊城杨氏海源阁驻兵，藏书被掠，一军人挟书一柳条箱至肆求售，内皆杨氏所藏善本书，王氏以贱值收得，陆续售出，获利无算。王卒后，其子王升甫能继其业，往来于潍县陈氏（陈介祺家）、新城王氏（王渔洋家），开辟货源。

海源阁乃晚清四大藏书楼之一，另外三座都处在南方，唯有海源阁处在北方的山东，其藏书质量之高自不待言，正因为如此，海源阁两次遭到劫掠。敬古斋竟然有机会得到一批自海源阁抢得的善本，难怪大发其财。王仁敬去世后，他的儿子得到了父亲的真传，专门到大藏书家后人那里去征集图书，而他的主要货源对象乃是晚清第一流的金石大家陈介祺。王士禛虽然是清初之人，但毕竟是著名的世家，池北书库的珍藏之物估计到清末还未曾卖完，敬古斋的第二代敏锐地抓住这个机会，得到了大量质量上乘的货源。

对于敬古斋，张景栻有着特别的感情在："王献唐先生于战乱（中原大战）中在敬古斋购得海源阁旧藏黄荛圃手校《穆天子传》、顾千里手校《说文解字系传》，镌刻印章曰'顾黄书寮'。50年代初，献唐先生告我'黄校《穆天子传》已出让于周叔弢'。余为之惊叹，坚请其顾校《说文系传》割爱时勿再让与他人。先生旋即举以归我。"

文献大家王献唐有顾批、黄跋各一部，为此他把自己的堂号改为"顾黄书寮"，可见王献唐是何等看重这两部珍藏。而这两部书却全部是得自敬古斋，从这个侧面也可知道，敬古斋经营路份是何等之高。后来王献唐因为缺钱，把黄校本《穆天子传》卖给了天津大藏书家周叔弢。张景栻闻听此况，几经要求，终于把顾千里所校《说文系传》收入囊中。几十年来，虽然张景栻有一度生活十分困难，但这部顾校他却始终未曾出售。十余年前，我从杜泽逊老师那里听说，张景栻所藏有出让意愿，为此我特地跑到济南，去跟泽逊老师商讨此事。我从他那里听到了张家后人在财产分配方面有着很多的争议，杜老师劝我别急，说慢慢帮我想办法。然而，此后的变化均出我等预料之外，最终这件顾批以及张景栻的其他珍藏均未能到手。

本次到达济南后，我又向杜老师问到了张景栻藏品的归宿，他告诉了我一些新情况：张老先生在前几年已经去世了，经过法院的判决，张景栻的藏品可能要做出分割。不知道这部顾校《说文系传》现在落在谁的手中，真盼望着能够有奇迹出现，无论怎样的辗转，而我最终能得到这部珍本。

　　虽然省府前街已经拆得没有了痕迹，然而与此街相并行的一条小街却保留着当年的原貌。此街的名称为鞭指巷，听来略显怪异。关于该巷名称的来由，按照传说，是乾隆皇帝游览济南时，看到这条街十分热闹，于是用马鞭指着这条街问大臣们此街叫什么名称，而刘墉借机拍马屁，他说皇帝既然用玉鞭指此街，那这条街街名当然就是鞭指巷。

　　这个传说是真是假倒没什么关系，重要的是经过了皇帝的一

鞭指巷

指，到了光绪九年，这条小巷内出了一位状元，此人名陈冕。在那个时代，能够考取状元，可谓是一举成名天下知，不仅祖宗荣耀，在本市甚至本省都是人们长久不息的议论话题。

状元陈冕是否藏书我并不了解，然而状元的院落总还是愿意进去看一看，万一我的脚步踏在了状元的脚印之上，说不定自己的文笔也能有所提高。可惜的是，状元府仍在，然而门口却贴着"禁止入内参观"的告示。我想沾点文气的想法，瞬间被打碎，只好听其门前几位歇脚的清扫工人向我骄傲地讲述着状元当年的轶事。

其实当年的布政司大街不仅有一些旧书店，还有很多的刻书处。此次在济南见到了唐桂艳老师，她送给我她的大作——《近代山东刻书史》，该书煌煌三大册，里面全面收录了济南在清代时期

陈冕状元府

的刻书作坊，而有不少的街铺就处在布政司大街，或者说在省府前街上。比如该书中写道：

> 周藻斋至迟于同治十一年开业，地址在济南布政大街。鸿文堂是个刻字铺，地址在布政司大街南头路西，同治十三年前开业。刻有《妇幼五种》五卷，刻印非常精，有乾隆风格。
>
> 德华堂只是个刻字铺，为别人或机构刻书，地址在布政司大街南头西，至迟在光绪九年开业。德华堂有刻工叫王少南。所刻有《救生船》《小学人子礼》《志远堂全集》等，刻印质量上乘。

除此之外，还有多个刻书处处在这一带，我在此无法一一详列。转完省府前街，周晶等把我带到了省府东街。此街就是张景栻所说的旧布政司小街，看来大街跟小街确实有区别，东街跟前街比起来，宽度不到前者的三分之一。此街的前段有几处新建筑，后半段则建成了仿古街。虽然是仿古，但毕竟也比那些没有特色的新建筑让人感觉舒服。对于当年东街上的旧书店，张景栻谈到的第一家乃是集古堂：

> 集古堂设省府东街西首路北，门市房二间，商号匾额为刘春霖状元所书。贡世卿、贡文毓、王茂卿三人合资经营。贡世卿与王茂卿先后退出，归贡文毓自营。然柜架全无，店徒四壁，陈书于地而卖之。不二年即退房歇业，于集市上摆摊

撅地，潦倒穷困而终。文毓为贡世卿族侄，为人诚笃而讷于言辞，售书不持高价，零星书册则赠送不受值，乃书业中之君子。

从地理环境上看，前街与东街乃是90度的相交，前街将鞭指巷和东街分为两段，如此说来，鞭指巷也同样是跟东街有着90度的相连。集古堂设在了东街路口的第一家，距鞭指巷不足30米，该书店的堂号乃是请另一位状元刘春霖所书，如此推论起来，说不定也是想暗示陈冕状元府就在其旁。

集古堂乃是由三股合资经营，后来该店归贡文毓一人，看来他买下了那两人的股份。可惜的是，这位贡文毓不是经营型人才，自营没两年集古堂就倒闭了。而倒闭的原因，张景栻将其归为性格所致。这位贡文毓为人诚实而不善言辞，卖书的价格也比别人低，并且常常还赠送一些书给爱书人。张景栻把贡文毓称为书界中的君子，然而君子却未曾得到好报，这个结果真不知让人说什么好。

有着同样经营风格的书商，张景栻在文中还讲到了汉宝斋主人刘寿亭。汉宝斋也开办在省府东街路北，对于此人的经历，张景栻在文中写道：

　　曾于淄川西铺购得明户部尚书毕自严万卷楼遗书《度支奏议》，售得善价，载《山东省图书馆季刊》。50年代初关店，于集市出摊。南门外新桥街有住房一所，以兴建济南剧院被拆迁，流落以死。其为人颇豪爽，售物不居奇、不持高价，能谋取一醉而快然自足，可谓廉贾。

看来，刘寿亭也曾买到过好书，然而此人亦是书商中的豪爽之士，他卖书不图高价，只要能赚出壶酒钱来就觉得满足。可惜，当年的强拆使得他流离失所，而后竟然为此而逝去。这样的人也同样是如此的结果，这让我突然意识到：张景栻所写的《济南书肆记》，虽然貌似平铺直叙地记录下一些事实，然而他用的却是春秋笔法，在平缓的叙述中蕴含着他的褒贬。

集古堂股东之一的贡世卿却是一位有经验的书商，但有本事却比不上有运气，张景栻在文中写道：

贡世卿，河北省衡水县人，北京某书店学徒出身，流寓济南，以贩书为业。退出集古堂后，个体流动经营。50 年代，生意萧条，难以维持生计，已准备还乡，至舍间辞行。适城内蕃安巷萧氏藏书散出，省府前街张英麟家藏书论斤出卖，陆续购售，获利甚丰，遂卜居于省府东街路南。1957 年，公私合营，并入古籍书店。退休后病卒，年八十余岁。

这位贡世卿是衡水人，并且在北京书店当过学徒，而晚清民国间的琉璃厂经营旧书者，基本上是衡水帮的天下。如此说来，贡世卿也曾经在琉璃厂卖书，然不知什么原因，他却来到了济南。在这里他仍然干老本行，从集古斋退股之后，独立经营卖书。可惜生不逢时，20 世纪 50 年代初期，已经很少人买古书，贡世卿无法以卖书营生，于是他准备返回衡水。正在此时，省府前街出现了一份藏书家的整份旧藏，贡世卿抓住了这个千载难逢的好机会，他凭自己的眼力从中挑选出真正的善本，以此发了一笔财。于是他就不再返回家乡，在省府东街觅得一处住所，由此而定居下来，直到 1957 年公私合营并入了古籍书店。贡世卿活到了八十多岁，这当然算是善终，他比那两位好人不得好报者的结局要好得多。

跟随三位先生从省府东街一路穿行，这一带全部建成了商业旅游街。街边的商品确实琳琅满目，虽然有些纪念品与其他地方大同小异，然这并不影响游客的热情。这天正赶上周日，街上的行人称

泉眼在店内

得上是熙熙攘攘。好在这一带都被建成了步行街，在这条街上闲庭信步，倒也能够让自己感受市井的美好。在狭窄的小街上，看到某家商店的门口写着"武库泉"三个字，刘玉林介绍说，这是济南著名的七十二泉之一。然而这个名泉怎么会包在了某家商铺的屋内？周晶说，随着城区的变迁，很多名泉不是进了别人的屋，就是处在他人的院中。看来这个情况并不稀见，我探头探脑走进这家小店，果真在店内看到了那眼古泉，而泉水的旁边一个大铁盆内泡着许多瓶饮料，名泉冰镇这倒是很好的商业噱头。

继续前行，穿到了芙蓉街上，此街也同样是窄窄的一条小巷。然而此街上却少有商铺，从热闹的步行街走入小巷，顿时感到了少有的清静。这条街上也曾经开办有旧书店，张景栻在文中称此街有一家郑氏书铺：

> 主人郑某，佚其名，绰号郑大个子。肆设芙蓉街北首路东，门市房一间，专业旧书。郑氏售书好持高价，顾客议价不成交，出门离去，追回再议，仍不成交，再离去，再追回。三进三出，七擒七纵，仍未必成交，顾客苦之，多裹足不前。抗战胜利后歇业。

而今站在此街的北口，却看到的是一家住户，位置仍在，书店没有了踪影。想来，书铺主人郑大个子不谙经营之道，他的售书方式近似于漫天要价就地还钱，但他的那种执着劲儿却让人佩服。可惜他的经营方式让爱书人颇为不喜，渐渐的少有人到他店中买书，这样的书店当然经营不久就会歇业。

　　穿过芙蓉街来到了文庙门前，文庙在当地又被称为府学，曾经是山东省图书馆的所在地。来到济南，这里当然要看一看。关于文庙的具体情形，牛国栋在其专著《济水之南》一书中写道："1902年，山东巡抚周馥在贡院内创办'师范学馆'，即后来的济南师范学校。清政府于1905年废除了有着一千三百余年历史的科举制。此后，至公堂以南建成提学司署；监临院以北改建为济南府中学堂，即济南一中的前身，又在提学司署东建模范小学，后为省立第一实验小学。东新号改建为省立图书馆。"

　　来到文庙门前，我远远地看到山门的右侧有着醒目的售票处，于是前往那里买票。然而刘玉林却坚持由他来购票，他那强壮的身体我当然推搡不过。然而售票处内却空无一人，刘玉林只好到入口处问之，对方回答这里早已免票。既然如此，把售票处搞得那么醒目有什么用呢？工作人员对我的质问不予回答。

　　文庙之内果然安静，一路走过，在泮池旁看到一位中年妇女站在高台之上向一群孩子介绍着这里的历史。我觉得这个场景很是励志，未承想讲解人突然停了话语向我怒目而视，这真是煞风景的事。我只好继续着自己的参观之旅。

　　一路看下去，虽然这些大殿都做了重新修整，但刘玉林告诉我，这些修整均是在原址上的翻盖与维修，固有的格局未曾破坏。而我在路的两旁又看到了一些古老的刻石，看来这是当年文庙内的残留之物。对于文庙的修建，牛国栋在《济水之南》中又有如下的记录："1934年，大力提倡'尊孔'的韩复榘，组建成立了山东孔教会，筹款修缮了文庙，他带头捐款两万元，蒋介石捐了五万元。1936年8月28日，济南各界在文庙举行祭孔典礼大会。孔子七十七代嫡孙、最后一位被袭封为'衍圣公'、国民政府改封'大成至圣先师奉祀官'的孔德成在典礼上发表题为《信与忠恕》的讲演。祭孔当天，省政府各部门还放了公休假。"

走入大成殿，这里乃是文庙的主殿，孔子与他的著名弟子端坐于此，里面还有工作人员在，我不清楚这里是否允许拍照。还未等我张口询问，武良成就跟那位工作人员打招呼，原来他们相识。在中国最有用者就是熟人，果真熟人好办事，工作人员一边给我讲解，一边让我在这里随意拍照。

参观完大成殿，来到了最后一进院落，按照固有的格局这里应该是尊经阁，果真此处有一阁矗立。尊经阁原本是文庙的藏书之处，而今站在门口望进去，已经看不到任何书的痕迹。

尊经阁的旁边就是文庙的后门，从后门走出，眼前所见就是济南最著名的景点——大明湖景区。由此右转，前行不足100米，其正前方就是大明湖的正入口。周晶介绍说，在这附近原本也有几家旧书店，他小的时候常到这一带来买书，而今这里都建成了商业的门面房。

与大明湖牌坊正对着的一条小街名为"曲水亭街"，而今也同样是步行街。走上该街的感觉像是踏上了湖堤，其左侧湖中正在安放大型的水上景观，那个景观是一个巨大的球体，旁边有一个充气的白兔造型，看来是在给中秋节做准备。

曲水亭街当年也有一些旧书店，张景栻在文中谈到该街上有一

$\dfrac{1}{2}$

1. 尊经阁　2. 曲水亭街

家"居家书铺"。对于该书铺的情况，张在文中写道：

> 主人居万祥，济南人。肆设曲水亭街路东，门市房一间，专营旧版书籍。刘伯峰先生时以藏书托卖，亡友盛北溟先生亦常与交易。居氏病死，学徒郑守珠继其业。郑历城人，公私合营后并入新华书店，售卖新书。郑于旧书版本颇为熟练，用非所长，殊属可惜。退休后回原籍。

看来，该书店主人郑守珠也对版本很内行，可惜公私合营后让他卖新书，这使得他一肚子的本领无处施展。而此街之中还有一家鉴古斋，该书店的主人名李子谦：

> 肆设曲水亭街北首路东，门市房二间。主营书画，间售旧书。问津乏人，门虽设而长关，年逾七十，日挟书画包裹仆仆于公共汽车道上，或彳亍独行于街巷之间，投其所好，送货上门。文化大革命中，肆中字画书籍，扫数抄出，付之一炬，回家后郁郁而卒。

看来这位李子谦虽然不善经营，却很是勤奋，可惜他省吃俭用积攒下来的字画古书在"文革"中全部被烧毁了，这个惨痛的结果使得店主人李子谦抑郁而终。

穿过曲水亭街，在其拐角处看到了泮壁街，其实此处就是文庙的侧墙外。而这一带原本也有不少的旧书店，牛国栋在《济水之南》中写道："与府学相连的几条陋巷，依然是古旧的气息。原先府学文庙的东西院墙，是青砖砌成的花墙，因此府学东西相邻的街道则分别叫东、西花墙子街。紧靠泮池的东花墙子街，早年很繁盛。像孙辑五的古籍书店聚文斋、良辰照相馆、郭大锥剪子铺、裱画店、古董店，还有饭馆等。"

从泮壁街旁边走过继续前行，见十字路口右转，这里就是辘轳把子街。走上这条小街，两侧仍然是一些老房子，临街之房有的开成了门面，售卖着一些当地的小食品。关于此街名称的来由，刘玉林说，我往前走一走就明白了。果真前行不到 50 米，这条街就出现了 S 弯，想一想这条街的形状果真与水井上的辘轳把很相像。在该街的 10 号院门口看到了一副对联，此对联的下联为："家有藏书自得师"。看到"藏书"二字让我眼亮，很想入内看一看家中到底有多少藏书，可惜院门在里面插着，未能看到其中的究竟。

从辘轳把子街走出，而后沿曲水亭街继续向前走，前行不远，就在路边看到了一个休闲吧的招幌。这个招幌的下方用小字印着"路大荒故居 8 号院内"，如果不留意的话，很容易从此错身而过。

走进小胡同，在斑驳的墙上看到了路大荒的介绍牌，该介绍牌上有如下一段话："路大荒是杰出的聊斋学研究先驱，是版本目录学专家，是中国收集占有蒲松龄手稿最多的一个学者，在众多学术领域具有很高的造诣。"这段话的下方还有几段路大荒的生平简介，主要讲述的是他对蒲松龄著作的收集与研究，文中却完全未提及他也曾开过旧书店。

张景栻在《济南书肆记》中讲到了聚文斋，这段话中提到了路大荒：

> 主人彭辑五，河北冀县人。肆设东花子街路东，门市房三间，专营古旧书籍。伙友数人，能装修书籍、制作书套，破书烂册，皆能金镶玉嵌，修补完整。亦好作伪以欺人，手段不甚高明。约在沦陷时期病卒。留伙友二人，继续营业，支撑残局。后将店底倒与路大荒之亲戚某，由大荒主其事，不久即歇业。

看来，这家书店虽非路大荒所开办，然而他却有一度是这家书店的实际管理者。对于路大荒的情况，张景栻在文中又写道：

> 卜居于大明湖畔秋柳园，后移居曲水亭街河东。于金石、书画、书籍皆有所藏，尤注意搜集乡贤手迹。晚年服务于山东省图书馆，"文革"中惨遭迫害，一病不起，卒年七十余岁。后平反昭雪，开会追悼，余挽之以联云："网罗三百载，集聊斋之大成，柳泉故居共说鬼；论交四十年，忆秋园于旧梦，曲水新亭独怆神。"

看来路大荒跟张景栻的关系还不错，他去世后，张特意撰写了挽联。今日走到路大荒故居门前，却见这里上了锁，从外观上看，这处旧居的面积很小，然而围着四周转了一圈却始终绕不进去。后来

濯缨泉

还是武良成有办法，他注意到路大荒故居的侧邻有一架登楼的小铁梯，此铁梯也被栏杆围了起来。武良成并没费什么力气就翻了过去，我将相机递给他，请他帮我拍下路大荒故居内的情形。回来翻看照片，看到故居院中仅有一棵臭椿树，余外还是看不到什么情形。

而后，沿着步行街继续探看，一路上又看到多个名泉的泉眼。为什么在北方的济南会有如此充沛的地下水？刘玉林向我讲解当地特殊的地貌，而我们在一个老街区内，还看到了像游泳池那么大的泉水。周晶说，以前这里有不少人前来冬泳，现在封闭了起来，不让人下水。这个大泉眼名字就叫"濯缨泉"，洗帽子都可以，何况于游泳了。然而转念思之，这么珍贵的泉水用来游泳或洗衣服，怎么说都是一种浪费，可是地下涌出的泉水乃是上天所赐的福利，即使不用它，它也会日夜不停地流淌。

看完泉水我们又重回芙蓉街，与摩肩接踵的行人一起踱步，看着路边花样繁多的美食，方想起此刻早已过了12点。于是跟随刘玉林走进一家饭店，听他讲述着在出版方面的趣闻逸事，由此也让我了解到：他虽然主业是搞教辅，个人偏好则在文史研究。看来有些事情只有深入了解，才能得出较为准确的认识。而张景栻在济南书界内混迹其间几十年之久，难怪他能够写出《书肆记》，如果没有这样一位有心人，那么我的济南书肆寻访就不会有痕迹可寻。想到这一层，当然要感念这位爱书前辈。

北宋极盛　民国渐亡
开封大相国寺书肆

　　从北宋开始，大相国寺就成为了最著名的图书流通市场。靖康元年之后，这个书市虽然有了简短的萧条，但在金元时代又渐渐兴旺了起来，直到民国年间，大相国寺依然是开封著名的图书交易市场。郑士德在《中国图书发行史》中说："北宋都城开封即东京汴梁，是全国的政治、经济、文化中心，也是全国书业中心，相国寺书市是开封图书市场的重要组成部分。"杨玲在其专著《宋代出版文化》一书中也有着同样的论述："汴京作为北宋都城，商品经济繁荣，书肆比比皆是，相国寺附近书籍买卖十分兴隆，政和年间京师印卖张舜民的《画墁集》，'售者至填塞衢巷'（《四库全书提要》卷一五四）。可见当时图书市场之大，社会需求量之多。"

　　开封在北宋时期乃是首都，当时很多著名文人都在此任职。而宋朝扬文抑武，文人的地位最为尊崇，这些文人在京期间当然常转书市去买自己需要的书籍，因此他们跟这些书市也就发生了不少的故事。宋朱弁在《曲洧旧闻》中有这样一段记载：

　　　穆修伯长，在本朝为初好学古文者。始得韩、柳文集善本，大喜。……欲二家文集行于世，乃自镂版鬻于相国寺。性

寺门前的业态

优直，不容物。有士人来，酬价不相当。辄语之曰："但读得
成句，便以一部相赠。"或怪之。即正色曰："诚如此，修岂欺
人者。"士人知其伯长者，皆引去。余犹笑其不达，夫欲卖则
卖耳，何必问人能读韩、柳文乎，更何必平白赠人，使人闻而
引去也。

　　这段话中所记载的穆修，乃是北宋时期著名的文士，他的文章
曾受到过欧阳修的夸赞，可见其文采不低。这位穆修很有个性，因
为他喜欢韩愈和柳宗元的文章，所以就将这两位大文豪的书籍刻版
发行，然后将自己印出之书拿到相国寺去售卖。

　　显然，这是一种生意，可是这位穆修却不按市场规律来办事，有人给价过低，他就跟买主说：你要能背出这两部书中的句子，我就拿一部书免费赠送给你。他的这个做法受到了很多人的嘲笑。这种做生意的方式显然违背了俗语所说的"买卖和气赚人钱"。穆修在相国寺以这种奇特的方法卖书，其效果究竟如何呢？宋魏泰在《东轩笔录》中载有该事：

> 本朝穆修……晚年得《柳宗元集》，募工镂板，印数百帙，携入京相国寺设肆鬻之。有儒生数辈至其肆，未评价值，先展揭披阅，修就手夺取，瞑目谓曰："汝辈能读一篇不失句读，吾当以一部赠汝。"其忮物如此，自是经年不售一部。

魏泰的这段记录更为形象。穆修在相国寺内摆摊卖书，有读书人上来翻看这些书，穆修上前一把夺回了自己的书，而后闭着眼跟对方说：你能把其中一篇断句不错的读下来，我就送你一部。他的这种做法显然做不成生意，果真他在相国寺摆摊一年，一部书都没卖出去。对于穆修的这个故事，戚福康在其专著《中国古代书坊研究》中称："文人穆修开的是临时性的书坊，而地点代办也是在相国寺，出售自刻的韩、柳文集，至于他是否成功，我们姑且不论，有一点应引起我们的注意，那就是连临时营业的书坊也开在大相国寺，那些较长期的经营刻书业书坊也可能多在大相国寺一带。"

到相国寺买书的著名文人，还有李清照、赵明诚夫妇，俞正燮在《癸巳类稿》中有这样一段记载：

每朔望，明诚太学谒告出，质衣取半千钱，步入相国寺，
　市碑文果实归，夫妇相对展玩咀嚼，自谓葛天氏之民也。崇宁
　时，有人持徐熙《牡丹图》，求钱二十万，留信宿，计无所出，
　卷还之，夫妇相对怅怅者数日。……易安性强记，每饭罢，与
　明诚坐"归来堂"，烹茶，指堆积书史，言某事在某书几卷几
　叶几行，以中否决胜负，为饮茶先后，中即举杯，往往大笑，
　茶倾覆怀中，反不得饮而起。

这对神仙夫妇经常带着钱到相国寺去买书买碑帖买古玩，他们曾经
看到一幅名画，可惜价格太高买不下来，虽然这个结果有些遗憾，
但他们有自己的快乐方式，那就是回到家中煮茶看书，并且进行智
力游戏。只要说到某件事，就要指出这件事出自某本书的第几页第
几行，以此来决定谁先喝茶。这对夫妇同时也是宋代著名的藏书大
家，他们常到相国寺去买书，由此也可见，当时的相国寺书肆是何
等繁荣。

　　何以见得当时的相国寺所卖有古书而非都是新书呢？宋张邦基
在《墨庄漫录》卷二中记载了一种"香方"，经过一番细致的叙述
之后，该文中又有这样的表述："此方魏泰道辅强记面疏以示洪炎
玉父，意其实古语。其后于相国寺庭中买得古叶子书《杂抄》，有
此法，改正十余字。又一贵人家见一编，号《古妆台记》，证数字，
甚妙。予恐失之，因附于此。"

　　张邦基认为，有些制香方式失去了古意，后来有人在相国寺买
到了"古叶子书"《杂抄》，上面恰好有这种香的制作方式，而后此

人以这部"古叶子书"来校正当时的文献，竟然校出了十几个字的不同，同时张邦基还在他人家中看到了一部《古妆台记》。

关于何为"古叶子书"，郑士德在《中国图书发行史》中称："这里所说的古叶子书，是指唐代出现的经折装书。经折装的单幅，形式好像一片树叶，唐代人称它为叶子书。"

郑士德认为"古叶子书"就是唐代的经折装，但以我的看法，当时的缝缋装或者粘叶装外形更像叶子，而这种装帧方式乃是唐代之前所使用者。如此说来，当时的相国寺也出售古书。

对于到相国寺去卖书的著名文人，郑士德在专著中还记有如下一个故事：

> 毋昭裔的后人也在开封设立书坊，印书出售。如前所述，宋太祖发现毋氏书板是自家出钱所造，诏令把书板还给毋氏后人。这时，毋昭裔的长子毋守素已在宋朝担任工部侍郎，开宝初年（968），任国子祭酒。毋氏书板如《文选》《初学记》《白氏六帖》及九经等已运到开封，由守素的家人经营印售。

这段话中所提到的"如前所述"，乃是指《分门古今类事》卷十九引《纪异录》中所载的一个故事。毋守素的父亲就是后蜀的宰相毋昭裔，此故事中讲到：

> 毋公者，蒲津人也。仕蜀为相。先是，公在布衣日，尝从人借《文选》及《初学记》，人多难色。公浩叹曰："余恨家

贫，不能力致。他日稍达，愿刻板印之，庶及天下习学之者。"
后公果于蜀显达，乃曰："今日可以酬宿愿矣。"因命工匠日夜
雕板，印成二部之书。公览之，欣然曰："适我愿为。"复雕九
经诸书。两蜀文字，由是大兴。

这是个有名的故事。当年毋昭裔因为家里穷，买不起书，想从别人
那里借书来读。可是他人的难看脸色令毋昭裔大为感慨，于是他发
誓只要自己有一天发了财，一定出钱把这两部书刊刻出来，以便让
天下人都能读到。有志者事竟成，他果真做到了一人下之万人之上
的宰相，于是就出钱把这两部书刊刻了出来。此后他又刊刻出了更
多的书，这些书在蜀国流行开来，终于使得当地的读书人渐渐多了
起来。

宋太祖建立宋朝之后，命王全斌带领六万军队攻打后蜀。65 天
后，王全斌打下了成都，后蜀皇帝孟昶投降，太祖命令孙逢吉把后
蜀的藏书都运到开封。这件事记载于明代焦竑的《焦氏笔乘》中：

泊蜀归宋，豪族以财贿祸其家者十八九。会艺祖好书，
命使尽取蜀文籍诸印本归阙，忽见卷尾有毋氏姓名，以问欧
阳炯。炯曰："此毋氏家钱自造。"艺祖甚悦，即命以版还
毋氏。是时，其书遍于海内。初在蜀雕印之日，众多嗤笑。
后家累千金，子孙禄食，嗤笑者往往从而假贷焉。左拾遗孙逢
吉详言其事如此。

讲到这里就可以接上郑士德先生的那段话了。这位毋守素得到书版之后，就让家人买纸刷书，而后开书店售卖。这个经营活动持续了50多年，但是这些书版后来又归了朝廷，《宋史·毋守素传》中称：

> 昭裔性好藏书，在成都令门人勾中正、孙逢吉书《文选》《初学记》《白氏六帖》镂板，守素赍至中朝，行于世。大中祥符九年，子克勤上其板，补三班奉职。

在大中祥符九年，毋守素的儿子毋克勤把其家所藏的书版献给了朝廷，为此得到了封官。这倒也是书界有意思的一个小掌故，唯一可惜者，则是难以确认毋家在开封所开书坊是否处在相国寺内。

但是，相国寺的的确确在北宋时期有很多的书店。关于此事，相关的研究文章大多会引用宋孟元老在《东京梦华录》一书中的记载。那么，为什么孟元老的记载就可靠呢？因为《东京梦华录》一书乃是孟元老亲眼所见的事实，他在该书的序言中说：

> 仆数十年烂赏叠游，莫知厌足。一旦兵火，靖康丙午之明年，出京南来，避地江左，情绪牢落，渐入桑榆。暗想当年，节物风流，人情和美，但成怅恨。近与亲戚会面，谈及襄昔，后生往往妄生不然。仆恐浸久，论其风俗者，失于事实，诚为可惜。谨省记编次成集，庶几开卷得睹当时之盛。古人有

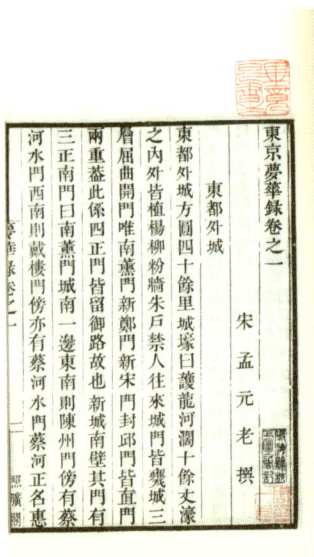

孟元老撰《东京梦华录》民国十一年上海商务印书馆影印张氏照旷阁本，卷首

> 梦游华胥之国，其乐无涯者，仆今追念，回首怅然，岂非华胥
> 之梦觉哉！目之曰《梦华录》。

这位孟元老在繁华的东京汴梁游玩了几十年，直到靖康元年金人打来之时，才逃到了江苏一带。流落他乡使得他更加怀念在开封时的美好生活，他跟亲戚们见面时讲述到当年的趣事，但后人未曾亲睹过这些事情，所以他的所言少有人信。这种情形促使他把当年的所见所闻记录下来，希望留一份真实在世间，这就是《东京梦华录》一书的来由。而该书的卷三有"相国寺内万姓交易"一节，此节中称：

> 相国寺每月五次开放，万姓交易。大三门上皆是飞禽猫犬之类，珍禽奇兽，无所不有。第二、三门皆动用什物。庭中设彩幕露屋义铺，卖蒲合簟席、屏帏洗漱、鞍辔弓箭、时果腊脯之类。近佛殿，孟家道冠、王道人蜜煎、赵文秀笔及潘谷墨。占定两廊，皆诸寺师姑卖绣作、领抹、花朵、珠翠、头面、生色销金花样、幞头、帽子、特髻冠子、绦线之类。殿后资圣门前，皆书籍、玩好、图画及诸路罢任官员土物香药之类。后廊皆日者货术、传神之类。

当时的相国寺乃是个五花八门的大集市，里面有飞禽走兽、日用百货以及各种食品，当然还有专门的售书之处，就在相国寺大殿后面以及资圣门前。可能是因为这个市场太过兴旺，以至于寺内盛不下，于是有些店铺开到了相国寺的门外，孟元老在该书的"寺东门街巷"一节中说：

> 寺东门大街，皆是幞头、腰带、书籍、冠朵铺席，丁家素茶。寺南即录事巷妓馆。绣巷皆师姑绣作居住。北即小甜水巷，巷内南食店甚盛，妓馆亦多。向北李庆糟姜铺，直北出景灵宫东门前。又向北曲东税务街、高头街。姜行后巷，乃脂皮画曲妓馆。

寺东门之外有一条大街，这条街上也有书铺。然而有趣的是，在此寺的南边还有一条小巷，乃是妓女集中之地，除此之外，还有几条小巷也是这样的花花世界。妓院伴着佛寺，这倒是一并解决了人们的物质需求与精神需求，可是书店为什么杂厕其间？这倒是我没弄明白的一件事。

然而这位孟元老是亲眼目睹之人，当是所言不虚。《梦华录》一书中不但记录了市井故事，同时还记录下了不少大内里的活动。这位孟元老究竟是什么人？他怎么能了解到这么多事情？《四库全书总目》在给《东京梦华录》所写的提要中说："宋孟元老撰。元老始末未详，盖北宋旧人，于南渡之后，追忆汴京繁盛，而作此书也。"

看来四库馆臣也不知道孟元老的身世，只能说他是北宋时的人，流落南方之后靠回忆写出了这部书。也正因如此，后世不断地猜测"孟元老"究竟是不是真名实姓。民国年间，张元济在其所撰《涵芬楼烬余书录》中有《东京梦华录》一篇题记。张在此题记中讲到大藏书家邓邦述藏有一部道光年间常茂徕的抄本，而这位常茂徕在该书中写了一段跋语。此跋非常重要，因为他第一次谈到了这位孟元老究竟是谁：

> 艮岳为一时巨观，且以萃天下之名胜，独缺而不书。谢朴园序指为为宣和讳，以余观之，讳诚是矣，而为宣和讳则非。何则？花石之进，为太守朱勔；艮岳之筑，专其事者为户部侍郎孟揆。揆非异人，即元老也，元老其字而揆其名者也。推元老之意，亦知其负罪与朱勔等，必为天下后世所共指责，故隐其名而著其字。

常茂徕的推测很有意思，他说北宋宫中最著名的建筑就是用太湖石堆砌起来的艮岳。这个艮岳太有名了，可是《东京梦华录》一书中却只字未提，显然这是孟元老的有意回避。他为什么要回避此事呢？因为当年建造艮岳劳民伤财，令天下怨声载道，甚至有人说北宋灭亡就是跟建造艮岳有一定的关系，而当年负责此项工作的官员，就是户部侍郎孟揆。所以，常茂徕就认为《东京梦华录》的作者有意回避艮岳的原因只有一个，那就是孟揆即为该书的作者，并进一步认为，"元老"就是孟揆的字，他在作该书时，为了不遭天下骂而有意不写自己的真名。

　　但是常茂徕的这个说法受到了后世学者的质疑，1980 年第 3 期的《历史研究》中载有孔宪易所撰《孟元老其人》一文，该文中认为孟元老不可能是孟揆，而有可能是孟昌龄的族人孟钺。后来李致忠先生写有《〈东京梦华录〉作者续考》一文，此文发表在《文献》2006 年第 3 期，该文中又举出了《靖康要录》等三个新材料，以此来佐证孔宪易的推论。

　　虽然如此，李先生在其文中也说："因此孟钺是否真的就是孟元老，尚缺乏更直接的证据。"看来，这件事只能由专家们继续研究下去了。但不管怎么样，《东京梦华录》一书确实记载了许多北宋时开封汴梁的繁华景象，而其也成为了书史上重要的引用材料。可惜的是，孟元老在该书中未曾点出当时那些旧书店的具体名称，这为后世研究北宋时的书籍流通，带来了不少的困难。到如今，后人能够知道当时的开封唯一的书店名称乃是"荣六郎书铺"，这个信息得自该书铺所刻《抱朴子内篇》卷二十后所刻的一段广告语：

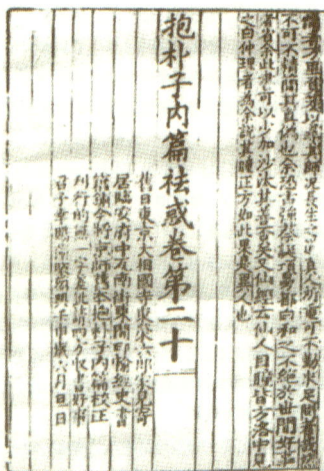

《抱朴子内篇》南宋绍兴二十二年临安荣
六郎书籍铺刻本

> 旧日东京大相国寺东荣六郎家，见寄居临安府中瓦南街
> 东，开印经史书籍铺，今将京师旧本《抱朴子内篇》校正刊
> 行，的无一字差讹，请四方收书好事君子，幸赐藻鉴。绍兴壬
> 申六月旦日。

看来，这家荣六郎书铺原本就在开封大相国寺内搞经营。靖康元年
之后，此书铺主逃到了浙江，在那里重操旧业，又开起了一间书
铺。而后他根据自己带来的书于南宋绍兴二十二年再次刊刻，这也
就是《抱朴子内篇》一书的来由。这段广告的重要性不仅仅是表明
了开封大相国寺内有固定的书铺在，更为重要者则可说明，当年浙
江一地刻书之盛，有一定的原因是跟开封等刻书作坊来到当地继续

营业有关。

金人南侵虽然使得开封的繁华不在，但还是有些书铺在相国寺内继续营业，海继才、温新豪所著《河南出版史话》一书中称："河南私刻起源于唐末洛阳，到北宋已形成一代风气，金代由于中原屡遭战火，河南只有开封、浚县、登封等地保留了零星的私人雕版业，金代开封虽两度暂定为首都，但也只有一些士大夫自刊诗文，并在相国寺卖书铺出卖。"

金代曾有两次把开封定为首都，而那时的文人依然刊刻自己的著作并到相国寺去售卖。这里的售书活动虽然到了清代有所衰落，但依然是主要的售书场所之一。《河南出版史话》一书中称："清代是河南坊刻最为兴盛的时期。刻坊的分布大多集中在开封、周口、洛阳、登封、光州、嵩县、武陟等地。尤以开封的书坊为最。开封的书坊人多集中在北兴街和南北书店街一带，东司门与相国寺附近也有一些较重要的书坊。"

相国寺的书肆直到民国年间依然有经营，王继文在《我在开封经营古旧书业的回顾》一文中，讲到了晚清民国间在开封一地的五家古旧书店，而这其中一家就开在相国寺内：

> 文盛书社：开设于 1934 年，位于相国寺内西院路东原同乐舞台东边拐角处，现相国寺剧场东头。店主人即本文作者，原籍长垣县人。营业室两间。在这里一直经营到 1938 年农历五月初九日。日寇侵入开封时迁移到相国寺东院路西一大间门面内营业。到解放后迁至北兴街路东，1956 年又迁移至东大街

路南门面房一间，仍经营古旧书及旧报纸、旧杂志。解放后无字号。一直经营到 1958 年并入土产废品合作商店书报门市部。该门市部在东大街中段路北，三间门面，即今开封市防疫站西隔壁，经营古今旧书、旧杂志、旧报纸，而以古旧书为主。

如此说来，相国寺的书肆从北宋算起直到民国年间，竟然有上千年的经营历史。这么长的时段，估计在中国也是绝无仅有。

来到开封寻访古书业的遗迹，这大相国寺当然是必访之地。开封图书馆的张家路老师带着我先看了书店街，而后穿过鼓楼一路前行，转到了大相国寺的门前。从所走过的路径看，此寺的侧旁应当就是孟元老所说的"寺东门街巷"，按照他的说法，这一带集中了妓院和书店。当然，到如今，妓院是没有了踪影，书店在这一带也不见一个。按照当地的规划，这条街被建成了商业步行街，两边商铺经营的都是现代之物，书店则全部集中到了鼓楼另一侧的书店街中。但由此可以印证，此街当年与大相国寺一墙之隔，因为里面面积有限，而经营的商铺又太多，所以才挤占到了寺院的外面。

由此可证，在北宋时期，开封一地的书店是何等之多。可惜这样的繁华就如孟元老所说的"梦"一样，到如今我完全看不到了。好在大相国寺依然处在原位，至少能让我走进此寺，凭着想象去感受当年的繁华。

孟元老在《东京梦华录》中一直称此寺为相国寺，而今我在此寺看到的匾额却是"大相国寺"。从历史记载来看，该寺始建于北齐天保六年，即公元 555 年，最初的名称是"建国寺"，而后此寺荒废。到了唐代，该寺成了郑王府中的花园。到唐神龙元年，一位法号惠云的僧人又在原址上建起了佛寺。唐景云元年，李旦继位，因为李旦曾被封为相王，于是此寺就被改名为"相国寺"。

可是到了北宋初年，相国寺在扩建之后又请太宗皇帝题了块匾额，王栐在《燕翼诒谋录》卷二中说："太宗皇帝至道二年，命重建三门，为楼其上，甚雄。宸墨亲填书金字额，曰'大相国寺'，五月壬寅赐之。"看来，到了赵光义时，此寺就由"相国寺"改名为"大相国寺"。可是孟元老只称其为"相国寺"，如此推论起来，他的这种说法只是简称，并非是用古名。

而今的大相国寺门票是 40 元一位，张老师买票后，我二人来到了寺内。因为前一天是元宵节，所以该寺的第一进院落依然挂满了红灯笼，但也因为时节刚过，该寺的游客并不多。游客们入门后，大多会向左方行走。张老师告诉我，这是因为那里有鲁智深倒拔垂杨柳的雕像。我也凑过去观看，果真在那里看到了这尊雕像。但我觉得雕像中鲁智深双手拔起的那棵柳树远不如电视剧里的那样粗壮，也许这尊雕像更为写实吧。按照《水浒传》上的描写，鲁智深来到的寺院就是"大相国寺"，看来此寺加"大"字才是正式的称呼方式。

看罢雕像继续沿着中轴线前行，总体感觉大相国寺的面积远不如我想象的那么大，张老师说而今院落的面积已经比当年小了许多。今日天气晴朗，竟然没风也没雾霾，这让我的心情也十分清爽，可是走到放生池前时，却看到水面上漂着许多人民币的零钱。以往在他地所见者，都是往里扔硬币，而今连纸币也往里扔，不知

藏经楼

这是否表明人民群众的生活水准确实是提高了。但即便如此，我还是觉得这放生池内漂满纸币，总是有碍观瞻。

一直向前走就来到了藏经楼前，在里面未曾看到摆放经柜，所见者则是后方正在建造高大的楼宇。可能是因为场地有限，为了增加面积，只能伸向天空，但这么高大的庙宇我还是第一次见到，说不定这也是一种与时俱进的好办法。一直走到院落的最后方，我也未曾找到一家书店，这样的干净，多少还是让我有点儿失落：哪怕是卖新书，也至少能够表明大相国寺千年以来的售书之业不曾断绝，可惜我不知道应该向什么部门提出自己的建议。

以此为名　天下仅有

开封书店街

宋朝是中国书史上的黄金时代，丘浚在《大学衍义补》中说："宋朝以文为治，而书籍一事，尤切用心，历世相承，率加崇尚。"书籍的繁荣当然也会表现在同时代的绘画之中，郑士德在《中国图书发行史》中称："宋代著名画家张择端的《清明上河图》，生动的描绘了北宋开封城的各种景观，其中就绘有一家名集贤堂的书铺，门面上方高挂'兑客书坊'的红边白布店招。（注：故宫博物院藏清代摹写本《清明上河图》，集贤堂书铺店招上写的是'发兑古今书籍'）从画面看，这家书铺坐落在繁华的街市上，是一间漂亮的瓦房，门面全部敞开，营业结束再加上门板。店内书架上摆满各种书册。书铺主人站在柜台后边接待读者。这个画面告诉我们，北宋时期书店行业开始有了店名招牌，还挂有店招广告，门面敞开，光线充足，开架售书。"

著名的《清明上河图》中就有书坊，以至于故宫每次展这件珍宝之时，我都会仔细盯着图上的那间书坊，那种亲切之感，非此道之中人确实不能体会得到。这幅绘画作品当然不是为了描绘北宋的书店形象，其所包含的丰富内容成为后世专家们研究不断的话题，

书店街

而开封当地当然也会借势而为。我到达开封后，开封图书馆的两位张老师带领我寻访，走进古城墙不远，就被街上的行人堵得水泄不通。张家路告诉我，前方正是"清明上河园"，而此园乃是近年的新造景点，就是按照《清明上河图》建造而来。

闻其所言，我突然来了兴致，马上请教他，里面是否建造出了那个著名的书铺。张老师遗憾地说，虽然自己生活在开封，但因为更多的精力用在探访真的历史遗迹方面，这样的人造景点他还真没进去看过。闻其所言，我顿时没了兴趣。开封一地文化底蕴深厚，虽然经过了黄河的几次淹没，但毕竟还有不少的遗迹在，我还是老老实实地去寻访自己计划中的目标吧。

藏书繁荣的前提首先当然是刻书，而北宋时期东京汴梁已然成为那个时代的刻书中心之一。宋叶梦得在《石林燕语》中的一段话，被后世的相关文献引用了无数回。虽然如此，我在这里还是需要抄录如下：

> 今天下印书，以杭州为上，蜀本次之，福建最下。京师比岁印板，殆不减杭州，但纸不佳；蜀与福建多以柔木制之，取其易成而速售，故不能工；福建本几遍天下，正以其易成故也。

叶梦得在这里列出了当时著名的三处刻书中心。他认为这三处中，杭州所刻之书质量最高，其次是四川，最差的是福建，接下来他又提到了京师，也就是当时的开封。由"京师"二字可知，叶梦得说这段话的时候仍是北宋，因为他这段话中也讲到了杭州，说明那时杭州还没有成为南宋的首都临安。而叶梦得说开封所刻的书版质量不比杭州差，那既然如此，为什么不说"汴梁为上"呢？叶梦得给出的解释是：虽然汴梁刻版水平不比杭州差，但遗憾的是刷书所用纸张比不上杭州。而后他又解释了为什么四川和福建刻本比不上杭州与汴梁，叶认为，这两个地方刻版所用的木材太过柔软，而柔软之木虽刊刻容易，成书也快，但是难以雕造出精美的版面。俗话说"细节决定成败"，看来这句话也可以用在古代的刻书史上，可惜北宋汴梁刻本一部也没有留下来，我辈已无法目睹汴梁刻本的精彩。

汴梁能够刻出这么好的书，当然跟朝廷的重视有很大关系，更为重要者，这跟皇帝的思想与艺术水准颇成正比，《宋人轶事汇编》中有这样一段话：

> 杨大年，因奏对，偶及《比红儿诗》，大年不能对，甚以为恨。访《比红儿诗》，终不可得。忽一日鬻书者至，有小编，视之乃《比红儿诗》也。自此，士大夫始传之。

这里所说的杨大年，就是著名的诗人杨亿，曾在真宗一朝两任秘书监，更为重要者，他还跟王钦若共同编了著名的类书《册府元龟》。按说他也是位百科全书式的人物，但即使如此，还是被皇帝偶然问到的一首诗给难住了。这么博学的人物，竟然回答不上，这当然令杨亿大为尴尬，他一定要找到皇帝所说的《比红儿诗》，而有一天，真的有一名书贾携书上门，其中就有这本书。这个故事说明了两个问题：一是皇帝的博学，二是那个时代书商刻书的广泛。这也就间接地表明了，北宋时期的皇城书业是何等的发达。

张秀民的《中国印刷史》中在谈到宋代刻书时称："刻书印卖有利可图，故开封、临安……成都、眉山，纷纷设立书坊，所谓'细民亦皆转向模锓，以取衣食'。至于私家宅塾以及寺庙莫不有刻，故宋代官私刻书最盛，为雕版印刷史上的黄金时代。"张秀民说，在宋代无论是官刻还是私刻都很发达，所以他将这个时代称为"雕版印刷史上的黄金时代"。私刻的大量产生也会泄露国家机密，因为那时候的书坊常常会刊刻朝中之事，但有些事情并不宜让民间得知，以至于皇帝终于下令，禁止民间私自刻版。宋康定元年五月二日，仁宗下诏称："访闻在京无图之辈书肆之家，多将诸色人所进边机文字镂版鬻卖，流布于外。委开封府密切根捉，许人陈告，勘鞫闻奏。"（《宋会要辑稿·刑法》）

显然皇帝的禁书令没有起到作用，后来的汴梁依然私刻风行，当时的大文豪欧阳修在至和二年给皇帝上了《论雕印文字札子》："臣伏见朝廷累有指挥禁止雕印文字，非不严切，而近日雕版尤多，盖为不曾条约书铺贩卖之人。臣窃见京城近有雕印文集二十卷，名曰《宋文》者，多是当今议论时政之言。……臣今欲乞明降指挥下开封府，访求板本焚毁，及止绝书铺，今后如有不经官司详定，妄行雕印文集，并不得货卖。"

像欧阳修这样的著名文人，都主动要求提出焚毁书籍，理由是这些刻版之书很多都是议论时政。显然，欧阳修要求焚毁者乃是私刻，而官刻的情况却大不相同。靖康元年，金人打到了汴梁，赵明诚与李清照夫妇闻听此事后，准备带着他们的藏品南逃，李清照在《金石录》后序中写道："至靖康丙午年，候守淄州，闻金人犯京师，四顾茫然；盈箱溢箧，且恋恋，且怅怅，知其必不为己物矣！"

只有爱好收藏的人才能体会到这种难以割舍的情怀。李清照带不走那么多的藏品，于是她进行了精心挑选："先去书之重大印本者，又去画之多幅者，又去古器之无款识者，后又去书之监本者。"李清照在挑选藏书的时候，先去除大部头的书，然后去掉部分画作，接着再挑出去一些没有铭文的古器物，直到最后她再选择去除掉一些监本书。由这个挑选顺序可以看出，李清照认为，监本书要比以上的那些更为重要。

北宋国子监所刻之书为什么这么重要呢？当然这跟皇帝的重视有很大关系。当时的监本不但质量好，价钱还便宜，因为按照皇帝的要求，国子监所售之书，只收工本费，不可以营利，宋真宗曾经明确地说："此固非为利，正欲文籍流布耳。"（毕沅《续资治通鉴》卷三十三）

到了宋哲宗元祐初年，国子监所印之书还是偷偷涨价了，陈师道发现了这个问题，于是向皇帝提了出来："伏见国子监所卖书，向用越纸而价小，今用襄纸而价高。纸既不迨，而价增于旧，甚非圣朝章明古训以教后学之意。臣愚欲乞计工纸之费以为之价，务广其传，不以求利，亦圣教之一助……诸州学所买监书系用官钱买充官物，价之高下，何所损益。而外学常苦无钱，而书价贵，以是在所不能有国子之书，而学者闻见亦寡，今乞止计工纸，别为之价，所冀学者益广见闻以称朝廷教养之意。"（《论国子卖书状》）

陈师道说，而今国子监所卖之书，价格越来越贵，这有悖皇帝不求营利的初衷，他希望回到只收工本费的初始要求上来，而皇帝同意了他的这个建议。

北宋的朝廷不但印书，皇帝对各级官员还有着大量的赐书之举，宋罗浚在《宝庆四明志》卷二中列举了赐书的数量：

经一百一十五部计五百八十一册

史七十九部一千三百四十二册

子一十五部四十五册

文集一百七十一部计一千二百五十册

杂文九十五部计七百二十八册

御书临帖五册

宸翰诏书一轴

右皇子魏王判州，藏书四千九十二册，一十五轴，淳熙七年有旨就赐明州，于是守臣范成大奉藏于九经堂之西偏，继又恐典司弗虔，乃奉藏于御书阁，列为十厨。嘉定十七年校官臣徐介点检，略有散失，其所存者如此。

对于这样大量的赐书，曹之先生在其专著《中国印刷术的起源》中总结出了三点：

和前代赐书相比，宋代赐书有三大特点：

（一）范围广。前代赐书多面向个人，而宋代赐书扩而大之，延及诸路、州、县、孔庙、学校等。

（二）数量多。宋代全国有200余州，若以明州赐书之例推而广之，全国各州则其有赐书14万多种、100万册左右，如果再加上其他单位所得赐书，其数量之大，更是可想而知了。

（三）赐书内容以《九经》为主，《九经》是封建统治者的治国之宝，宋代皇帝动辄赐以《九经》，其赐书目的昭然若揭。为什么宋代赐书会有如此巨大的发展呢？除了宋代重视文治之外，也与唐代雕版印刷的发明分不开。

官刻和私刻的繁荣同时也带动了私人藏书家数量的几何数递增，曹之的专著中汇有历代藏书家人数变化曲线图：

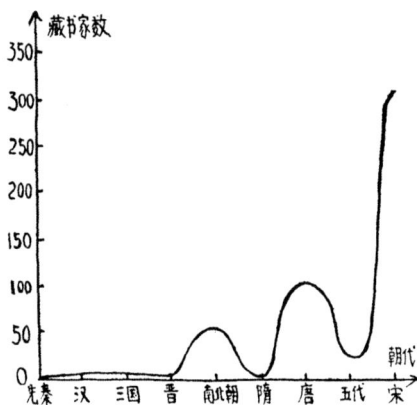

先秦至宋代藏书家人数变化曲线图

由此图可以看出，从先秦到五代只有南北朝和唐代有一个藏书的小高潮，而真正的大幅上升阶段则是到了宋代。为什么会是这样的一个规律呢？曹之先生在其专著中作了如下说明："从曲线变化可以看出，南北朝以后，藏书家呈现不断增加的势头（隋和五代两个时期因为时间短暂，藏书家不多）。如果说，南北朝藏书家的大量增加，应当归功于纸张普及的话，那么，宋代藏书家的大量增加则应主要归功于唐代雕版印刷的发明，它是唐代发明雕版印刷的旁证之一。私人藏书与雕版印刷之间是互为因果的关系：在雕版印刷发明之前，手工抄书的效率太低，图书供不应求，严重制约着私人藏书，'藏书难'的矛盾越来越尖锐，从而促进了雕版印刷的发明，这个时候，私人藏书是'因'，雕版印刷的发明是'果'；在雕版印刷发明之后，图书制作的效率大大提高，图书数量大大增加，聚书容易，藏书家与日俱增，这个时候，雕版印刷的发明是'因'，私人藏书的大量增加是'果'。"

正因为藏书的兴盛，从而带动了刻书质量的进一步提高，以至于一些域外国家的人来到中国后，专门索要书籍，到了战争年代甚至掠夺书籍。靖康元年十一月，金兵包围了开封，开封城内的居民准备誓死保卫首都，金人不敢贸然攻打，他们的统率斡离不、粘罕提出"和议"，其中和议的条件之一就是索要书籍，并点明索要"秘阁三馆书籍，印本监版，古圣贤图像，明堂辟雍图，皇城宫阙图，四京图，大宋百司并天下州府职贡令应，宋人文集阴阳医卜之书。"（《靖康要录》卷十五）

看来，金人是有备而来者，他们明确提出要求皇宫内秘阁所藏之本，而他们揭出的另一项要求，就是点明索要国子监所印之书。由此可见，当时监本书是何等的声名远播。

金人要求宋钦宗赵桓下诏令停止抵抗，第二年一月，金兵进城，将徽、钦二帝押入金营，而后把国子监所藏之本以及国子监所刻书版全部拉走，之后他们带着徽、钦二帝以及后妃和宗室，离开开封向北而去，途中损失了大量的藏书，一代伟大的收藏就这样损失掉了。

金元时，开封的情况资料较少。到了明代，开封成了周藩的驻地，在藩王的带动之下，这里的刻书事业再次兴旺，可惜历代的黄河泛滥致使开封的书业未能有完整的递传。但这个行业有如野火烧不尽，春风吹又生，每次黄河泛滥之后，这里就会重新诞生起刻书与经营书这个行业，比如王继文在《我在开封经营古旧书业的回顾》一文中说："开封古旧书业之经营，始于清末民初。开设最早的一家古旧书商店为好古堂，嗣后又陆续增设了四家，其中有三家之店主人为好古堂之学徒，他们均是于学徒期满后独立经营的。据我所知，从清末民初到1948年开封解放时止，开封共有五家古旧书商店。"

显然，王继文说的开封古旧书业始于清末民初，乃是指的再一次的行业兴起，而他个人走入古旧书业的原因，文中做了这样的解释："我在开封经营古旧书业，始于1934年，前后共40余年。当时有北京收购古旧书之客人崔润生先生（外号崔麻子），常年在开封专收古旧书籍，带回北京出售。他以后流落开封，我即称他为师，与他合伙经营古旧书籍了。他为人直爽，对古旧书版本颇有鉴别能力。他教授我一些版本学知识、刻印知识等。我们合伙经营到1945年。日本投降后他返回原籍冀州，1947年卒于家中。"

从王继文的这篇文章可知，清末民初这个时期，开封的古旧书业并不发达，当时仅有五家，而其提到的第一家好古堂就位于"南书店街路西"，看来在那个时候，开封就有一条街叫书店街。就古旧书业而言，国内名气最大的当然是北京的琉璃厂，而上海的四马路也即今日的福州路，同样是百余年来最著名的古旧书籍集散地，但这两处均不以"书店"名街，国内还有哪个城市有"书店街"这个名称，我还真未听说过。这样的名称令我这等爱书人听起来大感亲切，真恨不得每座城市都有这样一个街名。

然而，王继文所列出的位于书店街的旧书店仅有好古堂一家。

显然，仅有一家书店的存在，恐怕不能称之为书店街，但他却在文中明确地称，"从清末民初到1948年开封解放时止，开封共有五家古旧书店"。我不清楚在王继文那里古旧书店是怎样的概念，也许他的所指仅仅是经营线装书，而不经营其他者。

在传统的观念中，古旧书店除了收售旧书，同时也有不少家会刊刻书籍，如果将这些算进去，开封的古旧书店应该不仅仅只有五家。马志超口述、王华农整理的《马集文斋版印书籍及开封刻字业纪略》一文中给出的书店家数要比王继文多十倍以上："开封以往为河南省会所在地，全省政治、经济、文化中心。刻字业因之也很发达。民国年间，全城从事刻字者约有50余家，多集中于北兴街及南北书店街。其中稍具规模者约占三分之一，其余多系一人独自操作，做刻印章零活。解放后于1958年对资本主义工商业进行社会主义改造时，全市共有刻字局（店）53家，其中50家并入开封市刻字合作社，1963年改为开封市刻字社。"

从马志超的此文中可以得知，当时的刻字社都兼刻书与刷印书，他在文中举出的第一家书坊就经营有这样的业务：

> 朱聚文斋。在北兴街路西，三间门面。为清代末叶全城刻字业中规模最大的一家，以刻印书籍闻名于时，开设于清光绪初年。清末掌柜名朱建如，秀才出身，南方人。交际广，善于经营，生意兴隆，冠于同业。有工人十数人，吸收徒弟较多，其后开封刻字业中，十之五六系此号学徒出身。主持印刷之师傅名李华堂，技艺精湛。20年代停业。所刻印者以医书

为最多，"劝善"书次之。刻印之医书有《瘟疫条辨》《眼科大全》《白喉忌表》等。"劝善"书有《宣讲拾义》《文昌帝君阴骘文》等。还刻印有佛经《金刚经》《金刚经读本》等。

但是，此家店位于北兴街路西，而非我感兴趣的书店街。《纪略》一文中，也引用了多个开在南北书店街的刻字刷印社，我抄录一段如下：

> 岐文斋。在南书店街，开设于清代。掌柜李继昌，陈留县人。三世以刻字为业。曾刻印过一些书籍。当年河南大学教授高亨所著之《老庄研究》，可能是在此号刻印。

除了刻字兼刷印的旧书店之外，《纪略》一文中还特意谈到了专门做印刷的书坊：

> 此外尚有两家属于印刷业，而亦以经营刻印书籍为主要业务之商号。一为聚贤阁。在北兴街路东，开业于清代，专印木刻书，掌柜陈鸿猷。所印之《千字文》《三字经》《百家姓》等，畅销于时。此外还印过一些小唱本如《金钗玉环记》《小二姐做梦》等。抗战前停业。再一家为文梓堂。在北兴街路西，开业于清末，王老六所创，民国年间之掌柜王怀仁，曾印过一些木版书。清宋与黄璟同时做官且为知友之刘增禄所著诗文集数种，即由此号印行。还为省垣各学校印刷讲义。

抗战前停业。王怀仁后在家中做刻字零活，曾为马集文斋代刻过书。

由此可见，那时的旧书业已经渐渐的兴旺起来，并且产生了业务上的进一步分工。

难得的是，这条书店街而今完整的保留了下来。我到达开封后，向张家路老师提出要到此街一转。他告诉我说，该街乃是步行街，所以只能徒步穿行其中。这于我当然求之不得，因为可以借机细看该街的景况。

书店街的入口处建起了新修的巨大牌坊，上面的三个大字又让我的亲切感增加了几分。此街之宽超过了我的想象，琉璃厂虽然也是步行街，但其宽度不到开封这条街的一半，而福州路虽然较为宽阔，但车来车往，若穿行于两侧的书店，并不方便。开封的书店街既宽阔，又是步行街，没有匆匆驶过的车辆，自然也就没有了行人急急忙忙的躲避，这让飞逝而过的时光慢了下来，正是我所喜欢的氛围。

在牌坊的侧方，我看到了书店街的介绍牌，此牌所写文字的第二段和第三段最让我感兴趣，我将其引用如下：

> 书店街是我国唯一以书命名的街道。其历史可上溯到北宋时期，明代时称为大店街，店铺云集，为全城最为繁华的街市之一。清乾隆时该街道因经营书籍及文房四宝闻名，正式称为书店街。

书店街大部分是清末民初的阁楼式建筑，朱栏雕窗、坡顶花脊，古朴典雅。还有部分是中西合璧建筑，精巧别致、逸趣横生。美轮美奂的古建长街，显示着开封文化的独特魅力。

原来，这条书店街早在北宋之时就已经是书坊聚集之地，看到这段话，令我大感惬意，国内的书店遗迹我已跑过很多，却从来没有一处能如同这书店街，千年以来，保持原址。琉璃厂虽然没有变化，但它的形成只能追溯到清初，真正到了乾隆年间才形成了规模，上海的福州路就更晚了，其他城市的旧书店哪里还能立在原址。虽然按照介绍上的文字所言，书店街之名到了清乾隆年间才有，但即便如此，我能踏在北宋的书店街原址之上，仅凭此点，已令我有了陶醉之感。

更为难得者，这条重新整修过的街道，依然保持着许多晚清民国时的老建筑，虽然有些外立面已经做了新的粉刷，但建筑制式依

地上的广告

然能够透露出那个时代的审美情趣。这条街设计得颇为精心，在路当中有一些金属的标志，这些标志中有笔墨纸砚，也有线装书，并且路两边的休憩座椅也做成了书的模样。

在此条街的中段有一组铜雕，显现的是当时街边摆摊卖书的场景。从制作工艺而言，这组铜雕确实下了功夫，因为架上插满了书，每一本书都能从书脊上看到书名，而问题也恰好出在这里：一者，古代的线装书是平放，不像洋装书这样侧脊向外写上书名；二者，中国的线装书，因为没有硬皮，所以不可能竖着立起来。而这组铜雕中恰好有一位书坊主，或者是读书人，从架上抽出了一本书，这本书看上去，四角平整，像块硬硬的砖头，完全没有中国古书的柔软。

洋装书的插架方式

我来此当然不是为了找茬，我只是想说，既然是复古，总要搞得原汁原味一点，而今的一代人，真正能够接触到线装书者很少，而这组铜雕的形象会让他们误以为古人的书也跟西式的精装本没什么区别。

　　书店街的两侧虽然有着不同的业态，但我依然看到了十几家书店，有国营也有私营，有些店铺可以随便拍照，国营的新华书店里面的工作人员却明确地跟我说，必须领导批准才能拍照，无奈只好退出。

　　对于新书的经营，张老师说，近几年情况并不太好，主要还是受到了网购的冲击，而越正规的书店，折扣越少，其经营就越发的困难，怎么能解决二者之间的矛盾，我等当然说不出个所以然来。但在聊天中，我却想到了北宋时的国子监刻书，那时皇帝明确地提

黄河书店

出，国子监所刻之本不允许营利，就是为了让更多的读书人能够读到真正的好书。

近些年，国内的有关部门也对实体书店进行了扶持，只是这样的阳光仅能照耀到少数的书店，而大多数实体店却难以享受到这样的好政策。但无论怎样，走在这书店街上，看到这里熙熙攘攘的人群还是让人有一丝的欣慰，凡事要往好处想，如果这条街冷冷清清，岂不说明情况更糟吗？想到这一层，我二人的心情也变得没有那么沉重了。

万物齐聚　百纸皆藏
武汉收藏品市场

　　一直想去看看武汉的藏书市场，我跟当地藏书家陈琦提过几回，他说这里确实难有我想象的那种市场，比如类似琉璃厂的地方，因为武汉市古籍书店已经没有了踪迹。陈琦告诉我，武汉古籍书店原本属于武汉新华书店，后来新华书店的大楼被拆时，古籍书店也就关张了。

　　武汉古籍书店当年也是业界的名店，跟陈琦的聊天中，让我得知他有不少的好书都是得自此店。赵长海所撰《新中国古旧书业》一书中有篇《武汉古籍书店版本专家——魏广信》。这位魏老先生乃是武汉古籍书店最有名的版本专家，关于他的从业经历，赵长海在文中有颇为详尽的叙述。我问陈琦，他是否见过魏广信，陈兄说他在1992年开始跑古籍书店，当时店里还有几位老先生，他也听闻过魏广信的大名，可是他始终无法将那些老先生们一一对号。

　　陈琦告诉我，虽然武汉的古旧书业在全国颇具名气，但无论是经营还是收藏者，主要找的都是旧书和二手书，整个武汉市搞线装收藏的人加在一起也没有几位。我还是不死心，总觉得哪怕不是收藏线装书，搞其他书籍收藏者似乎也应当有一个相对固定的场所。

陈琦听到我的这个说法，马上松了一口气说："那当然有，如果你想去，我给你安排好，不过咱们先说清楚，你可不能觉得失望。"其实我没有跟他说明，就我的心态而言，我并不单单以为只有藏古籍才是真正的藏书，其实藏新文学旧平装，甚至是收藏各种纸质品者，在我看来，都算是藏书的范畴。

后来我查资料方得知，武汉的古旧书行业在全国其实很有影响力，能够形成如此的阵势当然跟武汉浓厚的文化底蕴有很大的关系。邱睦所撰《作为媒介的古旧书店：基于武汉的研究》一文讲述到了这种状况："湖北武汉作为历史文化名城、荆楚文化的重要发源地，有着6000年的悠久历史。同时，武汉是中部六省唯一的副省级市和特大城市、中国中部地区的中心城市，全国重要的工业基地、科教基地和综合交通枢纽。武汉有89所高校，69所各种科研机构，在校大学生130多万，是全国乃至全世界大学生最多的城市。在武汉，古旧书店的发展有着得天独厚的文化土壤。"

武汉是由三部分组成，这三部分比起来哪里更有文化气息呢？邱睦的文中有如下说法：

> 以武汉三镇的地域划分为准，总体上来说古旧书店分布主要场所在武昌，武昌是武汉各大高校主要集中地，文化氛围浓厚，市场广大。武汉地区的古旧书店有着服务学术界的优良传统，如武大附近集成旧书店、博文旧书店、治宙旧书坊，中南财经政法大学（首义校区）附近的红楼古旧书社，华中科技大学附近的喻园旧书店等等。而汉口的古旧书店数

量上较少，如汉阳归元寺附近的沧海古旧书店，汉口江汉路泰宁街的古旧书店等。

这样的说法可由方方所著《武汉人》一书中的《书香武汉》一文为证，方方在此文中先叙述了武汉一地世风的雅与俗："武汉虽然一直以商业大都市著称，但因当年张之洞在武汉兴办新学，领国内风气之先，故武汉的大学云集。武汉的图书馆（尤其是学校的图书馆）拥有相当的藏书，武汉的书商生意很旺，武汉的书店也因此而格外发达，这使得百年来武汉的读书风气都很旺盛——这也是我一直感到很奇怪的一点：一方面武汉人很会读书，另一方面武汉的市井文化又俗气浓重。书香气和俗气二者一般都相悖，而在武汉怎么又能交织在一起呢？"

这是很有意思的一种说法，方方将张之洞视之为开风气之先的人物，然张之洞却并没有改变当地的市井风气，那么武汉三镇之间，是否也有雅俗上的区分呢？至少方方是这么认为的：

> 一个朋友说，因为武汉分为三镇，三镇的风气不同。书香主要飘在武昌，俗气主要落在汉口。看书的人在武昌多，而卖书的人则在汉口的多。武昌人张口说话都要比汉口人多几分雅气。朋友的话，姑且只当一说，是与否都无关紧要。只是若要按武汉以往的城镇分布情况来看，武昌是文化区，汉口是商业区，这种说法或许不无道理。——其实持此观点的朋友本人也是汉口的。

有些事，事实与理论总有着一定的差距，虽然从书香角度而言，汉口落后于武昌，然汉口却是武汉当地主要的古旧书流散地，徐雁主编的《全民阅读推广手册》中说道："武汉是楚文化腹地，且高校云集，在大大小小的新书店之外，也有些旧书店让爱书人驻足。比较大的旧书市场是位于崇仁路和中山大道路口东北角的武汉收藏品市场（武汉集邮市场），这是武汉地区融收藏、集邮、书画和礼品经营为一体的大型市场。摊位众多，有"文化大革命"书画像章、连环画、烟盒纸、陶瓷、书画、电话卡、邮票等各类收藏品，这里的书多为"文化大革命"时期的报刊和画册等，多次举行连环画拍卖和民间收藏品交流会。"而种福元主编的《中国古旧书报刊收藏交流指南》中亦称：

> 武汉素有"九省通衢"之称。它既是重要的商业都市和综合性工业基地，又是历史悠久的文化名城。正如北京有琉璃厂，上海有四马路一样，历史上，武汉也有过横头街、察院坡等文化街。近年来，武汉市的旧书摊从前几年散见于江汉三镇的"打游击"状况，到目前初步形成的这样几个市场。一是集中在汉口泰宁街"旧货一条街"上，尤其是逢周末，四面八方的求书人涌到这儿来选购旧书，熙熙攘攘，非常热闹。1999年1月中旬，位于汉口崇仁路的收藏品市场开业迎宾。这是幢气派豪华的大楼，一层3400平方米，为收藏品市场，经营各种收藏品，包括旧书字画等。

看来崇仁路的古旧书市场乃是武汉地区最大的一家，而崇仁路恰好位于汉口。陈琦先生带我前来之地正是崇仁路的这个市场。

出门在外，总会遇到这样那样的不凑巧，这天的不凑巧是赶上武汉的中考日，街上的警察比往常多了数倍，限行措施也是五花八门，有的地方不让鸣笛，有的地方变成了单行道，还有的地方干脆不让驶入。我们的车刚到收藏品市场门口，马上就有警察过来驱赶，于是请司机师父把车开到可以停下的地方，等结束之后再联络。可能是限行的原因，收藏品市场的门口变得颇为冷清，这跟潘家园的感觉截然相反。市场处在街面一座办公楼的下方，为了突出古意，建市场的人在入口处的屋檐上搭上了几块黄色的琉璃瓦，看上去多少有点儿穿西装戴礼帽的味道。入口处并不宽，两根立柱上分别写着"湖北省收藏家协会"和"武汉收藏品市场"，二楼的顶子上还有"武汉集邮市场"的字样，几合一的招牌显现着这里的包容。

从门洞穿入，里面顿有豁然之感：这是一个狭长的，几百平米的小院，小院的正中杂乱摆着一些摊位，院落的四围则是各个店铺，格局跟潘家园有几分相像。我先看了看院中的地摊，各种假古董很是齐备，也有寻常所见的书摊，摆在地上的是各种版本的毛主席语录和"文革"连环画。地摊是市场的风向标，看来这些物品是当今的热门货。有一家店铺的橱窗内陈列着成堆的粮票，其数量之多，吸引我走了进去。老板娘是六十多岁的一位妇女，她对我的到来不是很在意，例行公事般的动动嘴唇，问我想找什么，我说只想拍几张照片。她对我的这个回答无动于衷，嘴唇动了动，面部依然没有表情。我没有听到她是同意还是不同意，但陈琦说这就应当算是同意，于是我走进室内，拍下粮票的图案。走到里面才看清楚，粮票在这里只是个极小的门类，里面堆得最多的物品，是大大小小的毛主席或坐或立的瓷像，以及成堆的纪念章和文革招贴画。陈琦印证了我的判断："这些都是当今的热门货。"

从店里出来，继续浏览着地摊市场，跟纸质品有关的商品，只有几个摊位在卖烟标，看了两眼，均为寻常所见，跟我二十年前的关注点没有太大的区别，好在也看到了几个旧书摊，但那样的旧书确实让人提不起兴趣。陈琦从我的脸上捕捉到了我的心情，他揶揄道：怎么样，失望了吧，早跟你说过，这里就是这个档次。

说话间他把我带入了市场的大棚里，这里面是另一番情形。说

粮票把我吸引进了这家店

是大棚，其实就是大楼下面宽阔的底商通道。在通道的中央，一家家摊位把地面占得看不出颜色。大棚内跟外面的唯一区别，就是这里的售卖品虽然门类众多，但共同的特点均为纸质品。一家家看过去，有成堆的旧信封，整捆的旅游门票，以及各式各样的旧字帖，如果按我的分类方式，这里估计至少能数出百样以上。陈琦告诉我，武汉有三个收藏品市场，只有这一个是以纸质品为主，所以他把我带到了这里。但他笑着说，带我到这里来，不是看这些地摊货的，他已经约好了几位跟书有关的店主。

在大棚中厅的转角处，看到了门楣上写着"楚天驿站"的一个店铺，门脸不大，也就是普通门的两个对开大小，然而这里却挂着好几个招牌，有武汉收藏家协会、文献资料专业委员会、湖北嘉联拍卖公司文献征集处等等。橱窗的玻璃上还贴着本店的收购内容，有线装书、连环画、老信封、文革物品等等，数了一下，计有九项之多。陈琦带我走进此店，见到了该店的主人，与此人换过名片，上面写着店主叫肖琴学，这个名字跟他的形象差异较大，因为肖先生看上去是标准的南方汉子，名片上印着的头衔比他门上的匾额还多。寒暄过后，我本能的向他店里走去，想在他店里坐下来，请他给我讲一讲当地的古书市场。肖先生马上明白我的意思，笑着说，店里头已经没有下脚之处。我向里一望，果真如其所言，店铺的三面全是顶天立地的书架，上面插满了各式书籍，书架的下方堆着半人高的一摞摞各种纸质品，室内的面积仅余下一条侧身可过的小过道。说话间肖先生拉过了几个小马扎，顺势就摆在了他的店门口，我等三人坐了下来，听他聊起了藏书之事，以及书的流散故事。

已经堆到无处可坐

　　看得出肖先生对这种采访已经很有经验，说起话来也很有条理。他说自己从事这个行业是一种偶然，原来自己的正式工作是在《武汉青年报》编副刊，副刊的名称叫《集花》，创刊于八十年代。关于收藏的副刊，这是全国第二份。肖先生说，国内的第一份是《上海商报》的叶宁所办，他比这个副刊稍晚。我笑着跟他说，全国第二也不错。肖先生对我的这句玩笑话表示肯定，他说那当然如此了。他又讲起自己的收藏经历，说自己对收藏的喜好起源很早，已记不清早到什么时候。正因为这个原因，他才办起了报纸的收藏副刊。可惜的是，那家报纸后来停办了，自此之后，他就变成了职业收藏者，后来就开起了这家店铺，因为他的专业性以及眼光独到，使得这个店铺在业界很有名气。肖先生说，央视的鉴宝节目他参与过很多回，因为参与的时间长了，他还建起了自己的收藏公司，有了鉴定资质。收藏协会有着固定的办公场所，而这个场所也在楼内，所以他在这里既可参与协会的活动，也可兼顾店铺的经营。

我当然关心的还是古书，肖先生的店铺内冲外面的橱窗摆着几十部线装书，上面既无写签也无书套，但从书根的颜色，我能判断出都是不值得一翻的普通线装书。肖先生印证了我的判断，他说武汉搞古籍收藏的人很少，这里虽然是湖北范围内最大的纸质品交易市场，但交易量最大的品种是"文革"用品和红色收藏。我向他请教，哪些"文革"用品最有收藏价值，他说当然是市场价越高的，说明认可度越高。他告诉我，"文革"招贴画的价格也相差很悬殊，除了流传的多与少之外，还有一个重要的因素就是"文革"味浓不浓，如果越浓，售价就越高。他边说边用手指着门楣上面给我讲解，又反问我说，你看上面这几个招贴画，哪个价值更大？我抬头上望，才注意到上面挂着四张红色的招贴画，有着《毛主席挥手我进行》《一定要解放台湾》等等。我对这个当然外行，说不出个所以然来，请他给我传授知识，肖先生告诉我："哪幅画里的毛主席像越突出，那么这幅招贴画的售价就越贵。"我向他请教为什么有这个规矩，他严肃地说，这就是市场，没有人规定这么做，能卖钱就是市场。

肖先生看我更多的关注这个市场，于是向我强调说，他自己首先是玩家，然后才是商家，这种分法我还是第一次听到。他说无论是玩家还是商家，都要能敏锐地抓住市场变化，提前做到市场铺垫，这样无论是自己玩，还是做生意，都能掌握先机。他告诉

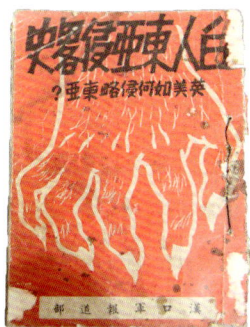

1｜2

1. 这张巴掌大的纸据说能卖几千块　2. 侵略者的宣传战

我，现在就有人提前在做市场铺垫，比如动手收集跟建党有关的各种资料，等到建党一百周年时，这些就肯定成了热门货。陈琦插嘴说，这离建党一百周年还有些年头。肖先生说当然是这样，不然到时候就来不及了，就像今年的抗战胜利七十周年，他也早早地在几年前就开始抓货，而当时买下的东西，现在都有了很大的升值。说话间，他给我拿出来了一页纸，这页纸的大小最多有六十四开，反正面都印着一些铅字，其中一面印着"抗战胜利，世界和平"的字样。这样的一张纸我看不出个所以然来，肖先生却告诉我，这张纸很贵，他当初买的时候几百块，现在至少能值两三千，就因为现在赶上了抗战题材的热门，而他的这一页纸，谁都没见过。

　　肖先生接着又拿出来了一本书，书的封面较为破烂，上面写着"白人东亚侵略史"，副题则是"英美如何侵略东亚"，下面的出版机构则为汉口军报到处。他说这本书很有意思，因为这是日本占领汉口期间所印，专门来攻击英美等国，说他们才是东亚的侵略者。这样的书当然就能卖出好价钱。肖先生还给我看了一本相片集，里面全部是黑白老照片，他告诉我说，这是一个日本军人在占领汉口期间所拍摄的，这也是珍贵的侵略史料。

我向肖先生请教，这个市场内有这么多纸质品的商铺，为什么他却能一枝独秀？肖先生说，一是他自己的钻研，去年市委宣传部评选了十大收藏家，他是其中的一位，而且是纸质品收藏的唯一入选者，当时政府答应要给入选者一定的津贴，但最后也没落实，可是他的名声变得更响了，这对收购带来了便利。他说经营的家数太多，现在大家都感到货源紧张，但他在这方面倒没有太大的压力，因为他从来不出门去收货，这倒不是因为他的货太多，而是名气传出去之后，有不少人会送货上门，如果他出门一天，至少要错过三位送货者。此外，他现在兼任着一些博物馆的顾问，他的展品会借给博物馆去展览，也能得到一些租金。肖先生也说，他自己收藏纸质品三十多年，现在挣的钱全部变成了藏品。

我当然还是把话题拉回到线装书上来，肖先生说来市场上找线装书的人虽然少，但也不是没有，可惜他找不到好的货源。他告诉我说，前几年就遇到了一位大款，请他帮助大量的收购线装书。此人说，重点并不要好的品种，只要便宜，并且买到之后，要请肖先生把所有线装书的书根切下一截，这样看上去变成崭新，因为大款说，他买这些书不是为了看，就是为了装饰书房。肖先生认为这是破坏古书，就没有帮这个人去收书。

跟肖琴学先生访谈完毕，陈琦带着我拐过一个 S 弯，在另一家店铺门口停了下来。陈琦向我介绍说，这家店就是他曾经向我介绍过的，那位执着于老地图收藏的周启壮先生的店铺。我端详了一下店铺的门口，虽然挂着各式各样的物件，唯独没有店名招牌。还没等我看清细节，可能是店里的人看到了陈琦，一下涌出了几个人，算是前来迎接。陈琦只认识周启壮夫妇，周先生看上去大概六十多岁年纪，身上有一层若隐若现的书卷气。周先生又向我介绍了另外两位朋友，一位先生叫向涛，专门收藏现当代名人手札，另一位先生叫刘忠，主要搞其他方面的收藏。周先生解释说，陈琦通知他韦力要来看书，他担心自己手中可看之书太少，于是就另外请来了两位朋友，要他们各带几件藏品让我欣赏。

　　听其所言，我进到店内，不便先浏览店里的情形，周夫人在桌上腾出一块地方，准备让我拍照，我请她拿出一块素布以使玻璃不反光。我所看到的第一部书，就是刘忠先生拿来的《填词图》，这是一部乾隆刻本，以往我只见过一部，也算是流传较少的品种。刘忠先生介绍说，其实自己并不藏书，他主要收藏武汉当地的"文革"品，某次在朋友家中看到了这部书，感觉到刻得挺漂亮，于是就用其他东西换得此本。然而他并不了解该书的价值，某次拿给向涛先生看时，向先生说东西不错，所以这次就拿到了这里。刚才我在肖琴学的店里看到的多是极有视觉冲击力的文革物，仅隔两分钟，又看到了静雅的乾隆写刻本，这种反差让我一时有些卡壳，以至于愣愣地盯着这部书看了一分钟才回过神来。陈琦关心地问我，是不是今天觉得累了，我笑着跟他说，看到这样的书，不会有累的

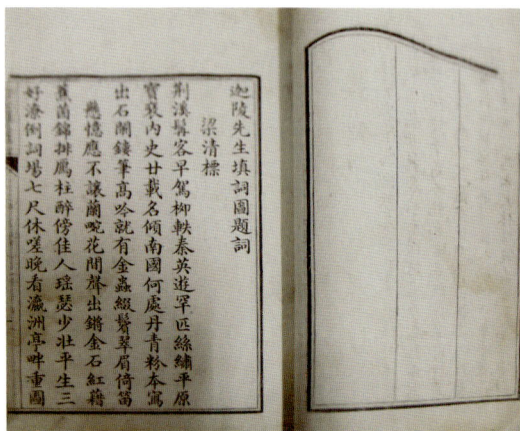

《填词图》

感觉。

    向涛先生也拿出几部书来让我看。所看第一部是蓝格的写样，里面还有原作者的校改字句，而今这也是难得之物。他接着又拿出一部金兆蕃的《药梦词》，乃是初刻初印之本，细翻内页，也有多处校改之字，有的页面上还贴着浮签，显然这是一部印样，这类书当然更难得，这让我恍惚觉得身在琉璃厂。向涛先生还给我看了一部《草韵辨体》，这种明末刻本也是不多见的品种，他给我看了这么几部难得之书，让我好奇他究竟是如何得到这么多宝贝的。向涛先生说这些书大多是在网上购买而得来者，他说自己在孔网开有网店，卖书的同时也收购一些难得之本。我一直以为网络交易难以完成像线装书这样鉴定困难而金额又大的物品，今日所见，多少改变了我的一些偏见。

向涛又拿出了一册活页插簿，里面放着的是几十页当代名人的手札及墨迹。我熟悉的名头有张岱年，其余的人则是湖北当地乡贤。向涛称近几年手札市场很是火热，风头盖过了古书，所以他也努力收购着这些名人手札。我本想告诉他，自己曾在范用家中看到成箱成箱的当代名人手札，在另外几位学者作家的府上，也曾看到大批这种物品，数量之大远超一般人想象。而今这些当代人的手札，一页就要卖几千甚至上万，这让我多少有些难以适应，但我觉得爱好这东西本来就不分品种，喜欢就是一切，于是乎我还是闭上了自己爱唠叨的嘴。向涛说在孔网上也有大量的名人手札在出让，当代名人手札也成了孔网的热点。他认为手札未来的经济效益还会很大，唯一的困惑就是认定这些手札的真伪。我跟他讲，这不是三言两语能够说清的事，只能慢慢地去体悟吧。

周启壮先生给我看的第一部书乃是《武夷山志》。说来也真巧，数天以前，我曾在某个拍卖公司看到过同样的一部书。而在此

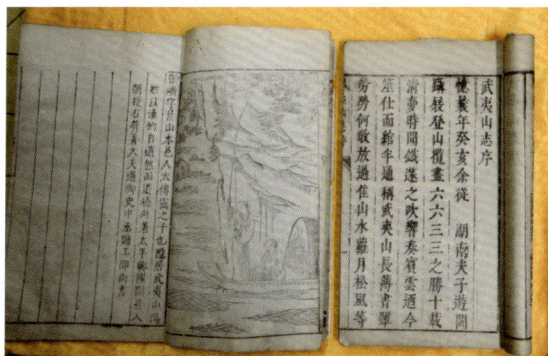

《武夷山志》

之前，这部书却又从来没有出现在拍场上，因此那家公司把《武夷山志》作为了今春的拍卖重头戏。然而没想到，才过了十天，我就看到了第二部。从品相上说，周先生的这一部比我十天前所见品相还要好，这部书的特点是里面有大量的插图。我细细翻看周先生的这部书，里面无论文字还是插图都很少有断版的痕迹，也算得上是初印。关于这种难得之本是如何得来的，周先生说，最初他也不认识该书的价值，因为他的经营品种中，古书只是附带品。但是他在经营过程中，某个商户欠了他一笔钱，多年也没有结清。他找到此人，这位欠钱者就拿出了这么一部书递给周先生，说以此书抵8万元。周先生并不知道该书值不值8万元，但是觉得能够要回一些钱也不错。我问他是什么时候的事情，他说这是三年前。我告诉周先生，无论是三年前，还是今天，这部书都不仅仅值区区的8万。

接着周先生又给我拿出一册佛经，我只翻开了第一页，就告诉他这是元代刻的《普宁藏》零本，而他的这一册算得上是初刻初印。能够在这巨大而嘈杂的旧纸市场里看到元刻本，我还真没有心理准备。将此经一折一折的翻看过去，每一版都没有断痕，虽然《普宁藏》零本时不时地出现在拍场之中，但像这等初印者，确实也不多见。而后周先生又给我拿出了几部书，虽然是一般的清刻本，但多少都有些小说法。尤其有趣的是，他又拿出来了一幅尺幅巨大的拓片，这个拓片有些怪异：乃是在一张长长的白纸之上，用铅笔以擦拓的方式仅把碑身上的字句描绘出来。这种拓碑方式，只在宋代才有过少量的使用。周先生笑着说，这张拓片是他夫人的杰作，他们发现这块碑石之后，因为不会拓碑，于是就用小时候拿铅

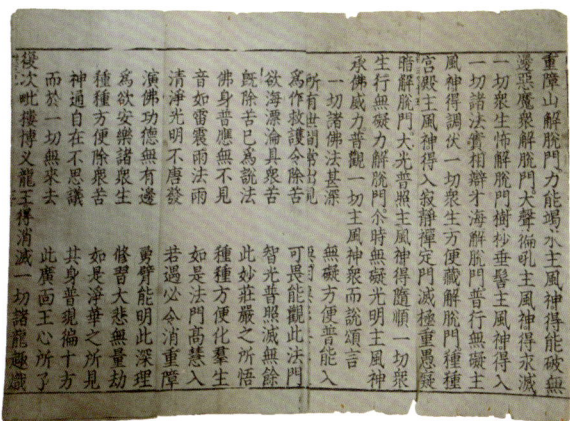

元刻本

笔擦拓图案的方式，将这块碑文描绘了下来。本来这种拓法他还觉得不好意思，我告诉他这种做法前有古人，并且只有宋代才偶尔使用，其夫人听后笑得很是开心。

参观完这些宝贝，周先生方领我观赏他的店堂。这个店堂面积占地约二十平方米，分为上下两层，侧边有简易的楼梯相连。我扶着楼梯小心地来到了楼上，上面基本上算是周先生的仓库，堆满了各种物件。他打开了几只木箱，让我参观里面的宝贝。我更感兴趣的是墙上挂着的几幅旧地图和老照片，这两张是周先生最拿手的专藏。他又拿下一幅尺幅很大的航拍照片，他说这是新中国成立前所拍摄的武汉三镇全图，以此图来对比今日的变化，有很多历史痕迹已经完全消失。我在楼上还看到了黄鹤楼的旧照片，照片上的楼体仅有三层，跟今天新修起来的巍峨壮观的黄鹤楼相比确实有很大的

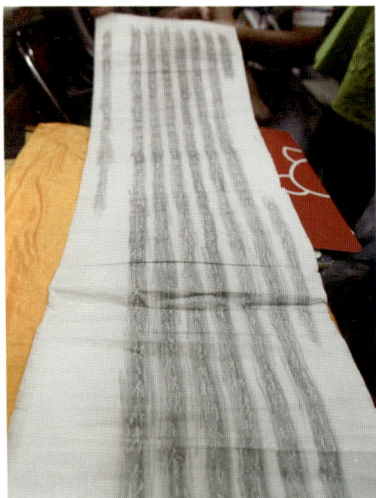

1│2

1. 铅笔拓碑　2. 黄鹤楼本来的模样

差异。我的这些评语令周先生很受用，他觉得这正是收集老地图和老照片的价值所在，通过这些旧物可以清晰地看出历史在方方面面的变迁。他说自己买这些物品有时根本不考虑经济效益，因为他买的价格很贵，放在手里几年都达不到市场认可的价位。

　　整个店内所存之物，当然都是过去的故物，唯有一把已经显现出枯萎的植物尚透出些许生命。我问周先生为什么收藏这样的剪枝绿植，周先生笑着告诉我，这是艾蒿。我马上联想到了这应当是一种防虫措施，然而他告诉我，并不是我所猜测的这样，因为今天是端午节，插艾蒿是他们当地的风俗。他的这句话被楼下周夫人听到了，马上喊我们下来，说要吃粽子。于是我跟周先生又来到楼下，其夫人已经准备好了一盘粽子摆在桌上，让我品尝，说既然赶上了，要同吃才会觉得应节。恭敬不如从命，我于是用手套着一个塑料袋小心地吃粽子，然而一直吃到最后一口，也没有咬到应该有的红枣或者其他填充物，我问周夫人说，这个粽子里面忘了放枣或者小豆。众人笑起来，说这是武汉有名的清水粽，就是这样的吃法。看来风俗这种东西的力量绝非轻易就能改变。我之砒霜，人之蜜糖，这种没有一丝馅料的粽子，居然在当地是名品。我知道自己这么说是对周家夫妇的大不恭，毕竟他们是好心让我品尝一下土特产。但我在想，幸亏古书没有这样的南北分法，这正如慧能回答五祖的疑问时所说：人可以分南北，却没有听说佛性分南北。如果古书界也有这种分法，藏书这件事就真的难以玩下去了。

吃粽子期间，我端详着整个市场一楼的情形。我注意到在这大棚里面，有着各种店铺上百家之多，几乎都是玻璃门加铁栅栏，唯独周先生的店铺用水泥砖块砌成了拱形的门，虽然看上去施工略显粗糙，但还是显出古意。周先生说这个门是他自己设计的，但请来的施工人员认为这种悬空砌砖很容易倒塌，气得周先生教训他，亏你还是搞建筑的，听没听说过赵州石拱桥？！我在这市场内一家家浏览过来，看到各家都摆放着文革用品，毕竟赚钱才是硬道理。周先生的店里虽没有悬挂这类物品，但有一个金色的、体形硕大的毛泽东半身像，这个塑像之前还插着一些小红旗，我不懂这有什么寓意。周先生说他自己确实不经营文革物品，这尊塑像是偶尔在收别的物品时一并买来的，后来就把这个像供在了这里。

周先生又跟我聊起了他的经营历史。他说自己在这个店铺里已

店主设计的拱门

经经营了十三四年，原本自己在武汉的某个工厂内做办公室管理人员，搞收藏本是个人爱好，后来开店之后，就变成了专营。自己经手的不少物品都已经成为了某些图书馆的珍藏之物，他认为这么做才是藏品的最好归宿，他也为此感到骄傲。

    武汉的纸质品市场，确实是我在国内看到较大者，然而这里的经营情况究竟如何，这些数量巨大的藏品最终会分散到哪里去，国内有多少人真正的去收藏这类物品……这一个一个的疑问我在这里看过，问过，都没能找到我想要的答案。中国之大，人性之复杂，均非能够用一种概念得以笼盖，当自己对一种事物无法做出精确判断时，那也只能套用那句俗语：存在就是合理。

状元境内　夫子庙旁

南京古旧书肆

　　上次来南京，是缘于王稼句先生组织的南北书友大聚会，为陈子善先生和薛冰先生举办古稀寿庆会。同时先锋书店给我安排了一场新书分享会，于是海豚出版社的朱立利和于利业老师共同与我前往，由他二人负责组织这场分享会。

　　我等三人提前一天来到南京，我事先跟薛老师通过电话，由他安排我去采访两位旧书店主人。但因为到达南京时，已近下午四点，薛老师说，南京的旧书店一般在下午四点就已关门。于是我转而提出，前去参观几处曾经的古旧书街。为了行动上的方便，薛老师请来了他的朋友陈卫新先生。陈先生是一位室内设计师，著名的先锋书店就是由他设计。现在先锋书店已然成为了南京市著名的文化地标，并且被评选上世界最美的书店之一。由此可见，陈先生不但是一位设计天才，同时也是一位爱书人。

　　薛老师看了我寻访单中所列地点之后，第一站带我来到了莫愁路。纪庸的《白门买书记》是我颇喜读的一篇文章，文中提到了莫愁路一带书肆的情形。而陈卫新说这一带不便停车，于是薛老师请他停到了另一条街上，此街的名称叫升州路。我等下车后，穿入了

秦淮河和影壁墙

一条不宽的马路，此路名仓巷。

仓巷处在闹市区中，路的右侧已经成了大片的工地，左侧则是一些颇显简陋的门面房。刚进入不到十米就看到了一家古旧书店，从此店摆出的书品来看，我觉得没有一本够得上"古旧"级别。严格地说，这里所售大多是一些下架书，连像样的二手书都没有几本。看来，"古旧"二字仅是店名，而非业态描写。对这类书，我当然没什么兴趣，于是看了几眼继续前行。

与"古旧书店"相邻者，乃是几家古玩店。一路走下去，在几百米的仓巷内，竟然看到了十几家古玩店。以我固有的认识，总觉得古玩乃是三年不开张，开张吃三年的行当。既然如此，这样的店铺总要开办在古色古香的建筑之内，至少也算是好马配好鞍。然而仓巷内的这些古玩店，却大多开办在简易的平房内，有几家则是开在老居民楼的底层。这样的市井环境确实无法衬托出古玩应有的光芒。当然，既然这条街内集中了如此多的同类店铺，那一定有其原因所在。在这古玩店内还掺杂着一些旧书店，于今而言，已经是不多见的景色了。毕竟我在这短短的小街内，还看到了四五家经营旧书的店铺。

仓巷顶头的位置，也被圈成了大工地，隔着围挡望过去，里面正在建造一排排的别墅。在市中心能够成排地建起别墅，可见这家房地产商实力非凡。朱立利问到价格，薛冰说不会低于十万一平米。薛老师告诉我，走到此处，其实仅是仓巷的一半，另一半包在了别墅区里面，以前由仓巷直接穿过去，就可到达朝天宫，而那里曾经是近二十年来南京最大的古旧书市场。

由仓巷被封闭之处左转，进入了另一条小街，此街的名称叫木屐巷，比仓巷更窄。薛老师说，原本此街也像仓巷一样的宽，后来因为房地产开发，才使得这条街压缩成现在这个样子。然而即便如此，也是经过薛老师等一些有识之士据理力争才得以保存下来，否则的话，这一带就更无法看到历史的痕迹。

在木屐巷的中段有一座三十年前的居民楼，其底商有一家旧书店，名称叫乐淘乐。来到乐淘乐的门口，薛老师向两位下象棋的中年人打招呼，而后他介绍其中一位说，这就是该店的店主宗先生。宗先生看上去五十多岁年纪，言谈颇为热情。他把我等让入店内，里面果真摆放着大量的旧书。而店的深处还有一个小房间，宗先生说，这些书已经挂在网上销售，所以就不能再摆在店堂内，否则网上有人购买时，若店内已售出，这会影响网店的信用。

在旧书店入口的位置，有一节玻璃柜台，里面摆放着一些手札和手稿，浏览一下，应该是南京当地名头儿。而柜台后面的墙上挂着三幅画，其中之一是仿唐寅的作品。我笑着跟朱立利说，这太巧了，因为从北京到南京的高铁上，我所阅读的书正是一本研究唐寅的专著，看来跟这家店还真有点小缘分。

旧书店顶头的小房间又用旧书一分为二，左侧的部分在架子上能看到一些线装书，虽然没有什么珍本善本，但这却是我在莫愁路一带看到的唯一古书。书架的顶端则摆放着一些成包的旧资料，用

左一为仿唐寅画

铜版纸包得整整齐齐，可见宗先生是位仔细的人。在店堂的一节玻璃柜内，我又看到了一些放在碗内的雨花石，这是南京的名品，可惜我看不出其中的门道。而在这玻璃柜内我又看到有一摞牛皮纸袋，宗先生将其取了出来，原来是一些人事档案，其中一袋的名称是"南京市秦淮纸品生产合作社"。近两年，我对竹纸颇有兴趣，显然这不是制作竹纸的单位，但也说不定，该合作社也是某个纸作坊的遗留。

告别宗先生，沿着木屐巷继续前行，在路边看到了两处老宅子。薛冰对其中一处颇为熟悉，于是我们走进了这套三进院落。在

木屐巷上的老宅

第一进院落的中厅，有一位老人正在那里洗菜，他看到我等走进来，马上跟薛冰打招呼，由此可见薛先生对当地的古建是何等之熟悉。薛冰问老人，是否还骑车子出门，旁边一位老太太代为回答，称老头已84岁，不敢再骑车出门了，而院中所种植的盆景，皆透出老人对生命之热爱。

薛冰带我等走到了老宅的第三进，他指着中厅上端的一排木构件说，这可能是南京市仅存的盛放祖宗牌位的用具。这样的建造方式，我在以前从未见过。

走出老宅，沿木屐巷前行不到十米，看到了梨头尖的标牌，薛冰说"梨"字下面的部首应当是牛，因为这一带的地形跟莫愁路构成了耕地犁的尖头。而我们所走之处乃是犁的底部，由此前行不到十米，就进入了宽阔的莫愁路。莫愁路与木屐巷交汇处的门牌号是88号，进入此路后，右转沿着莫愁路一路向前走，而今这一带几乎全成了经营金属构件的市场。一路走下去，大概走出一百米，右手有一条小巷，该巷的名称叫丁家巷。薛冰介绍说，此处曾经住着一位状元，而旧宅已被拆，但离此不远还有一处状元旧宅，等返回时，他带我等去参观。

沿着莫愁路继续前行，来到一处大的十字路口，薛冰介绍说，此路口的左手位置曾经是旧书肆集中之地，而路的右手位置，就是著名的朝天宫。朝天宫面对莫愁路的这一带有一面高大的红墙，上面写着"万仞宫墙"四个大字。薛冰说每个字的直径都在三米以上，而从莫愁路走到这一带要穿过文津桥，在当年这也是一座有名的古桥。在古桥与万仞宫墙之间，原本就是南京著名的古书市场。

朝天宫古书市场的名声不在北京潘家园之下，可惜的是，这处旧书市场已经不存在了，而今变成了一座面积不小的公园。

沿着莫愁路返回，路过一条小巷，入巷不到十米有一座重新修复的古宅，古宅的大门紧闭着，而门口的文保牌上刻着"朱状元巷清代住宅"。众人调侃说，朱立利来此找到了本家，说不定其家跟朱元璋也是姻亲。而朱立利却正色地说，他们家祖谱上，确实写明来自凤翔县。然而，我注意到，这个文保牌上的状字却少了右上角的那一点，仔细看过并没有刊刻的痕迹，看来是有意为之者。朱立利立即用手机百度，却未能查到结果，而薛冰则称，他将回头查找相应史料，一定要搞清楚缺此点有什么特殊的讲法。

回到升州路，乘陈卫新的车前往状元境。刚开到这一带我就有了熟识之感，而后车停在了状元楼大酒店的停车场上。大概十五年

状元境路牌

前，我曾经两度住在此楼，但却并不了解该楼右侧的一段小巷就是状元境。幸运的是，这条街的路牌仍然是这个名称。走入此街，状元境剩余的部分仅有一百余米，而路的两侧也全变成了高楼大厦，已经看不到任何的书店痕迹。

其实状元境在近代旧书业极具名气，更为重要者，是此街培养出了一位民国年间最具名气的大藏书家，此人就是刘承幹。1910年，南京举办了南洋劝业会，此会极其隆重，是中国近代史上有名的华商大会。南浔刘家乃是浙江有名的大富豪，刘承幹代表其家来参会。而其在参会之余到状元境来游览，不知什么原因，他突然喜欢上了旧书，从此之后一发不可收拾，很多书商整船整船往南浔运古书。于是，诞生了嘉业堂这座著名的藏书楼。以数量论，嘉业堂可谓是现有资料记载中，中国最大的藏书楼。仅凭这一点，就足可说明状元境对于中国藏书史的贡献是何等之大。

关于状元境书肆的记载，我所查得者，乃是以津逮楼主人甘熙在《白下琐言》中的记载为最早：

> 书坊皆在状元境，比屋而居有二十余家，大半皆江右人。虽通行坊本，然琳琅满架，亦殊可观。廿余年来，为浙人开设绸庄，书坊悉变市肆，不过一二存者，可见世之逐末者多矣。

甘熙乃清代嘉道间人物，看来在那个时代，状元境的书肆已经渐渐衰落。因为丝绸业的发达，很多浙江人在此开设丝绸店，而这样的店铺挤占了书肆，使得状元境内开办的旧书店仅余一两家。看来书籍真的无法战胜丝绸，而嘉业堂主人刘承幹以及南浔的几大富豪，也都是靠丝绸发家者。

虽然如此，在状元境所开办的书店仍然坚持到了民国时期，并且到了晚清民国间，状元境的旧书店又渐渐兴旺了起来。卢前在《冶城话旧》中写道：

> 状元境相传为秦会（桧）之宅址，故名。近数十年为书贾麋集之所。清末李光明书庄刊行蒙学书籍，顾客最多。吾辈儿时所读"四书五经"，皆李光明本。今移至金沙井矣。

原来状元境的得名缘于宋代的秦桧，秦桧当年曾在这里建有宅院。到了民国年间，状元境又聚集了几十家旧书店，而其中最有名的一家就是李光明书庄。

李光明书庄乃是近代南京极其有名气的一家书商，这家书商自产自销，直到今天，该书庄所印之书仍然时有得见。该书庄的主人

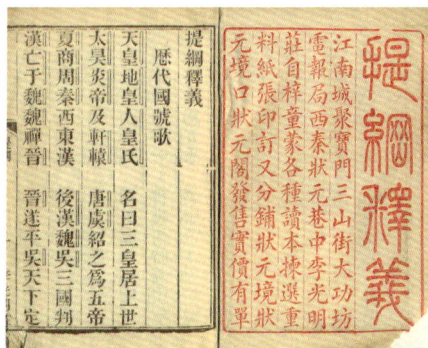

《提纲释义》一卷 清
李光明庄刻本，告示

李光明特别崇拜明末刻书大家毛晋，于是他就开办了这家书庄。徐雁所著《中国旧书业百年》一书中引用了李光明在《李光明书庄价目》中所印告白，我将此转录如下：

> 南宋临安睦亲坊有书贾陈起刻《江湖诗集》行世，其名播于士大夫之口。明季则琴川毛晋所刊汲古阁书驰声海内，今流风未沫也。余视前人无能为役。溯自粤氛正炽，余挟末技侍曾文正公，时军檄旁午，独任剞劂，嗣为文正暨忠襄刊《王船山先生全集》，复在皖省开雕十数种，颇获文正许可。

> 承平以来，文正创江南书局，凡镌印事命予综其成。余因设书庄于金陵，自梓各种书籍，皆选最上纸料，力求景致，诸工人亦绝无劣手。虽其间所刻雅俗共赏，而于童蒙运用之书，尤加意校订，盖就正时贤屡矣。凡坊间猥亵小说，概不射利，免滋愆尤，近本庄之书愈推愈广，特酌定价目，列于左方。冀大雅君子赐顾者鉴之。白门市隐凫山李光明自识于状元阁书庄。

这位李光明可谓志存高远，他把自己的崇拜对象追溯到了南宋书商陈起，而后才谈到了汲古阁主人毛晋。之后，他提及自己曾在曾国藩身边工作，太平天国平定之后，李光明跟随曾国藩来到了南京，又在曾所创的江南书局工作，而后他开办了自营业务。

由此说来，这位李光明也是很懂书的一位。而其书庄的开办地点恰好就在状元境。杨心佛在《金陵十记》中专门写到了李光明书庄："民初南京线装书店首推状元境的李光明书庄（以状元巷秦氏家祠为作坊），其次为坊口大街（今升州路）汤明林书庄。两庄皆自刊线装古书，用毛边纸木刻版印行。通行书为四书五经、《春秋左传》《古文观止》《龙文鞭影》等。凡私塾学生启蒙之书如《益幼杂字》《幼学琼林》《对类指掌》《三字经》《百家姓》《千家诗》等，皆赖两庄供应。"

看来，李光明书庄乃是民国初年南京两大书庄之一，另一家名叫汤明林的书庄则开办在升州路，恰好我等几人正是从升州路乘车来到了状元境。一时间，我们用陈卫新的车轮将这两大书庄联系了起来。

关于李光明书庄经营的盛况，俞允尧在《秦淮古今大观》中有如下之描述："据说开业之初，就派人携启蒙书本到四邻八县征求塾师意见，推广试用；并在书的封面上印绿色画一帧，上加红色大字楷书，华美诱人，质量堪与官书局媲美。不数年即誉满大江南北，甚至穷乡僻壤也远道来此批售。李光明庄除印售启蒙书本外，还印售《史鉴纲要》之类的大部书；清朝末年，有些太史孝廉公们又把文稿、朱卷一类委托该庄刻印，这样，李光明庄的大名更为煊赫一时。"

到了近代，李光明书庄以雕版为主的印刷方式，显然抵不过商务印书馆、中华书局等实力强大的印刷企业，李光明书庄也就衰落了下来。卢前在《冶城话旧》中写道："李光明庄者，状元境一书肆也。其作坊在秦状元巷。当晚清时，东南各省几无不知李氏者。所刻如'四书五经''三（字经）百（家姓）千（字文）'《史鉴节要》《龙文鞭影》诸书，皆当日家塾之课本；蒙童无不人手一编，故销行极广。其书内封面多印绿色画一帧，上加红色大字楷书，多出予父执胡小云先生之手。间有太史、孝廉家刻文稿、朱卷，亦往往托李光明……自商务印书馆、中华书局崛起，编制中小（学）教科书，而李光明之书遂不行。然四乡外县，犹有负担入城而购书者，今也则无。至刊刻书品，又远逊党家巷姜氏，于是姜氏刻书处尚存，而李光明庄不复知名于南京矣。"

参观完状元境，接着前往夫子庙，杨心佛在《金陵十记》中写道：

> 旧书摊为夫子庙摊贩市场（即今东、西市场）最多，三步一摊，十步一堆，满地是古旧书，任客自选，其正规者则于其中设店经营。

看来，夫子庙才是南京旧书摊最集中的地方。而杨心佛在《金陵十记》中专有一篇名为"旧书摊"的文章，他在该文中称：

> 南京旧书摊大都集中在夫子庙大成殿的东西两侧的摊贩市场。西市场一走进去就是一家一开间门面的书铺，靠墙放着书架，沿街摆着摊子，全是旧书。进入市场拐弯的地方，有几家矮小却具门窗的书店，里面全是书架，各种线装书整齐地堆在架上，纸色多暗黄，书册垂下的标签上开列书名。如需查阅，你就自己动手取下翻看，一些珍本古籍，多夹杂其中，就

得看你破些功夫去沙里淘金了。里面有桌椅，可以任你盘桓，主人是不会下逐客令的。

杨心佛的这段话，明确地描写了夫子庙内旧书摊聚集，他的这段文字给我的寻访指明了方向。于是我们一行五人自状元楼门前走过，从其右侧穿入了步行街，而此街正是著名旧书摊所在的贡院西街。

贡院西街我来过数回，每次走入此街，唯一的印象就是如云的游人，另一个印象则是这条街在不断地维修。我本以为是我来得不巧，而陈卫新和朱立利也分别说，他们走入此街也总遇到维修工程。走到此街的中段，看到了一个正在翻新的牌楼，上面写着"人民游乐场"。薛冰介绍说，新中国成立后，夫子庙这一带就改建为了人民游乐场，而今又要恢复这个名称。对于这种状况，我也时不时地有所困惑：历史太过悠久，复古这件事究竟要复到哪一代才是最为恰当，这真是个问题。看来，恢复到哪一代，就可表明恢复者所向往的过去。但我来到这里，却是寻找古旧书肆，有没有可能，某天恢复到遍地书肆的状况呢？我对此完全没有底气。

由这个牌楼穿入，远远地看到了巍峨的尊经阁，看来这里是文庙的后端。由此向前穿行，这一带建成了曲折的旅游商品街。虽然货品也称得上是满目琳琅，但可惜看不到一本旧书。穿过此街回望，这就是夫子庙西市，正是杨心佛所说的书摊聚集之地。关于贡院西街的旧书店情形，纪庸在《白门买书记》中写道："贡院西街在夫子庙，书坊历历，唯问经堂最大。主人扬州陆姓，干练有为，贩书南北，结纳朱门，以乱前萃文书店之伙友，一变而为南京书业

尊经阁

之巨擘。其人不计小利，而每于大处落墨，又中西新旧杂蓄，故门
市最热闹，余买书甚多，不能详记……"

1930年，日本汉学家长泽规矩也来到南京，他在夫子庙这一
带看到了很多的旧书店，徐雁在《中国旧书业百年》中引用道：

> 旧书肆，从夫子庙进去，路左有幼海山房杜氏的小铺，
> 挨着它的文海山房冯氏、阴华堂傅氏规模也差不多。聚文堂也
> 小。路右有聚珍书局，听说卖唱本，都是洋版的，自家好像不
> 出版书。天禄山房刘氏也小，此外还有文林书局、萃古山房，
> 保文堂李氏、萃文书局朱氏稍微大些，常常印行书目。萃文书
> 局有少量的善本，但全然不及北平的书肆。在两家书肆中间路

右的集古山房葛氏，多是零散的书。原路返回再到夫子庙对面的大街，路右有文苑阁王氏，藏书也不多。夫子庙里有相当多的书摊，但都是杂书，远不及北平的小摊。

虽然长泽规矩也对夫子庙附近的旧书摊有着详细的记载，但他却认为南京的旧书市场与北京有较大的差距："众所周知，北京作为古书集散地的龙头地位由来已久，但近来出版业的中心则转移到上海。我想随着首都南迁，南京的书肆定会活跃起来吧，但实际情形好像并非如此。在北平虽常能看到清朝后期珍稀的小册子，但都没什么价值。北平很少出版新书，南京除了南京书店外，书肆也几乎不出版书，而南京书店出版书也是南北统一前的事了。最近南京书店竟至出版军用书籍，而李光明等其他书店，则继续再版线装本书，印刷江南、江楚编译、淮南三书局的木版本，较为特别的是，金陵刻经处印行佛书。书肆没什么值得称道的出版物，这一点，使新都的书业，未免显得太过凄凉。"

长泽规矩也在这里分析了南京旧书业衰落的原因，他认为北京是古书的集散地，而上海又是近现代出版中心，南京夹在其中，两头都够不上。但他还是提到了李光明书庄，虽然待我到此处时，该书庄已经没有了痕迹，好在金陵刻经处仍然在旧版新刷，这也算是南京一地不曾断绝的一缕书香。

西市的正前方是面积较大的广场，在这里看到了棂星门，果真是夫子庙正门所在。而与棂星门正对者，则是一座新建的高大牌坊，牌坊上写着"天下文枢"。薛冰骄傲地说，这个称呼才表明了南京夫子庙有着何等重要的地位。此牌坊的前方有长长的一面古墙，古墙上有着二龙戏珠的图案。薛冰说，此墙乃是明代遗留至今者，是中国最大的影壁墙，长度超过了100米。牌坊与影壁墙之间隔着秦淮河，薛冰说，这条河可谓是夫子庙的泮池。秦淮河的对面，当年乃是著名的红灯区，几百年来那里妓院云集，而赶考的举子都是从牌坊前的码头乘船前往。而今这里仍然排列着许多的游船，只是这样的游览已谈不上是冶游。

黄裳先生在《金陵五记》中写道："南京有什么'文化'呢？干脆地说，我找不到什么。在这'劫'余的首都，民生凋敝，文物荡然。这里有大官的汽车，歌女的惨笑，可是绝对找不出什么'文化'来。夫子庙成了杂耍场，这已经是'古已如斯'的事了，状元境、三山街一带，几乎成了妓女的大本营，跑旧书铺的结果是空带了两手灰尘回来。"

当然，黄裳先生的所言乃是1946年秋天的事情，他感慨说，那时的夫子庙已经找不到什么像样的旧书，这种景况让他大感不满。

从棂星门面前左转，前行100米就是江南贡院旧址所在。杨心佛在《旧书摊》一文中写道：

> 更多的书摊设在市场以外，像泮宫前的广场上，龙门西街和明远楼两侧都有，差不多是每走十几步就有一个书摊，它名副其实地是古旧书摊。从明清以来的线装书到民国以后的铅字本都有，就要看你自己的眼力。南京报人张慧剑称这种书摊

为"冷摊"，常从其中淘宝。国民党监察院长于右任和中大教授胡小石，都是夫子庙旧书店的常客。我知道陈群的泽存书库里就有一些善本，是从夫子庙旧书店里拣回去的。我自己有些书如朴社初版的《陶庵梦忆》、曹栋亭藏本《玉琴斋词》，也都是从旧书摊上拣回来的。

看来，刚才走过的夫子庙门前的广场也曾是旧书摊聚集之地。其文中提到的"明远楼"，则是江南贡院仅留下的古建筑。而今的贡院仍然处在原有的位置上，从方位上来说，贡院跟孔庙是平行的建筑，而其右手则新构建了一处仿古院落，门楣上挂着江南贡院的匾额。薛老师介绍说，这只是为游客所建者，而真正的贡院位于这个院落的正对面。

江南贡院的正对面，乃是一座高大的牌坊。牌坊之下有一面半人高的矮墙，上面刻着"中国科举博物馆"。从矮墙望过去，前面是一片正方形的水面，而水面的对岸就是著名的明远楼。陈卫新介绍说，贡院博物馆就处在水面的下方，而下面有四层之高，因为这一代限制高度，所以博物馆只能向下建。而明远楼两侧的旧书摊当然不会有痕迹，如今变成了两排参观用的考房。每号房的上方都以千字文编号，看上去倒也整齐划一。

参观完贡院，又重新回到夫子庙，刚才是由西市而来，而回程则由东市而返。东市内也曾经是书店聚集之地，如今这条街上同样看不到一家旧书店。但薛冰告诉我，东市这条街曾经有一半的产业归南京古籍书店，并且这条街上曾经开了一家很大的古籍书店。走

1/2

1. 明远楼　2. 两侧的考房

到东街的中段时，薛冰告诉我，"文渊阁"所在的位置就是当年的古籍书店，而今向内望去，已然没有走入一看的欲望。但文渊阁这个名头，也足可表明该店曾经是古书聚集之地。

穿过文渊阁继续前行，前方有一个小广场，广场的顶端位置有"墨缘轩"匾额，出自赵朴初之手。由此可知，这家店也曾经是与文化有密切关联者。薛冰说这里也曾是古籍书店的一部分，可惜余生也晚，无法目睹当年这里的辉煌。

但至少是在民国年间，夫子庙这一带依然是兴盛的书街。比如长泽规矩也在1930年看到的保文堂，到了四十年代依然供销两旺。黄永年先生写过一篇《半世纪前南京买书小记》，该文记录了20世纪40年代黄先生在南京买书时的情形，此文也提到了保文堂："当时保文堂的书实在多，但回忆起来架子上没有见到什么明刻本，是否藏在里边就没有问了，自知明刻售价一般要比清刻贵，即使有也无力购求。加之吕贞白师提倡购藏清刻精本，我多少受其影响，也就没有醉心于明刻。记得有一天在另一个小书铺里见到部明万历时朱东光刻的《中都四子》，还是极少见的白棉纸红印本，只是缺掉了后两种《管子》和《淮南子》，虽然前两种《老子》《庄子》齐全仍未想买，其实当时要价不高，还是买得起的。"

看来，当年的保文堂也有不少的好书在。黄先生在文中又写道："在抗战胜利之初，我还到南京去看过龙榆生师，顺便也去朱雀路转了一圈。保文堂门市依旧，而且还多了几部过去见不到的明刻本，只是多少都有点毛病，像有部玉兰草堂刻的《辍耕录》就抄配了一本。我买了钱谦益的《有学集》，康熙时金匮山房刻金镶玉装，也够得上善本，还有明嘉靖时耶山精舍刻白文《六子》中的《扬子法言》和《文中子》，棉纸印订成两小册。遗憾的是困顿时仍变了钱，不知流落在哪里？"

我每读到这样的文章，都会欣羡那个时代爱书人的书缘。到了此刻，我只能请几位爱书人陪着我一处处地寻找曾经聚集古书的街区。如此感觉，当然不能过瘾。当我走进夫子庙内，依然梦想着有一天能够恢复当年的盛况。套一句杜甫的话来说："安得书店千万间，大让天下爱书人俱欢颜。"杜甫的呼吁，到如今似乎已起了些作用，不知道我的呼吁是否有一天会梦想成真呢？

百年辉煌　终归消歇

苏州旧书肆

　　对于苏州的旧书肆，前人有过太多的论述，观前街、护龙街已
然成了爱书人心中的圣地。我到苏州访书的次数何止百十回，却从
未想起到这些古街上去游览一番。近日苏州古籍书店经理卜若愚先
生邀我去其店举办一场新书首发式，于是我打电话给马骥先生，向
他请教这两处著名的书店街是否还存在。他告诉我说，早在几十年
前就已经没有了痕迹。然而我不死心，问他这两个地点今日在哪
里，他说当然还存在。

　　虽然这两条著名的古书街已经风流不在，但既然有遗址可寻，
我还是希望能到原址观览一番。首发式完毕后，一同前来的海豚出
版社俞晓群社长问我是否跟他当晚赶往上海，但我还惦着那两条古
书街，于是特意在苏州住了一晚。而我所住酒店距古籍书店不足百
米，中间仅隔着著名的临顿路。

　　第二天一早，卜经理来到了酒店，他说带我去吃当地独有的一
种面条，早餐过后，再带我去看这两条书店街的遗址。走出酒店大
堂时，我就忍不住问他护龙街在什么位置，他随手向前一指，说这
条人民路就是当年的护龙街。没想到我就住在了此街的街边。

1. 宽阔的人民路也就是当年的护龙街　2. 苏州古籍书店

人民路已然成为苏州老城区内的主要街道，宽阔而通畅，街的两侧似乎已经看不到任何的书店。我的这句话引起了卜经理的不满："我们的书店不就处在护龙街边吗。"如此说来，而今的人民路也就是当年的护龙街，唯一遗存的书店就是苏州市古籍书店。

至于苏州旧书肆的起源，要从当地的刻书说起，宋洪适在《元氏长庆集跋》中称："乐天守吴才岁余，其郡屡刊其文。"至少说明早在唐代，苏州一地就已经开始刊刻书籍。既然有了出版也就有了交易，元稹在《白氏长庆集序》中称："至于缮写模勒，炫卖于市井，或持之以交酒茗者，处处皆是。"

看来，早在唐代苏州一地已经有了书籍的买卖，只是不知道那时的交易是门店经营还是摆摊于道，但无论哪一种都足可以说明，在版刻通行不久苏州就已经有了书肆。到明清之时，苏州的旧书肆已然十分发达，王稼句先生在《苏州书坊旧观》一文中称："据记载，苏州在明代有书坊七十多家，清初有二十八家，至乾隆、嘉庆年间有三十六家，坊肆林立，估人麇集，风流韵事，至今为人津津乐道。"

以上所谈乃是指整个苏州旧书店的繁盛，护龙街则是清代苏州书肆的主要聚集地。然而早在几十年前，护龙街远不是我今日看到的这样宽阔。1931年日本汉学家长泽规矩也写了篇《吴城书肆记》，那个时代作者看到的护龙街是"道路狭窄，但好像还是一条主要街道，最近在逐步拓宽。街上多是古玩商店，卖古书碑帖的也混杂其中。"

看来护龙街原本是一条狭窄的街道，20世纪30年代开始了扩路工程，并且那时的护龙街主要业态乃是古玩店，其中有一些旧书店买卖古书和碑帖。如此说来单纯把护龙街视为纯粹的书店街，乃是爱书人的选择性忽略，长泽规矩也在文中有着如下的描述：

> 书肆从南边数第一家是路西的艺芸阁马氏，只是个小店。百双楼郑氏，近年开始抬头，买进了旁边卢氏的书，卢家先人曾跟随黎星使到过日本，从日本购进很多书。古活字本卖得很便宜，《龙龛手鉴》只要百数十元，青归书屋本《论语》也只三十五元，宽永丹表纸本《文选》不到百元，价格无可非议。这些书基本都被当地藏书家潘氏买去了。我所获只是剩余的小册子，只有一部明板的医书值得一看，还是在燕京没见过的。欣赏斋余氏也是小店，来青阁杨氏在改建书店，适存庐丁氏搬到它南面，前者书店虽变大了，但珍本少见。老字号依旧如常。在墨憨斋看到店员在不停地裱糊《墨憨斋定本新曲》。以上书店都在路西。文学山房江氏在北边路东，近年以所藏的木活字印行书籍，冠以《文学山房丛书》。旧书不是很多，最近购进沈某的藏书，也只是些普通本。护龙街的旧书铺就这么多。

长泽规矩也的这段话中讲到的第二家书店，乃是"百双楼郑氏"。然而对于百双楼的主人其他的文献上却有着另外的说法，张威廉在《记苏州两位陆姓画师》一文中称："抗战前，苏州屈百刚、邹百耐两姻丈在当时的护龙街开设一家命名为'百双楼'的旧书店，除线装书外，兼收售旧字画，生意颇不恶。"由此可知，百双楼的主人应当是屈氏和邹氏。

对于这位邹百耐，我与之还有着间接的因缘。前些年，补白大王郑逸梅的收藏渐渐散出，我购得一册潘景郑赠送给他的清代文人手札集册。潘先生对这些手札颇为宝爱，将此裱为一册，并且对每通手札都做了按语。这些手札中，有一通乃是邹福保写给陈倬者，对于该通手札，潘景郑在按语中首先称："巢隐手简一帧，即吾吴邹泳春先生福保之别署。先生登清光绪十二年榜眼，授编修，累迁至侍读学士，旋即归隐终老。哲嗣百耐，壮岁入政界，后归里，即于其所居塔倪巷门首设百拥楼书肆，尽出先人遗笈，弃儒习贾，间亦往来故家，居间牟利。吾族香雪草堂藏弆悉为所得，出入利润倍丰。"

由此可知，这位邹百耐乃是光绪十二年榜眼邹福保的后人。然而潘老却称，邹百耐的堂号乃是百拥楼而非百双楼。长泽规矩也在文中还讲到，百双楼的旁边有一位卢氏所开的旧书店，此店的进货渠道主要是日本，因为书店主人曾跟随清朝驻日本公使黎庶昌到过日本。看来这位卢氏颇有头脑，在日期间他跟当地的一些旧书店主建立了关系，于是从那里购买了一些古书在苏州售卖。而长泽认为这些书的卖价很便宜。

长泽在这段话中还提到了来青阁书庄主人杨寿祺，这位杨寿祺在晚清民国间旧书界很有名气。我与杨寿祺的后人杨炎先生是交往多年的朋友，所以从他那里听到过不少当年来青阁的经营情况。有意思的是，而今的苏州古籍书店内悬挂的匾额，正是用来青阁旧匾反面刻字而制成。对于这件事，卜若愚颇以为傲，我上次来其店参观时，他曾从库中找出此匾让我观看，而今这个匾额悬挂在了整修一新的古籍书店一楼大堂内。

杨寿祺是位用心的经营者，结交了许多一流的版本目录学家。1959 年第 7 期的《业务通讯》刊载有杨寿祺所撰《50 年前苏州书店之状况》一文，该文中有如下段落：

当时每逢星期日，由沪到苏购书的有商务印书馆之张菊生先生，及编辑孙星如先生。他们与南洋中学王培孙校长、大清银行叶揆初行长以及葛君词蔚等五人，有时同来，有时三四

正中的匾额用的就是来青阁的旧匾背面

人同来，而且总是早车到苏，晚车返沪，既不游山玩水，亦不留宿一宵，以购选书籍作为一种业余功课。此时傅增湘先生亦由北京到苏购书，大约三四个月一次，每次停留数天。他精于版本，只收名贵之书，普通本是不收的。另有碶石费景韩君，馆于南浔张石铭家中，一面向居停宣传保存文化遗产，一面将向来只有抄本的《郘亭知见传本书目》首先印行。于是书业中人得以人手一册，版本知识亦随之进步。

1910 年前后的苏州旧书业十分繁盛，上海的张元济、叶景葵、北京的傅增湘等大家都前往苏州去买书。而杨寿祺与他们都有着密切的交往，难怪他的书店越开越大。后来，他的主要经营之地迁到了上海，这一段往事在上海旧书市一文中再细说。

长泽规矩也在此文中还提到了著名的江氏文学山房。对于文学山房的初创，王稼句在《苏州书坊旧观》一文中称："文学山房初创于光绪二十五年（1899），先在护龙街嘉余坊口，后移大井巷北首，面阔三间，又有后楼，缥帙盈室，精椠秘笈，触目皆是，堪称东南旧籍名铺。"

原来文学山房原本在护龙街上，后来迁移到了大井巷。我问卜若愚大井巷在哪里，他告诉我说，就在古籍书店的侧旁。其实这条街我已走过多回，因为每次从古籍书店出来后，都会穿过这条街到闹市区内去吃饭。对于苏州的古书店，我最熟悉者莫过于文学山房。这是因为该店的堂号至今依然在使用，该店的主人江澄波先生 90 岁高龄依然在经营之中，其业书之长久在苏州一地的古籍书店无逾此者。而杨寿祺在《50年前苏州书店之状况》一文中又称：
"1914年欧战发生，这一时期苏地旧书业都很困难，欧战停止后，
才渐有起色。直至1937年日寇侵华之前，支持苏州旧书业的仅江
杏溪之文学山房一家而已，余皆旋起旋歇，难以悉数。"

　　江家人的耐性真的令人感佩，第一次世界大战影响到了苏州
的旧书业，在日本侵华之前，苏州仅剩下文学山房一家。如此坚韧
能挺过那么多的苦难，足见江家人有着超于凡常的耐性。但是从历
史资料记载来看，对文学山房的经营，却有着不少的贬语。比如长
泽规矩也在其文中称："子祥屡次对我说，文学山房相当狡猾，时
常作假，光绪刊本里出现汪阆源的印章，嘉庆刊本又有毛子晋的印
记，这类事颇多。我到这里以后，听当地人说，现在他们把删去全
部或部分目录的残本当足本来卖。书价也没准，说是主人亲自定的
价，若是客人要走，又说可以降价。时至今日，他若拒不改正，一
定会有后悔的那一天。"

　　长泽规矩也在这里虽然只是说，他听别人讲文学山房有造伪
之事，但还是把这件事写入了文中。而苦竹斋主在《吴门访书》一
文中也有类似的描述："文学山房在护龙街，从外表观之，尚能保
持旧书店之本来面目，惟营业亦极清淡，闻近日售书与无锡江南大
学，稍获济窘之资。主人江姓，沉默寡言，应对谦谨，惟店伙喜伪
作旧刻，私造古今藏书家名章，熏染纸色，改头换面，蒙混顾客，
凡与往还者，咸怀戒惧之心。"

　　通过苦竹斋主的描述，可知造伪者乃是文学山房店中的伙计而
非店主。但是江家人是否了解伙计们私下里做这种事，这就只能任

凭人猜测了。然而我却觉得，江家人在经营方面很有独特的本领，因此不太会做这些小手脚，来影响声誉。《常熟文史》第 22 辑中载有夏淡人所撰《我的书店生涯》一文，作者在该文中讲述道："我的父亲原是中医，在旧社会里因嗜好阿芙蓉，因此把祖遗产业，吃得片瓦无存，以致全家生活，饔飧不继，十分困难，租住了人家三间既破又小的房屋，真所谓'风扫地、月点灯'。在我五岁时，母亲即在贫病交迫中死去。从此我由祖母抚养大。我生长在这样清寒的家庭里，所以小时只勉强读完了初级小学四年。辍学后，待在家里。十五岁时，才由一位胡伯伯介绍到常熟城内寺南街惠记书店当学徒，业师沈惠民。"

夏淡人的父亲因为喜好吸鸦片，使得家产彻底败光，因此他在 15 岁的时候进入常熟一家旧书店去学徒。而后，他进入了文学山房。"在进书店后第五年，即 1940 年，经苏州怡园隔壁存古斋书店主人严瑞峰先生介绍，来到文学山房当店员，实际是个过堂学徒。文学山房主人江杏溪，我叫他太先生；小老板江静澜，就是现在江澄波先生的父亲。那里业务比较发达，见到的书也多，实践中又得到他们的指点，使我学到了不少版本方面的知识。我在店里的基本工作，还是修补书，在业余时还为店里抄写过几部吴文英著《吴下方言考》，多数销售日本。"

由此可知，文学山房当年的经营情况很好，并且江氏家族版本知识丰富，夏淡人自称他在那里学到了不少的目录版本学知识。这样说来，江家人不太可能靠造伪来经营。文学山房受到一些买书人的指责，可能跟其伙计的一些所为有很大的关系。

关于护龙街一名的来由，2016 年 5 月 27 日的《苏州日报》有一篇《从护龙街到人民路》，该文写道："在唐宋时期，人民路只有三元坊至香花桥一段，被称作大街。因为整条街仿佛一条横卧的巨龙，因此明清朝时被改作卧龙街、护龙街。整个街道很长，从南至北步行，要走很长时间，苏州人有'走煞卧龙街'的俗语。"

看来这条街原本就很长，而今站在街边望过去，路的两端更是看不到尽头。文中又称该街为卧龙街，对于这个名称的来由，文中引用了王謇在《宋平江城坊考》所言："卧龙街南北直贯城中，街为龙身，北寺塔为尾，府学为首，双塔为角，取辰巽之气也。府学正门前双井为目。"

然而今天的我站在这条街边却无法看到这种独特景观。卜若愚说，趁着早晨还未大热先去吃那独特的面，于是带着我和于立业先生步行前往一家老面馆。吃完面后，他带领我二人前往玄妙观，去看另一处曾经的古书集散地。

在玄妙观开旧书店者应当以黄丕烈的名气最大。荛翁晚年为了让后人有碗饭吃，特意在玄妙观办起了旧书店。苦竹斋主在《吴门访书》中记载了这件事：

> 吴门书坊，盛于前清乾嘉间，黄荛翁、顾听玉辈之风流韵事，至今犹为人所乐道。荛翁晚年，且自设滂喜园书籍铺于玄妙观西。其时坊肆林立，估人麇集，其人其事，虽无李南涧辈为之记述，而荛翁每获一书，辄题其上，追溯源流，委曲尽情，发人雅兴。

看来当年玄妙观周围有许多家旧书店。苦竹斋主在文中又写道：

> 间及坊主船友，叶焕彬复为录出，共得五十家。百余年来，战乱频仍，当年坊肆，不知几经沧桑，叶氏谓玄妙观前无一旧书摊，无一书船友，感慨无已！惟叶鞠裳日记所载，尚有绿润堂、世经堂、来青阁、述古书肆、大成坊书肆、书估侯念椿、陈某及曲阜孔某等。鞠裳晚年喜研金石之学，搜求碑版，不遗余力，然其所获善本，亦不在少数，足见吴门书业虽式微，而尚不至完全绝迹也。

对于玄妙观的书肆经营，当年叶昌炽在日记中多有记载，由这些记载可以了解到当时玄妙观旧书店的经营情况。而顾颉刚因为那时生活在苏州，所以他也留下了许多到玄妙观买书的文字。比如他在给《前尘梦影录》一书所写的序言中称："常日课罢，三人者又联袂至玄妙观，吸茗于雅聚茶园。其时新书肆皆设观前街，而观内木棚数家，东廊下有华氏，西廊下有朱氏，皆售旧刻本。是时吴中学风已变，群视旧籍为无所用（物），问津者寡，价因日贱，一册仅售铜元数枚。我辈以茗谈之便，日必趋之，视囊中钱多少，选购一二，挟至茶座，交互览之，兼施评判，以为人间至乐萃于是矣。"

这段话中讲到的三人，乃是他跟王伯祥、叶圣陶。而对于玄妙观附近的旧书店，徐雁先生在《中国旧书业百年》中还有着如下的记录："位于观前街的有悬市招'发兑经史子集'的文怡书局，还有振新书局、商务印书馆代理处；有位于观前察院场的交通图书馆，

玄妙观山门

观前北仓桥的世界书局，同在玄妙观西角门的有小说林、东南书局，设址于护龙街的有含光阁、来青阁、文津书林和文学山房，在阊门城门口的有扫叶山房和绿荫堂，沧浪亭内则有江苏官书局。"

可惜的是，玄妙观前的旧书店到了民国后期衰落了下来。苦竹斋主在《吴门访书》中写道："玄妙观内有文庐书庄及新新、新生、大公、新民等书店，非经营新书文具，即形同冷摊，毫无生气。观前则高楼敞肆，百货纷陈，更无旧书业立足之余地矣。"

而我在 20 年前来到这里时，就已经看不到任何的书店了。虽然如此，我还是让卜若愚带我再次来到了观前街。而今这一带已经成了苏州市最为繁华的步行商业街。卜若愚说，书店经营乃是微利，不可能开办在这寸土寸金之地。好在这一带整旧如旧，依然有着我所喜爱的陈旧气。

玄妙观的正前方有着高大的石牌坊，进入山门并不收费，虽然天气炎热，但里面的游客也不少。院中的空地应当就是当年摆旧书摊的地方，院落的两侧开办了一些古玩店，我觉得这些店铺有可能就是当年旧书店所在之处。站在这里细细地看过去，果真没有一家经营旧书者。沿着玄妙观的右侧一直向前走，一直走到了玄妙观的后侧方，卜若愚介绍说，这一带原本也是书店汇聚之地，而今展眼望去已然看不到丝毫的痕迹在。

参观完玄妙观，跟随卜若愚又回到了古籍书店，要想在这一带看到真正的线装书，也只能到古籍书店的四楼。昨天晚上，我正是在这里举办了讲座，当时并没有看到太多的线装书。卜经理告诉我，为了这场讲座，他特意让员工把厅堂内的一些书架放入了另一个房间，而后他带我进入这个房间，果真看到了多架线装书。有些

旧书架转移到了这个房间

书的质量颇为不错，但却通通未曾标价。卜经理告诉我，这只是陈列品，真正的线装书日渐稀少，使得各家古籍书店都有惜售心理，故而能够在古籍书店买到线装书，已经是不容易的一件事。

正感慨间，马骥先生来到了楼下，他向我出示了一册《文史资料选辑》第九辑，此辑中有夏淡人所写《姑苏书肆忆旧》一文，该文中以书店名为节，详细地列出了苏州旧书店的具体地点及经营情况。我立即接过来细细翻看，首先去看《百双楼》一文，看过之后立即解了我的疑惑，该文中写道：

> 开设在护龙街怡园隔壁，是邹百耐、屈百刚两个读书人合开的，两人家中都有较多藏书，各人搬出一些书来。用张石生当经理，还带二名学徒：李光皓（在复旦大学）、华开荣（在市图书馆），这家书店，虽不专靠营利，但营业较好，也收集些他们喜欢的书，把不需要的家里藏书搬来店中出售，这个办法就是很好的。后来二人分开了，屈在干将坊言桥开设"国学小书堆"，邹将店搬回到塔倪巷里自己家门口，把招牌另名"百拥楼"，两家书店都搬进了小巷，从此营业大减，不长时间，屈即转业当教师了，邹之书店转业为"百双礼堂"，专供结婚户的租用。

通过这段叙述可知，原来百双楼和百拥楼是一回事，只是到后来分成了两家。以此论起来，长泽规矩也把百双楼写为郑氏，显然是搞错了，但也说不定郑氏乃是邹氏误植。但无论怎样，夏淡人此文让我解开了疑惑。

对于邹百耐的经营情况，潘景郑在《邹福保致陈倬》手札按语中又写道："松江韩氏读有用斋以藏书著，甲子江浙战起，其后人捆载至沪，百耐为之介绍出售南北藏家，逐什一之利，后为韩氏编辑藏书志稿，谋为刊行，未成。建国后寓沪，以年谊乞张菊生丈为介绍，入文史馆，不数年即病中风逝世，年六十余。所编韩氏藏书志稿以百金售诸上海图书馆，倏经廿余年矣。"

看来，晚清著名藏书家韩应陛的旧藏后来都是通过百双楼的经营而散于各方。邹百耐是一位有心的经营者，他在经手韩应陛藏书的过程中，特意编了一本目录。潘景郑说，邹百耐为韩应陛所编目录出版未成，在 1949 年之后，手稿出售给了上海图书馆。巧合的是，刚刚在数天前，我买到了吴格先生主编、石菲整理的《云间韩氏藏书题识汇录》，该书的署名正是"邹百耐纂"。此书的"整理说明"中首先称："《云间韩氏藏书题识汇录》（下简称《题识汇录》）不分卷，近人吴县邹百耐纂，稿本，凡四册，今藏上海图书馆。"

看来，该整理本就是根据邹百耐的稿本点校而成。对于邹百耐的生平，整理说明中又称："百耐（生卒年不详）出生于书香门第，其父咏春也喜藏书。百耐自谓'少随先侍讲京寓，国变南归。侍讲公著述之暇，辄喜考订群籍，命司整治之役，因得略识刊籍源流'，则其涉猎版本目录之学由来已久。邹氏后于苏州自设百拥楼书肆，韩氏后人让售藏书，委托其经理，可谓得人。"

因为潘景郑先生与邹百耐相熟，故对其家中情况颇为了解，潘先生所写的这段按语由此而变得颇为重要。关于邹百耐家中的情况，潘先生在按语中又写道："百耐无子，有四女，未知何归。余识君于抗战前，岁时买书百拥楼，往来至久，屡曾劝其为咏春先生遗诗刊传，顾君以无利可润，不暇为先人显扬之业，其遗稿今亦无可踪迹，为之慨叹。"

马骥向我出示的这本《文史资料选辑》还谈到了多家旧书店的具体位置所在，比如夏淡人所开的琴川书店，其位置就在"护龙街吉由巷口"。而此巷正是古籍书店的侧门旁，这一带经过了改迁，已然没有了书店痕迹。夏淡人在《我的书店生涯》一文中又称："到1946年书摊逐渐扩大，因此想独立开个书店了。亏得怡园对门金石山房碑帖店主人黄慰萱帮忙，借了一席之地给我，让我放两只书架。一架放线装书，一架放平装书。这样，我的小书店开张营业。可是我所有的书还是放不满，只好仍向同行借些滞销书，装装门面。当时常熟朋友曹菊生借了《玄览堂丛书》《借月山房丛书》等给我。为了生意做得好，门前还摆了个书摊。有时还去常熟无锡摆临时书摊。"

夏淡人开办的第一个书店就在怡园的旁边，而刚才卜经理带我跟于立业吃早饭的面馆就在此不远处，可惜当时未曾拍照，于是一咬牙让马骥带上我三人重走面馆之路，来到怡园旁边拍照。拍照完毕后又跟随马骥来到了嘉余坊巷口，在这里看到了嘉余坊的街名介绍牌，遗憾的是这个介绍牌上完全没有提到旧书店的字样。马骥跟我说："早就跟你讲过，让你有心理准备，在这旧址上已不可能看到当年的旧书店了。看景不如听景，你还是靠文章的描绘来想象旧书店的情形会更开心。"

真的如其所言，我在相应的历史记载中，最喜欢读的就是对于

怡园

旧书店的描绘。高泳源在《漫记当年旧书肆》一文中写道：

> 嘉余坊巷口的来青阁，店堂明亮洁净，壁上书架井然，架上堆满着书，有青布函装着的，有白纸包着的，都用书签标明书名和书价。古人所称的"缥缃满架"，大概就指这种情况吧。文学山房的布置便与前者不同，通道两侧的店堂里，桌子上摆着大碗的浆糊，两三个职工围着桌子，相对而坐，正在对古书进行修补和装订。

通过文字想象当年的这种场景，多么地令人为之心动。可惜的是，到了我的这个时代，眼前所见，只是几块街名牌了。

远溯唐宋　近盛民国

杭州古旧书肆

就正常规律来说，古书肆密集之地通常是重要的出版中心，杭州正是这种情况。朱友论、秦坦在其所撰《民国时期杭州的图书业》一文的概述中首先称："杭州的图书业，源远流长，至今已有近千年的历史。据史载，自唐代镂版以来，杭州印刷业已经兴起，除官刻本和私宅本外就有坊行本。五代吴越时，杭州的雕版印刷业已很兴旺发达。北宋时，杭州成为全国三大刻书中心之一，杭州已有书坊业。南宋时，杭州为京都，雕版印刷工匠集中于都城，刻印之精美，印书之多，居全国之首，杭州便成了全国雕版印书的中心。"

正因为杭州是南宋的首都，而北宋皇室及朝廷将广泛刻书的概念带到了南方，使得原本是全国三大刻书中心之一的杭州，一跃而成为全国的印刷出版中心。既然有了出版，也就有了销售，想来杭州在宋代也应当是书店遍布之地，可惜相应的记载难以查到。褚树青则在《民国杭州旧书业》一文中作了如下的推论："杭州书肆界则借自宋迄清均为刻书中心的声名和多藏书家、藏书楼的优势，向旧书业的方向发展，终至形成旧书经营一枝独秀的局面。"但总体

杭州保佑桥西弄

来说，随着出版业的衰落，杭州的书坊也渐渐地萎缩。朱友伦、秦坦在其文中作出了如下高度的概括："元代杭州书坊不及南宋，明代不及元代，清代杭州书业又远不及明代。"

然而，从历代资料来看，在明代时，杭州的旧书店还十分的兴盛。明胡应麟所撰《少室山房笔丛》中专有一节"武林书肆"，而武林正是如今的杭州，胡在该节中写道：

> 凡武林书肆，多在镇海楼之外及涌金门之内，及弼教坊，及清河坊，皆四达衢也。省试则间徙于贡院前。花朝后数日徙于天竺，大士诞辰也。上巳后月余，则徙于岳坟，游人渐众也。梵书多鬻于昭庆寺，书贾皆僧也。

看来当年的清河坊等交通要道都有不少的书店，那时还有流动的摊位，赶上全省统考之时，在考场的门口就会出现许多的书摊，而在重要的节日也会在景区附近出现卖书者。如此说来，杭州的旧书店在明代还十分兴盛。可惜进入清代后，渐趋衰落。朱有伦、秦坦在文中写道："到清末，杭州只存有 8 家书店，即清河坊的文元堂、知新书店，花市路（今教仁街）的古欢堂，梅花碑的经韵楼和城站福缘路的小琳琅馆。民国初年，杭城新开了两家书店，即清河坊的文玉堂和梅花碑的务本堂。"

到了清末时期，杭州仅剩下 8 家书店，这个数量与该城的名气实在不成比例，然该文中又提及："民国时期，杭州市区有 136 家书店。其中大型 10 家，中型约 30 家，其余都是小本经营。他们起初以经营古旧书者居多。到 1937 年，杭州 41 家书店中，古旧书店只有 14 家，新书业有书店 27 家，其中商务印书馆杭州分馆和中华书局杭州分局为最早的店家。随后，大东书局、世界书局、开明书店亦相继在杭州开设分店。他们专门从事本版书的发行业务，开始左右了杭州的图书市场。"

看来到了民国时期，杭州的书店业又迅速地繁荣了起来。竟然比清末多了十几倍，并且还有不少的大型书店。而我的寻访则更加关注古旧书店街的情形，好在此文点明了在清末时期，杭州城内的书坊聚集之地：清河坊、花市路、梅花碑、城站、福缘路等等。这些地点成了我的旧书店寻访目标。

2017 年 9 月 27 日，我前往杭州去参加浙江省图书馆举办的目录版本学研讨会。在开会期间，我向善本部主任童圣江先生提出，想在会议结束后前去寻找杭州的古旧书肆遗迹，于是童主任安排善本部的古籍修复师汪帆老师陪我去寻找。我把自己的欲访之点发给了汪老师，她经过一番资料查询落实下具体的地点。第二天一早，她就到酒店接上我，一同去探访这些遗迹。

汪老师带我去的第一个寻访点就是杭州城站和福缘路。近日天公不作美，一直下着雨，并且有一个时段雨大如瀑，手中的伞完全失去了作用。因为我的返京机票已经订在当晚，所以尽管雨大也无法改变行程，只能硬着头皮访下去。雨极大之时，在车内躲避片刻，听汪老师讲述她到处寻访手工纸坊的趣事。而她的这份执着，也同样给我以鼓励。

在此前，我一直没能弄明白为什么杭州城内有一片区域叫"城站"，汪老师说，这个词倒是没有特别的含意，其仅指城市内的火车站。可是各地的老火车站基本都处在老城区的中心位置，那些地方为什么不叫城站呢？更何况杭州的城站之名在民国年间就已是普遍的称呼，因此城站不太可能是为了与郊区车站相区别。看来这个疑问只能等以后再探讨了。

待雨水稍有间歇之时，我跟汪老师走到了福缘路。而今的福缘路改称为福缘巷，巷的两侧高楼林立，已然看不到一丝的古意。在这黄金地段，已无可能存在旧书店。然而新书店却有一家，名称颇为雅致——静思书轩。隔着玻璃向内探望，里面没有线装书的痕迹，哪怕是摆一排新印线装书，也能激起我些许的兴趣，可惜这个小小的希望也未能得到满足。从书店的侧旁走过，福缘巷的顶头位置是通往火车站的宽阔大马路，站在这车水马龙之处，远远地望着

1
—
2

1. 如今的福缘路　2. 福缘路上的唯一一家书店

高大的杭州站，也说不出自己是怎样的心情。

当年的福缘路可是杭州著名的书街，民国年间，城站与福缘路这一带曾经有文艺书局、小琳琅阁、复初斋、麟经堂、抱经堂书局，其中以抱经堂书局影响最大。徐雁先生所撰的《中国旧书业百年》一书中写道：

> 抱经堂书局于 1915 年开张，初设于梅花碑，后迁城站新福缘路，拥有十二至十四号铺，逐渐由一家小字号书铺，发展成为一家杭州经营规模最大、声誉最为卓著的大书铺。朱氏也由一个目不识丁的乡下佬，从学徒习艺到创业开店，成为江南知名的旧书店业主，终至藏书满楼，由书贾而为藏书家。他还被目为版本目录学专家，撰有《卖书琐话》和《杭州旧书业回忆录》，时有将其与孙殿起先生合称为中国旧书业界的"南朱北孙"。

抱经堂书局可谓晚清民国时期杭州最具名气的古旧书店，店主朱遂翔乃是杭州、甚至可以说是江南地区旧书业执牛耳者。他跟北京琉璃厂的孙殿起并称为民国期间中国旧书业的两大领军人物。关于抱经堂书局及其主人的情况，寿勤泽在《朱遂翔与抱经堂刊书》一文中写道：

> 当时书局经营的宋、元、明善本，名人抄本、稿本达数百万卷之巨，吸引了南、北书商及国内各大图书馆来杭采购图

书。上海的东方图书馆、涵芬楼及其他大图书馆在 1916 年前后在杭州争购宋版、元版图书，大部分书都是向抱经堂书局购买的。朱遂翔拥有的宋版《李贺诗歌集》、顾祖禹手稿本《读史方舆纪要》等，都是富有很高版本价值的图书，由此可见抱经堂经营水平的一斑。

对于名贵的图书，朱遂翔辟室珍藏，他在郭东园巷私宅中辟建书室珍藏善本图书数万卷，可见朱遂翔不是一个斤斤计较于蝇头小利的书商，而是一个勤于书业、具有远见的文化人。

这位朱遂翔经手宋元珍本无数，虽然他以书店为业，却并不仅仅是过手，他还收藏了大量的珍本典籍。在江南地区何以出现这样一位业界领袖级的人物？这当然是后世爱书人最为关心的话题之一。关于朱遂翔个人的从业经历，其本人写过一篇《杭州旧书业回忆录》，然此文中却对个人经历的叙述仅用了寥寥的几十个字："余自清光绪三十四年（1908 年）来杭学习书业于杭州清河坊文元堂书局，拜杨耀松为师，当时对旧书不甚注意，兼营所及，略事点缀而已。"

然而，关于朱遂翔个人的经历其实有着多个传奇的故事，有不少的资料都会说到，朱遂翔初到杭州时，因为满口的绍兴话，这让杭州人很瞧不起，而当时他又不太识字，所以常常被师父和师母责骂，同时师父认为他太笨，不适合学习专业知识，于是仅让他每日里洗衣服、倒马桶。

这样的日子朱遂翔过了一年多。这个过程中，他也在想着如何改变自己的处境，他觉得从事旧书业首先要认字，于是每日里偷空写字读书。经过三年的努力，他终于得到了师父的认可，派他随同店中懂得目录版本的朱华先生到外地去收书。经过一段时间的磨炼，朱遂翔渐渐懂得了旧书业的门道，他也在收购的过程中用自己积累下来的钱买些书藏在家内。等他渐渐有了底子，就向师父正式提出辞职，而后建起了抱经堂书局。

在很短的时间内，抱经堂书局就成了杭州市内著名的大书店，朱友伦、秦坦在其文中写道：

> 抱经堂，取清乾隆杭人卢文弨所刻《抱经堂丛书》而名。创立于民国 4 年（1915），初设于梅花碑，两年后迁城站福缘路，从一家小店发展成为双开间门面的大书局，并在旧书业经营中独占了鳌头。

为什么在这么短的时间内朱遂翔就能够声名鹊起呢？这当然与那时的环境有一定的关系，朱友伦、秦坦在其文中写道：

> 1916 年开始，全国各大图书馆也竞相来杭大量购买古版书。上海的东方图书馆、涵芬楼和北京藏书大家傅增湘亦来杭州争购宋版、元版图书；北京、上海的书业界就纷纷来杭收书。如此盛况，使杭州古旧书业务蒸蒸日上。

看来，朱遂翔赶上了好时代。然而那个时期并非只有抱经堂一家在经营善本书，因此朱遂翔能够超越同侪必有其特殊的原因在。比如朱在《杭州旧书业回忆录》一文中写道："旋有杭州吴晓帆家之藏书出售（1954年间北京图书馆向杭州文汇堂书店购去之太平天国史料多种即其中之一部分），由梅花碑汲古斋书店主人侯月樵介绍业师往购，索价一万数千元，业师患得患失，不敢着手，其书品目甚多，后为上海南洋中学教员汤济沧出二千五百元全部购去，实在价廉之至。"

看来面对整批的书，有的店主会患得患失不敢下手。而朱遂翔却敢于大胆买入，即便打了眼买错了书，他也不会把这个失误转嫁到顾客头上。褚树青在其文中谈到这样一个故事："朱遂翔曾收到一部翻元《六子全书》。当时，因是熟人介绍而来，故朱氏未及细察，就充作元版购进。适著名版本学家、藏书家傅增湘来访，见几旁之书，拿起翻阅，竟也失眼，认作元版，以三百元欢喜携归。回京后，傅仔细考究，大呼惭愧。即书函告朱。遂翔阅信后，立即汇回书款，并告书由傅先生自裁。此事一时传为美谈。"

看来诚信经营是抱经堂书局能够做大的法宝之一，而其另一法宝则是从古书流通处主人陈立炎那里学到的绝招：在书上标明售价。此前的旧书业均不标价签，而后根据买主的实力随意开价，这种做法虽然偶尔能够博得暴利，然而却影响了旧书业的声誉。民国五年，陈立炎在其上海所创建的古书流通处首先给古书标明定价，这种做法使得该店的业务量大增。朱遂翔看到了这样做的优点，于是在杭州率先实行了明码标价的售书方式。朱在《回忆录》中写道："杭州出书目最早者，为余所设之抱经堂书局，开始即逐部标明售价，以示毋欺。但事属创举，信用未著，购者未见踊跃；而杭地同业检我店书目内相同之书，在顾客前宣传：我定十元，只需五元，故本地营业不见热闹，来购者反以外埠为多，数年后营业蒸蒸日上。抱经堂书局尚有一种临时书目，藉补正式书目之不足。各同业以利之所在，亦皆纷出书目，从事竞争。"

先吃螃蟹的人也真的需要勇气，同时还要冒被扎伤的危险，虽然抱经堂的这个举措正好被同行利用，然其不为所动，坚持诚信经营，果真博得了大主顾的信任。褚树青在其文中写道："由于朱遂翔为人诚实，又精研版本，遂被'九峰旧庐'主人、大藏书家王绶珊赏识，委以全权代办收书业务。遂翔替王氏收书，最得意的几笔生意有：以 58000 元之价，收进常熟瞿氏铁琴铜剑楼宋版书八种；以 6836 元，收进苏州邓氏群碧楼宋、元版二十四种；以 14088 元，收进北京傅氏双鉴楼宋、元版书十五种。"

九峰旧庐主人王绶珊是民国年间杭州第一人藏书家。他从 1927 年开始收购旧书，到了 1937 年因为抗战而停止，十年期间，花了五十多万元来买书，在那个时代这笔款项十分之巨大，故其被称为近代藏书家花钱买书最多的一位。而其所买之书有一大半都是经过朱遂翔之手，为此朱遂翔成为民国江南地区实力最大的一位书商。

可惜的是，王绶珊意外地去世了，想来他的去世对抱经堂的营业是一个打击，几年过后，九峰旧庐所藏之书也渐渐散了出来。大约二十年前，上海的某家拍卖行上拍了一批九峰旧庐旧藏，这些书的品相都很好，版本价值于今而言也很难得。我从拍卖行古籍部的主管那里打听到，这批书出自王绶珊的小妾。而该批书中我也争得了数部，只是难以确认我所得者是否就是朱遂翔卖给王绶珊的，但无论怎样，这也算是我跟抱经堂书局的间接因缘吧。

其实不仅如此，我还藏有两卷民国时期翻刻的《雷峰塔经》。当年西湖边的雷峰塔倒掉之时，很多人都疯抢塔砖，而后将其一一砸碎，以便寻找砖孔中的《雷峰塔经》。但当年盖塔之时并非每块砖内都有经卷，更何况经过了这么多年的风风雨雨，有些经已经腐朽得没了痕迹，故能够找到的经十分稀少，为此《雷峰塔经》成了爱书人的追逐目标。面对僧多粥少的局面，当时有些杭州人翻刻了此经，而后用旧纸刷印，用来以假充真。这样的翻刻本让许多行家都上了当，近几十年出现在市面上的《雷峰塔经》不少都有大名家的跋语，这些跋语信誓旦旦地称此经是如何之真，然而真正的行家却知道这只是民国的翻刻本。

这样的翻刻本我也买了两卷，虽然它们不是五代时期的刻本，但毕竟属于民国时期影刻之物，也具有版本价值。当年的抱经堂也参与了翻刻《雷峰塔经》的活动，可惜这样的翻刻当然不会标明堂号，故难以确认我所藏的民国翻刻本是否是出自朱遂翔之手。

那个年代，很多名人都曾经到抱经堂去买过书。黄裳先生在《湖上访书记》中有这样一段话：

> 杭州的旧书店又有一种特异的习气，他们信托的是捎客和上海的书商，有好书不情愿给上门的顾客看。记得有一次走进抱经堂去看书，店主出去了，只有女主人应门。我在残书架上看到一叠鼠啮之余的破书，中间有好几种结一庐朱氏的旧

藏，论价付钱之后，店主人一步踏进店门，大惊失色，一手夺下扎好的书，说"不卖了"。最后重新议价，以几倍的价钱才得成交，还扣下了一本旧抄《百川书志》的吴枚庵旧藏本，说什么也不肯卖了。

在 1928 年 7 月 16 日，鲁迅先生也曾到该店去买书，当时陪同前往者乃是川岛，他在《忆鲁迅先生一九二八年杭州之游》一文中写道：

> 在要回上海的前一天下午，鲁迅先生约我同到城站抱经堂书店去买了一些旧书。又在旗下看了几家新书店。晚上又同到清河坊翁隆盛茶庄去买龙井。鲁迅先生说，杭州旧书店的书价比上海的高，茶叶则比上海的好。书和茶叶都是鲁迅先生所爱好的，常叫我从杭州买了寄去。

鲁迅在城站的抱经堂买了哪些书，他当然会将此写在日记里。鲁迅在该天的日记中写道："石印《还魂记》一部四本，王刻《红楼梦》一部廿四本，《百美新咏》一部四本，《八龙山人画谱》一本，共泉十四元二角。"看来那时的鲁迅主要是购买小说、戏曲类的著作。

杭州书肆之旅的第二个寻访点则是丰乐桥，这一带曾有一家颇具名气的旧书店——松泉阁。当我向汪老师提到松泉阁这个名称时，她马上反问我该店主人是否是王松泉，我说正是如此。汪老师立即告诉我，王松泉的后人是自己的同事，此人已退休。闻听此言我非常高兴，即请汪老师打电话给此人，向其了解松泉阁在丰乐桥具体的位置。汪老师拨通电话后，与对方交谈一番，而后告诉我说，松泉阁早已拆得没有了痕迹，然此店当年就开在丰乐桥的桥头，且该桥依然保存在原址，于是驱车奔向此处。

丰乐桥所处的位置在杭州市中心高架桥的下方，这一带完全无法停车，我们从桥旁驶过却无法停下，最后只好停在了较远的街区，一路走回到这一带。而眼前这座小桥旁所立的刻石却标明该桥名叫"丰北桥"，向周围的过路人打问，是否丰乐桥改为了此名，问过几人却均不知晓，于是我跟汪老师在桥的两侧分别找人继续问下去。而我穿桥而过，走到了河对面的中河中路上，离桥头二十米之处，有公交站牌，此处的名称则是"丰乐桥北"。见此牌让我有些兴奋，看来这丰北桥就是丰乐桥。我正在拍照期间，汪老师过来跟我讲，此处不是该桥的北侧，而北侧要一直前行，她已打听到再向前行三百米的那座桥才是丰乐桥。

果真走到此处又看到了一座桥，要比丰北桥宽许多，可是在这里仍然看不到丰乐桥的标志牌，还是汪老师眼尖，原来桥名刻在了桥身的石板上。而每块石板仅刻一个字，由此而确定这座桥正是丰乐桥。可是松泉阁处在丰乐桥的哪个位置，却未能问明白，于是我决定将此桥的四角一一拍照，无论如何，该书店总会处在其中一角。因为丰乐桥桥面较宽，故桥头位置设了地下通道，由此通道转到河的另一侧，而后再转到此桥的另外两个方位。我仅在桥北的位置看到了一处老的教堂，而书店无论新旧都没有看到踪影。

丰乐桥

当年的松泉阁也曾经手过不少的善本珍籍，黄裳先生曾在此买过好书，他在《晞颜集》一书的跋语中写道：

> 壬辰冬日，随军赴浙东一隅慰问，过杭州，演越曲祝英台故事于湖滨。时方严寒，一夕，雪花如掌，经行坊肆，访书于丰乐桥堍，过松泉阁，买得元板《范文正集》于主人许，有顾大有、周九松二家印记，艺芸精舍原装未损，意颇乐之。

1952 年，黄裳来到杭州，虽然是严冬，当天还下着大雪，他还是来到了丰乐桥头的松泉阁，买得了一部元刻本。有这样好的书

缘，让黄裳大为兴奋，于是他就问王松泉还有哪些好书，而后黄裳
就记下来了这样一个故事："更问它书，遂出此见示，执以为元刻，
索重直，盖以作者为张翥也。余告之此明刻也，更读序文，知其人
杨氏，主人颇悻悻，交易未成，亦遂置之。明年秋，余为盖叫天先
生事来杭，寓湖楼二月，暇时屡买书市内，更过松泉阁，此书仍
在。主人必以归余，价只少减。余因久未得书，因念得此明初旧
刻亦佳，遂挟之归沪。细检始知卷尾割去数行，补以旧楮，心颇
怅怅。"

　　虽然这部《睎颜集》是一部残本，但经过多年的补配，黄裳
还是将此凑成了完整的一部书，可见其书缘是何等之佳。而王松泉
不仅是经手过许多好书，同时还是位修补古书的高手。朱友伦、秦
坦在文中写道："杭州书业中，以松泉阁的王松泉、文汇堂的杜国
盛、拜经楼的朱立行为修补古籍的好手。王松泉于 1931 年从杭州
到上海传经楼书店为该店传授古籍修补技术，1935 年受阿英之聘，
到他家修书直至 1938 年。王退休后曾为杭州图书馆装修线装古籍，
又为浙江图书馆培训人员讲授古籍知识。"

　　如此说来，王松泉的后人能够进浙图工作，说不定也与这修
书的经历有一定的关联。关于松泉阁的情况，以及王松泉后来的情
形，毛昭晰在为王松泉先生写的《民国杭州藏书家》一书的序言中
写道：

　　　　松泉阁虽然不是很大，只有一间店面，但书的种类很多，
　　　特别是学术著作十分丰富；再加上王松泉先生待人和蔼可亲，

于是我就成了他那里的常客。此后，我同他的关系始终没有断过。

王松泉先生"文革"前担任合作制古籍书店——杭州出新书店的总经理。"文革"期间受到冲击，被调离文化界，到定安路糖果店当营业员，那时我也常去看他。现在王先生退休已有多年，但他的思想感情仍离不开书。

而王松泉后来的情形如何呢？汪帆老师则称等我下次再来杭州时，她请其后人与我见面，以便让我了解到更多细节。从其他的史料来看，其实当年在丰乐桥的书店不仅仅有一家松泉阁，郁达夫的自传中有这样一段话：

那时候的杭州旧书铺，都聚集在丰乐桥、梅花碑的两条直角形的街上。每当星期假日的早晨，我仰卧在床上，计算计算在这一礼拜里可以省下来的金钱，和能够买到的最经济最有用的册籍，就先可以得着一种快乐的预感。

可惜郁达夫没有写明在丰乐桥除了松泉阁还有哪些店名。接下来，汪老师带我前去寻找三元坊。当年的三元坊有集益书局和著名的世界书局，因为这一带停车困难，故我们步行来到此处。在街口看到一组南宋雕塑，横刀立马站在最高端者乃是岳飞。虽然在这组雕塑的周围还有多位文官，但我却不知道这些人分别是哪位历史著名人物，他们中有没有藏书之好。

安静的三元坊

　　穿过雕塑不远，就来到了三元坊巷口，展眼望去，小巷的长度不足百米，却是保留颇为完好的古居。在巷口顶头的位置，看到了"杭州市历史建筑"介绍牌，可惜此牌上未曾标明这里曾经有着著名的书局。在拐弯处的布告栏上，又看到了这一带要进行旧城改造的通知，不知道此巷中仅存的古味是否还能够留存下来。

　　接下来则前往寻找保佑坊，民国年间中华书局就开在此坊。前往此坊则需穿过南宋御街，刚走入御街不足二十米又看到了三元坊的介绍牌，原来这里才是该巷的正入口。这个介绍牌上写明了三元坊一名的来由，也未曾提到这里曾有过著名的书局。沿着御街前行，走到中段的位置，有一座颇具特色的过街天桥，在天桥的下端有一组全家福的雕像。这组雕像的制作者看来有先见之明，因为其

南宋御街

在"只生一个好"的时代就已存在，而这样的一个大家庭，不知道何时又成了世人向往的目标。

登上人行扶梯，在其顶端位置可以展望杭州的旧街区，而后继续前行，在路边看到了一组古代活字的景观雕塑。见此让我有些兴奋：终于找到了跟印刷出版有关的景象，我要向这位设计者致敬，至少说明他未曾忘记杭州跟印刷出版之间的关系。虽然说毕昇是在北宋时发明了泥活字，但说不定这种技术也跟着皇室南渡传到了杭州。可惜，在南宋时期，杭州用活字印书的文献至今未曾发现。

而今保佑坊的名称是"保佑桥西弄"，从名称看，这一带应当是保佑坊的一部分，这条弄堂长不过百米，两侧的店铺却颇为雅致，有些甚至还在门前摆放着一些古物。

终于看到了跟印刷有关的景致

接下来则是去找太平坊。按照 1926 年秋中华图书馆协会对杭州城内书店的调查报告，民国年间，有正书局和大文堂都设在此坊。而今这里的名称是"太平坊巷"，站在巷口望过去，此巷的长度在三百米左右，前半段较宽，主要是门面经营，而后半段则为几十年前所盖的宿舍楼。远远地望去，宿舍楼的外墙上有一些壁画，走近细看，这些壁画列明了许多当年的历史遗迹。这些遗迹中有一些跟苏东坡、阮元等大文人有些关联，只是未曾提到书店与书局。

接下来则是去找清河坊，而今这一带也同样是热闹的步行街，虽然距十一长假还有一天，这一带的路面上已经站满了游客。如今的清河坊名为"河坊街"，当年这里建有问经堂书局和文元堂旧书店，在此街浏览一番，当然已不可能看到旧书店的痕迹。

以上的不少引文中都提到了梅花碑，我从查到的资料上得知，如今杭州市有一个梅花碑社区。然而梅花碑仅是个古迹名还是的确有这样一块碑，汪帆说她也不了解，因为她没在这一带转悠过。然而，朱遂翔最初开办的抱经堂书局就是设立在梅花碑，且朱在《回忆录》中也曾提及当年的梅花碑还有一家旧书店，名为"汲古阁"。褚树青在《民国杭州旧书业》一文中也称：

> 杭州旧书店，没有像外地那样稳定集中在某一条道路上，以形成颇具特色的文化街。而是分散几处，相对集中。且经多次迁移，相对稳定而已，如前期，主要在梅花碑、清河坊、花市路三处。主要的旧书店有文元堂书店、古欢堂书店、问经堂书店等。

看来，梅花碑是杭州主要的旧书店聚集地，当然要前去探访。步行前往此处，果真找到了梅花碑社区，而今这个社区全部盖成了六层的宿舍楼，已看不到任何历史痕迹。然而汪老师还惦记着我所问到的梅花碑，她在我拍照的过程中，分别向两位路人打问，终于问清楚确实有这块碑的存在。于是我们按照路人所指路线前去探看。

沿佑圣观路一路前行，在一个小路口看到了一处古门楼，上刻"梅石园"，门牌号则为佑圣观路 93 号。此处免费开放，走入园中，感觉占地面积不足两亩，是典型的迷你园林。雨后的小园另有一番景致，展眼望去，在小园的正前方有一座两米多高的小丘，丘的上方有小亭翼然。走到亭前，里面有三人在那里谈天，细看亭中之碑，果真碑首有"梅花碑"三字。看来这个街区就是以此碑而得名的。可是当年的旧书店是开在此园之内，还是在这一片街区之中？这些细节难以落实下来。

即便如此，梅花碑已然跟杭州旧书业产生了紧密的联系。我站在此碑前，感慨着这一条条旧街区书业的繁华已然被雨打风吹去，但毕竟这里曾经有过不可忘记的辉煌。比如红学家俞平伯就是在杭州开始了红学研究，钱大宇在《俞平伯与杭州》一文中写道：

一九二一年八月八日致顾颉刚函："想办一研究《红楼梦》

果真有一块梅花碑

的月刊"，并草拟出所刊的内容。次日《〈石头记〉底风格与作者的态度》一文在杭州写讫，他想用这篇文章"祛除社会上对于《红楼梦》底谬见。"就在这时，他在杭州书摊上购得嘉庆乙丑年刊本《红楼复梦》一本，不久又在城站书店购得《读〈红楼梦〉杂记》六本。这为他的版本校勘研究工作创造了条件。

俞平伯因为在这里买到了一部跟《红楼梦》有关的著述，为他的《红楼梦》研究创造了条件。可见这里的旧书店对于一位学者有着怎样的重要影响，而钱大宇也注意到了旧书店给学人所提供的滋养："由此可见，俞平伯研究《红楼梦》真正的起步工作是在杭州进行的，在杭州购得的两种书无疑对他的研究起到一定的促进作用，也不妨说，这也是杭州书摊给了他的机缘。"

真盼望着有一天旧书店能够再次兴旺起来，同时出现朱遂翔这样的重要书商。而到那时，一定有更多的学人，通过这些资料而获益。

以楼证史　名宅为店

宁波鼓楼范宅古旧书街

　　2017 年 11 月初，宁波市举办了大型的浙江书展。此前的几个月，北京的新经典公司安排我在会展现场搞一场讲座。临近开展前的几天，上海文艺出版社社长陈徵先生也命我在展会上搞讲座。显然在同一场展会上安排两场讲座容易让听众审美疲劳，于是他转而将我的讲座安排在了天一阁，并且讲座的内容与书展完全不同。

　　天一阁的讲座安排在了 11 月 5 日的下午，趁上午有时间，我想去寻访宁波的书店街。之前我已经跟天一阁的周慧惠老师请教过，她告诉我说，以前宁波市书店集中的地方主要在公园路，也就是今日的鼓楼一带，如今这一带已经变成了繁华的旅游区，书店没有了痕迹。但即便如此，我还是决定到实地查看，于是我把自己的打算告诉了陈社长，他竟然说愿意一同前往。因为他看过我写的寻访之文，很好奇我究竟是怎样探访历史遗迹，而上海文艺社的林岚等三位老师也很有好奇心，他们同样想看看我寻访的"英姿"。于是我等一行五人在宁波市的老城区内转了一上午，其中一站就是花园路。

　　宁波花园路以鼓楼为标志，但这座鼓楼却并不处在街的中心位

鼓楼

置，此楼的后方才是花园路，该路呈十字状，全部辟成了步行区。这天是星期日，天气还不错，故步行街内人流如织。在这一带完全找不到停车的位置，司机只好把我等放到街的入口处。

跟着人群走入街中，公园路的两侧全部是商店，所售之物主要是旅游纪念品和各类食品。我等一行人在这条街上边走边看，兜了一大圈也没能找到书店。看来，吃穿用仍是人们的主体追求，对于书籍，更多者则是敬而远之。好在于一个街角看到了书亭，走到近前细看，原来是宁波市图书馆设立的"24小时自助图书馆"。虽然不是售书，但见此仍令我等有了小兴奋，于是立即走上前细看亭中的书名，主要是通俗小说及散文。我所认为的有用之书，在这里一本也未看到，林岚则找到了几本上海文艺社的出版物。

站在十字路口上，看到了"鼓楼沿历史文化街区"的示意图，站在图前查看一番，未能找到书店的标志。而这一带唯一称得上古迹者，则是远远就能看到的那座鼓楼。

24 小时图书馆

其实这座鼓楼我曾"光临"过两次，主要是为了寻访古代藏书楼，但那时并不知道鼓楼的内侧原本是书店集中之地。这次再来，感觉眼前的鼓楼仿佛有了另外的风致。罗哲文、柴福善编著的《中华名楼大观》对该楼的历史有如下描绘：

鼓楼始建于唐长庆元年（公元821年），原为所建子城南城门。后梁开平三年（公元909年），置明州望海军，鼓楼称为望海军门（楼）。宋建隆元年（公元960年），又改为明州奉国军，鼓楼随之改称奉国军门（楼），由太守潘良贵书"奉国军楼"额。庆历八年（公元1048年），王安石任鄞县县令，为奉国军楼刻漏作《新刻漏铭》，有"其政谓何？勿棘勿迟，君子小人，兴息维时"句，表达了革弊维新之意。

以此推算起来，这座鼓楼的历史距今已经近一千两百多年，真可谓悠久。然而眼前所见的鼓楼乃是几毁几建的结果，当然已经看不到唐代时的鼓楼风貌。好在是原址重建，故登楼四望，仍能使人有怀古之幽情。对于该楼的递沿情况，《中华名楼大观》中有如下简述：

> 宋高宗时改称"奉国军楼神祠"。元初，鼓楼拆毁，后又重建，取名明远楼。元末，毁于战火。明宣德九年（公元1434年），太守黄永鼎在唐、宋旧址重建鼓楼。楼南悬"四明伟观"匾额，北悬"声闻于天"匾额。万历十三年（公元1585年），太守蔡贵易重修，以唐代诗人杜审言《和晋陵陆丞早春游望》中"云霞出海曙"诗意，改名"海曙楼"。清时鼓楼多有修葺。现存建筑为咸丰五年（公元1855年）重修遗物。1989年，鼓楼落架大修，焕然一新。

宋高宗为什么将鼓楼改名为奉国军楼神祠？徐海荣主编的《中国社会生活文库·中国娱乐大典》中有如下解释："宋高宗南渡，曾到过明州。传说宋高宗赵构被重兵追逐，逃到了鼓楼。在高宗躲进鼓楼后不久，金兵追至楼下，只见蛛网密布，一片荒凉，以为无人进入，遂往他途。由此脱逃的赵构后下诏追封鼓楼为'奉国军楼神祠'。"

如此说来，鼓楼曾经救过宋高宗赵构的命，如果没有它的存在，中国的南宋历史不知道会变成怎样的模样。想来，鼓楼也见证了民国旧书业的辉煌，可惜我查不到鼓楼与旧书业相关联的文章。

走到鼓楼近前探看，这座中西合璧的大楼虽然看上去有些怪异，但大致也算做到了核心统一。天一阁博物馆的杜红毅老师在《宁波鼓楼与宜春鼓楼之比较》一文中也讲到了这座鼓楼的独特建筑风格："宁波鼓楼至今已有一千一百多年的历史，是宁波建城的标志性建筑，也是目前宁波市唯一仅存的古城楼遗址。鼓楼的下部是典型的中国传统城楼样式，城楼上建的却是罗马风格的西式钟楼。在全国这种布局非常少见，使之成为宁波一道独特的风景。"

在鼓楼的右侧有一奇特建筑，这处建筑像一处景观墙，上面摆放着仿古的铜制器皿，下方的介绍文字将其称为"刻漏艺术景观体"，原来这是一处仿古的计时装置。从介绍资料上得知，宋仁宗庆历八年，王安石被任命为鄞县县令，他来到此地，看到了这种"刻漏"，于是写了篇《新刻漏铭》。此《铭》全文如下：

> 自古在昔，擎壶有职。匪器则弊，人亡政息！其政谓何？勿棘勿迟，君子小人，兴息维时。东方未明，自公召之，彼宁不勤，得罪于时。厥荒懈废，乃政之疵。呜呼有州，谨哉维兹。兹维其中，俾我后思。

由这篇《新刻漏铭》可以了解到，年轻的王安石在那时就已经志存高远。此后，他果真干出了一番轰轰烈烈的大业，成了中国历史上最有影响力的人物之一。但那时的鼓楼一带是否已经有了古旧书市，我却查不到相应文献。不过，这一带从宋至清一直是繁华的闹市区，因此推论起来，这一带的旧书铺也应当颇为兴盛。

奇特的装置

关于鼓楼一带商业兴盛的情况，清光绪十八年十月二十六日的《申报》载有这样一段报道：

　　初三日下午五点余钟时，宁波鼓楼前朝东门面恒昌油烛铺失慎，因该铺学徒揩拭火油灯，误将火纸坠入火油箱内，以致烈焰轰然延烧楼板，势甚披猖，不可向迩。俄而城厢内外洋水各龙飞驰电掣而来，竭力浇灌。冯军门、吴观察、胡太守、杨大令以及印委各员，皆督带兵勇到场弹压。各龙取水喷灌，百丈银浇，从空飞射。约焚一点余钟时，祝融氏始兴尽而返。各官次第回署，各龙亦纷纷散归。是役也，朝西门面唯同和南货铺、清一斋药店两家因四面皆有围墙，得未延烧，此外共毁楼房四十余幢云。

无意间的一场大火，烧掉了鼓楼附近四十多间房屋，不知道当时是否有旧书店也遭此厄。而我等站在鼓楼之前，只能看到墙体的缝隙生长出的郁郁葱葱的杂树，未能从中探寻到当年大火的痕迹。

在鼓楼的探访未能看到古旧书，这个结果显然难令自己惬意。2018 年 4 月 23 日，我再次来到了宁波，来之前还是找周慧惠了解，除了鼓楼之外宁波哪里还有古旧书店。她告诉我说，宁波古籍书店早已停业，能买到旧书之处则是在月湖边的范宅。于是到达宁波后，我请周慧惠带我前往范宅探看。

从中午开始，天上下起了雨，我本想等雨停后再作寻访，周慧惠说，以她的经验，这样的雨下几天都难停歇。既然如此，我们只能冒着雨把车停在一公里外的停车场，而后步行来到了范宅。关于范宅的情况，林俊燕、胡文权主编的《流光溢彩夜宁波》一书中有《古宅逢春亮朱颜——记宁波市海曙范宅文化商场》一文，此文中称：

> 范宅的主人范亿是宋代著名文学家范仲淹的第十七世孙，也是明代后期万历、天启年间宁波著名的医生。改建后的范宅现有建筑面积 2100 平方米，由台门、仪门、照壁、堂厅、厢房组合而成，前低后高，左右对称，明暗相间，是座名不虚传的深宅大院，根据现有资料考证，这一单座体量可称得上"浙江第一"。

范宅的主人竟然是范仲淹的后人，宁波文化底蕴之深真令人感

1｜2

1. 这应当是范宅的正门　2. 全国级的文保牌

叹。眼前所见的范宅是一处重新修建的仿古建筑，此建筑前有一片面积不小的广场，广场的角上则立有一块四面刻字的方碑，上面详细介绍着范宅的历史以及该楼在建筑结构上的特殊性。站在此碑前细看，仅介绍结构独特的文字就有近千字之多，如此专业的介绍文字在他处颇为少见，而对于复建的情况，《古宅逢春亮朱颜——记宁波市海曙范宅文化商场》中又写道：

> 为使耗资 500 万元的范宅得以充分利用，让市民切实感受到它存在的价值，并得以更好地保护，在文化等有关部门精心筹划下，成立了范宅文化商场。目前，商场内已开设了 20 多家经营书画、古玩、玉器、根雕、瓷器及各类文化用品的商店，还设有古色古香、蕴含了中华茶文化内涵的茶艺馆。

看来，范宅已经成为了当地有名的文化商场。然而此文中介绍过的经营品种中，却未提到我所钟爱的古书，这当然不能令我展颜。好在我在其他的地方已经找到两篇与之相关的文章，鲍展斌编著的《实用收藏学》中有如下说法："古籍善本的收藏在古玩市场上虽然属于小众范围，在古玩市场上很少碰到古籍，但是只要你平时多留心，还是有机会的。笔者 20 世纪 90 年代初在宁波三市旧货市场，仅花 6 元钱就淘到一套清朝光绪年间上海鸿宝斋石印版的《幼学琼林》，图文精美。2000 年时又在宁波范宅低价淘到宁波著名书画家凌近仁先生曾收藏题签的民国版本线装书《道德经白话解说》，品相完美。"

2000年作者在这里淘到了民国版的线装书，虽然版本一般，至少说明范宅还有线装书可淘。但是该文中并未提到范宅的古书市场有多大的规模。而黄丰文主编的《明日的记忆》中有《清朝小学课本，啥样》一文，此文中提到的古书价格真可谓便宜得出奇：

> 不久前，在宁波范宅古玩市场，一个书贩朋友招呼谢永刚说，刚进了一批古旧书，80元一捆。老谢看也没看就买了回来，到家拆开一看，哇！大部分都有虫蛀，破损，纸张发霉，有的还有潮气，结成饼状，很难揭开。他一边看，一边扔。正心疼间，忽然看到一本平江人写的"小题正鹄"的八股文章，封二印有"课本"二字。一般来说，印有课本二字的应在光绪年前后，而这本书在道光年就有了"课本"二字，算是很珍稀的了。欣喜之余，老谢耐心地一页一页揭开，熨平，装订。后来，有朋友还专门为这本书写了一篇关于我国最早印有"课本"二字的文章。

这些书虽然品相较差，但80元一捆还是令人大感艳羡。虽然，文中没有提到一捆书有多少本，但古书论捆出售，还是颇为罕见之事。民国初年，不少的国外图书馆到北京琉璃厂收购不被人重视的地方志，而当时的售价是以拐杖的高度来计算，据说一拐杖的地方志价格在一元到几元钱之间。以那时的物价来看，一个大洋应该能够超过现在的80元。而《明日的记忆》中所收该文原本刊载在2003年10月15日的《人民日报·华东新闻》上，进入新世纪还能以这么便宜的价格买到线装书，这何等令人神往。想到这一层，我早已停息的捡便宜之心又澎湃了起来，跟着周慧惠立即走进范宅，祈盼着奇迹发生的一刻。

因为下雨的原因，范宅内游客不多，这使得一些店主意兴阑珊地跑到外面去抽烟，这种情况反而给我的拍照带来了便利。一家一家看过去，各类古物可谓琳琅满目，还有不少的艺术品和工艺品，我仅在某家门前的方凳上看到了十余本线装书和连环画，这让我怀疑如今的范宅是否少有人再出售线装书。

然而，周慧惠告诉我，几年前她曾陪伴复旦大学的陈正宏教授来这里访书，而陈先生确实在这里买到了一些线装书。周慧惠说，那些书基本上是残本，但每本书都有其特殊性。她记得陈先生是以每册一百元的价格买到的，当时她问陈先生为什么买这些残本，得到的回答是："要用这些特殊的版本做标本来给学生们授课之用。"

几年前，我曾去过陈正宏先生的办公室，在那里看到了许多难得一见的古书，尤其令我开眼者，是陈教授收藏了一些安南刻本和琉球刻本，尤其后者是第一次得见。对于这些版本的特殊性，陈教授仅用几句话就描绘出了价值所在。他能到范宅来买到可意的线装书，以他那独特的眼光，不知道又捡到了多大的漏。于是，我立即请周慧惠带我前往那家能够买到线装书的商铺。

跟随周慧惠在范宅内兜了一大圈，终于找到了那家出售线装书的铺面。此店名自乐斋，经营面积约有三十余平方米，品种主要是纸币和金银币。这个品种应当是范宅的重要经营品种之一，此前

钱币为主

我曾看到余信伟所写《收藏银元，其乐无穷》一文，作者提到他在 20 世纪末退休后，偶然走进了范宅：

> 一次偶然的机会，我对银元发生了兴趣。那是在一个星期日的上午，当我路过鼓楼沿"范宅"古玩市场时，只见淘宝的人熙熙攘攘，好不热闹。出于好奇，我也不由自主地走进了古玩市场里闲逛起来。只见各种古玩琳琅满目，应有尽有，看得人眼花缭乱。

看来，那时的范宅真称得上是购销两旺。只是文中的描写与我眼前的所见，形成了较大的反差，恐怕这冷清的市场并非只是雨的缘故。好在我在自乐斋中看到了不少的古书，而这一刻也让我瞬间放下了替店家担忧的闲心。

　　自乐斋两边开门，一面冲着范宅里面的长廊，另一侧则是外面的街区。从经营角度上讲，这样的店面最容易招揽客人，但那天我跟周慧惠在这里看书聊天二十余分钟，却始终仅有我们两位顾客。在自乐斋入口的位置，店主悬挂着自制的匾额，上面用朱笔写着"古籍旧书碑信稿欢迎买卖"。仅凭这几个字，就可得知，店主是位

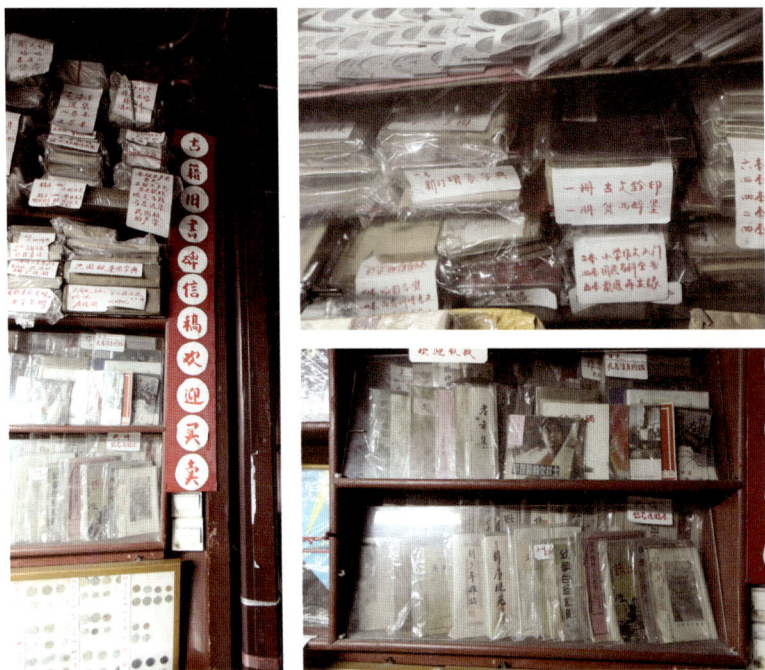

1　2
　　3

1. 招幌　2. 侧签书写方式　3. 旧平装

行家。匾额的左侧罗列着不少的线装书，每本书悬挂有侧签。更为难得者，侧签上除了标明书名外，同时也简要地标明着版本，比如清刻本、民国版等等字样，而书架下方的玻璃柜内也以同样的方式摆放着一些线装书。

我站在玻璃柜前一一浏览这些书的版本，虽然未能找到我预期的漏儿，但在这里能够看到上百部的线装书，还是有些兴奋。本店的店主是一位看上去六十岁上下的男士，他站在柜台里面登记着账目，面色看上去很和善，于是我问他，可否在店内拍照。他抬头看了我一眼说，没问题。

店内除了线装书，我还看到了一些连环画以及相应的文史书。颇感意外的是，在这里还看到了北京泰和嘉成拍卖公司的古籍善本拍卖专场图录。仅凭此点就可看出，这位店主的确是业界的行家。然而从经营面积来说，自乐斋主营业务还是钱币。既然是如此懂行之人，为什么不专营古籍呢？于是我拍照完毕后，走到近前向店主请教这个问题。

而此时周慧惠已经跟店主聊了起来，她跟店主提起，几年前曾经带人来此店买线装书之事。店主立即想起来当时的情形，他马上讲到了当时周慧惠带人买书时的细节，可见店主也是记忆力超强之人。我问他为何不专营其拿手的古书，店主立即递给我一张名片，原来他的大名叫顾万春，坐在门口的那位则是他的公子顾未伟。名片上印着如下经营范围：钱币、邮票、书画、古玩、礼品、古籍、旧书、碑帖、印谱、信稿。

这样的排列顺序，显然难令我满意。然店主称，他虽然经营这么多品种，其实最喜欢者还是古籍，因为他在几十年前就是当地古籍书店的常客。他提到了当时古籍书店内懂版本店员的名字，周慧惠立即回应说，她也与之相识。顾万春感叹，宁波古籍书店关张之后，当地的古旧书市场迅速地衰落了下来，衰落的原因更多则归结为书源的枯竭。他说古书数量有限，这使得专营旧书的商店难以为继，因此他只能放下自己的爱好，去经营其他品种。但他同时又称，自己对古书之爱丝毫没有减退。

顾万春的所言的确是实情，古籍市场的衰落的确跟书源枯竭有很大关系，其实此前，我跟业界的朋友探讨过，希望公共图书馆能够拿出数量较多的复本来做市场流通。一者，可以借此培养藏书文化；二者，通过这样的腾笼换鸟，也可以让图书馆得到资金去购买所缺的古籍品种。可惜，这样的提议难以得到相关部门的响应。当我说出这几句感慨时，顾先生也大表赞同，他说天一阁就在宁波，这座中国留存至今最古老的藏书楼本应有着强大的号召力，但如今宁波的古书收藏却形不成阵势。我告诉他，带我前来的这位女士正是天一阁的工作人员，顾万春闻言更加兴奋了起来，马上跟周慧惠聊起了自己对天一阁的情感所寄。

看到他们谈论得如此热闹，我真希望这份美好能够没有时限地延续下去。外面的雨仍然下个不停，我一瞬间喜欢上了这潇潇暮雨，心中默念起了柳永的《八声甘州》，虽然此刻并非"霜风凄紧，关河冷落"，然而"残照当楼"，却是我挥之不去的感慨。难道这个行业就这样衰落下去了吗？这令我何等的心有不甘，藏书文化乃是全人类最为优良的爱好之一，我不相信它会"红衰翠减，苒苒物华休"。什么时候会发生奇迹呢？我不清楚。鲁迅曾经说过："希望本是无所谓有，无所谓无的，这正如地上的路。"但我还是想不揣冒昧的修正一下大文豪的这句话，我觉得希望一定要有，绝不可无所谓无。因为人就是生活在希望之中，而我的希望则是古旧书业的再繁荣。

接续建阳　盛极清中

浒湾书铺街

　　从上饶的河口镇前往金溪县的浒湾镇找不到直达车，把我和毛静从上饶送到河口的郑书记还有事要急着返回，这种情况显然让潘旭辉未曾想到，于是他边打电话边想办法。好在他们学会的一位副会长正在另一个地方开会，他返回之时会路过河口。于是经过安排，潘旭辉乘上郑书记的车返回上饶，然后请他的司机把我跟毛静送到金溪。

　　从河口到金溪大约130多公里的路程，之间有高速路相连，在到达出口时，毛静已经提前联系好了当地的两位朋友在高速口等候。毛静介绍我与这两位朋友相识，他们一位是金溪县人民网站的站长樊老师，另一位则是当地县地方志办公室的曾铭老师。寒暄过后，乘上他们的车先来到了县城，在这里访了一座藏书楼后从县城直接开往浒湾。

　　樊老师开车速度很快，20余公里的路程，半小时就到达了目的地。在路上，曾铭先生跟毛静热烈地探讨着在哪里又发现了浒湾所刻之书。毛静说，自己用了很长时间来系统地收集浒湾的刻书，而后总结出了一个规律：书牌中带有某种称呼的字样就是浒湾所刻

停车场旁的巨大石牌坊，最上面写着"宋版印刷"

之书，为此他已经统计出了当地书坊的 80 个堂号。但毛静强调，这些堂号不是同时存在，而是在相当长的时间内间歇出现的。

到达浒湾镇首先见到的是一个十分巨大的石牌坊，远比澳门的"大三巴"要高大得多。曾铭介绍说，这是当地一位发了大财的房地产老板捐建的，据说建造这个牌坊花了几百万。他跟毛静感慨，如果这位老板拿出这么一笔钱来到处去收购浒湾所刻之书，所做出的成就肯定要比建造这个牌坊伟大许多。

道路和牌坊之间隔了一条河，河上架的是一座石拱桥，显然汽车不能从桥上通过。樊老师对此地很熟悉，他直接驶过牌坊，而后从一条小土路登上了河堤，又从河上的另一座小桥驶入眼前所见石牌坊侧边的一个面积巨大的停车场。我们到达时已是下午 4 点多，可能是这个原因，这个能容纳几百辆车的停车场仅有我们一辆车停在了这里。

下车之后，当然首先是欣赏这个巨大的石牌坊。虽然是新刻，但上面雕造的图案却都跟书有关，这总给我以亲切感，然而最上端雕造的四个大字——"宋版印刷"，既不像牌坊名称，也不像一句名言。毛静说，根据已有的资料记载，浒湾刻书最早可以追溯到明代，这里将其写到了宋代，显然太过夸张，更何况，在宋代时这个浒湾镇还没有建立呢。

关于浒湾镇建立的时间，按照同治九年版《金溪县志》上的说法：

> 浒湾名金冠里，明初无市，惟古竹街有之，后以舟楫辐辏，市遂集于此。嗣设府幕一员，商贾不胜其扰，市肆肃然。明万历间（1607），知县丁天毓请于抚按，撤去专官，按肆量派税，有定额，商集如故。

由此可知，到了明代初年，这里才渐渐形成了集市。看来，建此牌坊的好心人只是认为宋版书最为有名，所以就把浒湾的刻书历史直接追溯到那个黄金时代。但牌坊下方的所刻字句倒是一种真实的描写——"华夏雕版印书古镇"。可惜这句话本是想夸赞浒湾刻书声名远播，但它却同时缩小了当地的印刷品种。从现有的资料看，浒湾镇出版的线装书，除了雕版这种印刷方式之外，另外还有木活字本。

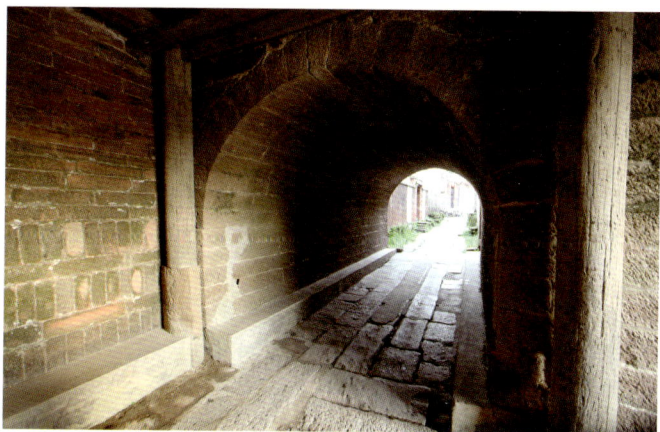

1
———
2

1. 牌坊正对着的是一座佛寺　2. 古老的门洞

从石牌坊到镇的边缘地带还有一百多米的距离，从现况来看，这里等待着进一步的修建。石牌坊正对的后面是一个佛寺，从佛寺的侧旁走入了一个古老的石门洞，穿过这个门洞就进入了浒湾镇。

走入镇中，顿时让我的思维方式切换到了另一个时空，眼前所见都是青砖灰瓦的老建筑，尤其地上的石条，因为经过了无数木轮车的碾压，这些石条上形成了纵条形的沟壑。樊老师是位摄影专家，他在金溪县城内特意找人送来了几个摄影包，我看到里面的长枪短炮，绝对属于专业级，让我这个摄影菜鸟自惭形秽，故而进入了这座古镇，我时不时地跟他偷艺，看他如何能够拍出令人震撼的照片。可惜我尾随一番依然不得要领，只好继续拍自己感兴趣的地方。

沿着这条古街一直向内走，从外观看，这些老房子大多已经破败。从一个个的院落穿过，有些院落还住着人家，不知浒湾出版业衰落之后，当今的住户是靠何种手段来谋生。与我同来的三位朋友都曾多次来到这里，他们带着我穿行在这条古街上，边走边介绍，让我对浒湾有了更多的感性认识。而我在这里还看到了"大夫第"的匾额，说明眼前的古镇也并非全是商户，这里也出过文人。

浒湾镇面积很大，我们所转之处主要是前书铺街和后书铺街，这两条街概括了当年浒湾镇主要的商业形态。新修的《金溪县志》上说：

> 浒湾木刻印书，始于明，盛于清，鼎盛时期则在清朝中叶的乾隆、嘉庆、道光年间。此时，凡经、史、子、集类书，

在这里都能刻版刊行。随着木刻印书的兴起，在浒湾的一些街巷中，先后盖起了鳞次栉比的铺栈、书店、作坊。为了便于藏书、搁版、印刷、经售，这些作坊、铺栈的建筑式样大同小异，均作纵深式加厢楼，高瓴格式。年深月久，就发展形成江西独一无二又具有很高文化品位的前书铺街和后书铺街。

1	3
2	

1. 一家大的商号　2. 门楣上刻的字，毛静说他几次来都没注意到
3. 读书人家

"漱石山房"介绍牌

　　毛静带我从前书铺街穿入了一条小巷，在小巷的顶头位置有一个院落，该院落门口的右侧墙上钉着一块介绍牌，上面用中英文对照的形式写着：

　　漱石山房
　　著名的刻板、印书作坊的堂号，创始于明代中晚期，天一阁及国内外较大的图书馆均有该堂刻印的古籍善本收藏。

看来，这是当地有名的一家书坊。我很想进内一探究竟，可惜此时大门紧闭。正在此时，听到身后有车轮碾压地面的声音，回头一看，是一位中年人正蹬着一辆破烂的三轮车骑入这条小巷内，可能是因为三轮车年久失修，此人蹬得十分费力。毛静立即上前帮其推车，骑三轮者也不言语，他把车停到了漱石山房门口，而后掏出钥匙打开门，吃力地把车拉了进去。

　　我站在大门口向内张望，看到里面是一个很小的院落。这位蹬车人并未将三轮车放入院中，而是直接把车推到了屋里。我不确定自己是否能够进入院中拍照，毛静鼓励我：要把胆子放大一些。于是我小心地进入屋中，我问此人是否可以拍照，然其仍不吭声。我不清楚他是听不懂我的言语还是不愿意搭理，但既然进了门，我总不能放过机会，于是快速地拍下了几张照片。而毛静则跟他用江西话来交谈，虽然我听不懂，但至少我能知道毛静说了十句，那人也没回应几个词。看来，想向此人了解漱石山房后来的情形，已经没有太多的可能，至少我在他的院中和屋内都没有看到制作书的工具。当我重新回到门口时，方注意到其家大门口所贴的一副对联竟然是基督题材，看来此家已经是入教之人。

重新回到书铺街，转到了该街入口的位置，看到这条街的顶端有一个门楼状的古建筑，门楣上刻着"藻丽嫏嬛"字样，显现着这里以刻书名世的历史。《金溪县志》上说："后书铺街街口亦设一石拱门，上面嵌着道光癸卯年（1843）合坊鼎建的'藻丽嫏嬛'四字石匾一方。前、后书铺街的另一街口均以浒湾大街相连接。"

门牌号

由此可知，我们是倒着走进了该街，先看的是后书铺街。而由此右转，穿过一段连接线，就进入了前书铺街，对于此街的原有情形，《金溪县志》上写道：

> 前书铺街街口有座拱形门，用麻石砌成，门上嵌有籍著中华横方匾额（"文化大革命"中拆毁）。前十数步，是用石柱、石板咬接为栏的洗墨池，面积一亩有余，源头导以活水，是当年盥洗木刻印版的地方，故池水常年墨黑，挖下去数尺的泥土仍黑得发亮。池旁，有乾隆壬寅年（1782）立的高六尺、宽三尺并镌有如斗方大小的"聚墨"二字的石碑，碑的上部横刻着"流芳百岁"四字。池畔，是直通金临驿道的大路。有堤隔为二，堤上有桥，桥头有碑，名曰"会仙桥"。堤长约300米，成丁字形，上通万寿宫，下接前书铺街。

看来，前书铺街上的一些标志物在"文革"中已经被拆除。更为遗憾的是，在前书铺街与后书铺街的交会处原有一块"禁书碑"，也在"文革"时被毁。在著名的刻书之地列有"禁书碑"，这是很有意思的一个反差，《金溪县志》上称："是前书铺街与后书铺街接引贯通的灞陵桥巷交会处，此处有一方同治十一年（1872）四月立的严禁淫词小说禁书碑。碑高约四尺、宽六尺，上面列举的禁书约二百种，如《水浒》《西厢记》《红楼梦》《牡丹亭》《今古奇观》《笑林广记》等（'禁书'、'聚墨'两碑在'文化大革命'中被毁）。"

此文列出的禁书品种显然不多，而王咨臣在《江西最大的刻书作坊——浒湾书铺街》一文中称："书铺街最引人注目的是禁书碑。它是清同治十一年（1872）壬申四月所建的三座大石碑，竖立于前书街口，上面刊刻着《严禁淫词小说》书目两百余种，如《水浒》《西厢记》《红楼梦》《牡丹亭》《今古奇观》等等，均属于'禁刻、禁印、禁谈'之列。"

看来，这块"禁书碑"上列着200多种禁止刊刻、刷印，甚至禁止谈论的书。但从所列书名来看，似乎这些书也谈不上是淫秽读物。看来那时的禁书更多者是从社会安定着眼，比如这里面列出了《水浒传》，而该书中统共也没写到几个女人，该书被禁，显然是防备社会上的人读到该书后，"路见不平一声吼，该出手时就出手啊"。这样的禁碑倒是很有意思，不知"文革"时为何将其砸烂。

在前书铺街的中段看到了"旧学山房"的匾额，此匾的旁边还有一块新匾——"中国印刷博物馆浒湾分馆"，然此馆却大门紧锁。曾铭先生说里面都是空的，已经没有什么可看的了。但我觉得这里既然已经跟印刷博物馆挂了钩，想来也会有些实物在。北京的中国印刷博物馆我去参观过两次，里面不但有一些历史典籍，还有大量古老印刷设备，那些设备我感觉排得太密，不知会不会运一些来放到这里作展品。

沿着前书铺街一直向前走，在街的另一侧又看到了像骑街楼一样的古建筑。对于这种建筑的名称，王咨臣在其文中有着如下说法："浒湾镇有前后两条书铺街，都是专门从事木版刻印书籍及画版、花版等工艺。两条街是平行的，由西向东延伸。前书铺街，长达二百四十米、宽三米，有店铺及住屋三十一栋；后书铺街比较短

1
2

1. 旧学山房
2. 骑街楼

一些，只有一百七十米、宽三米，只有店铺及住屋十六栋。两条街的中间有一条'楼仔巷'，巷上建有'更楼'，可以前后相通，是过去人'打更'报时间用的。"

　　我对浒湾感兴趣缘于毛静先生的一番话，某次在聊天时他跟我说：北京琉璃厂旧书街的形成，其实就是浒湾人开创的。按照以往的说法，在琉璃厂经营旧书者大多是河北衡水人，毛静的这个说法我却未曾留意到。毛静称，当时浒湾的旧书商把书的生意做到了通衢大邑，北京当然也不能放过，可惜到了太平天国期间，浒湾所出之书无法运到北京，所以当地的许多经营者渐渐离开了琉璃厂，而后正是衡水人填补了这个空白，所以说，衡水人经营琉璃厂已是到了晚清时代的事情。

毛静的这个说法令我颇感新奇。我们参观完浒湾镇的书铺街，之后见到了金溪县旅游局局长胡军民先生。胡局长送给了我一本2015年第12期《中华遗产》，该期的"特别策划"内容就是浒湾，此篇文章的作者名申晓飞，该文的名称是《浒湾刻书——那时的斯文》。翻看这册杂志，最亮眼之处乃是里面的照片，而该篇文章的摄影是王牧等人。

晚上就餐时，我恰好坐到了樊老师的旁边，于是我拿出这本杂志向他请教：为什么别人拍出的照片如此漂亮？樊老师用通俗易懂的语言向我讲解着该杂志中的照片都是如何拍出来的。如此想来，专业的事情应该让专业的人去做，我还是写自己的小文章吧。

申晓飞的文章确实写得灵动，比如他把浒湾称为"小上海"：

> 浒湾镇的古街被小雨浸润，石板路更加醒目，凸显出为运送沉重的书籍而磨出的车辙沟。街两旁的刻书坊、店铺，带着旧日的排场，清寂地立在那里。从被遗落的门牌可以看出，这就是浒湾镇的重地——"书铺街"。据说浒湾镇曾名列"江南四大名镇"，又曾被称"小上海"，都与这条名街有关。如今能找到的最好纪念物，是过街门楼上著名的"藻丽嫏嬛"石刻，此地曾文雅华丽如天宫的藏书楼一般。

我对这篇文章最感兴趣的部分，当然还是他提到了浒湾跟琉璃厂的关系：

> 乾隆己丑年（1769 年），乾隆庚辰年进士、藏书家李文藻进京候职，寓居琉璃厂百顺胡同，并常去书市游逛，并提笔写下了《琉璃厂书肆记》一书，为当时的文化街作了传。

> 书中记载，琉璃厂东西可二里许，书铺林立，既有经营旧书的，也有经营新书的刻书堂。他所列举的新书商家一为"积秀"，一为"京兆"，即分别是浒湾的"积秀堂"和"京兆世家"。后一座宅第至今完好地保存在浒湾镇的礼家巷内。

为什么在琉璃厂有这么多的浒湾人呢？按照申晓飞的说法，在琉璃厂附近有一座金溪会馆。琉璃厂附近各地的会馆确实不少，但我却从未听说过这一家，看来有必要继续穿行在琉璃厂附近的小巷之内，想办法打听到金溪会馆的原址在哪里。申晓飞在该文中还说了这样一句重要的话："在琉璃厂出没最多的，是金溪书商。"可惜该文中未曾说明他这句断语的出处。

申晓飞的这篇专文采访到了一位名叫王加泉的老人，按照文中叙述，老人已经过了 80 岁，是"把技艺坚持到现在的唯一一人"，金溪是不是仅剩下王加泉一位刻书匠人，这一点我不了解，该文配图中有王加泉家里成排的活字，而图注中说是"铅活字"，但我从照片上看，总感觉这是一种木活字，不知自己的判断是否正确。

新出的《金溪县志》中列出了浒湾红杏山房所出版之书，该书坊刊刻过："《乐善堂全集定本》三十卷，（清）高宗弘历著；《二思堂文集》四卷，《诗集》二卷，叶世倬撰，清道光十四年（1834）；《增订汉魏丛书》王谟辑，清光绪二年（1876）；《汤文正公集》清同治十二年（1873）；《壮悔堂文集》十卷《遗稿》一卷，《四忆堂诗集》六卷，《遗稿》一卷，清光绪四年（1878）"等书，而后还有一部"《史忠正公集》四卷，（明）史可法撰，同治十年（1871）活字印本4册"，并且明确称是同治十年的活字印本，在那个时候红杏山房不太可能用铅活字来刷印书，故其所用活字基本上可断定为木活字。这样分析起来，当年的浒湾出版物虽然以木刻本为主，但依然有木活字本。

关于本镇名称的来由，新修的《金溪县志》上有如下几个说法：

1986年版《金溪县地名志》载，明初，许氏从本邑后潭许家迁此，因建村于抚河湾上而得名许湾，后雅称浒湾。

1992年续修《许湾许氏族谱》新序载，文焕公十一世纪末（即北宋哲宗赵煦在位时）自郡城（今抚州市）大巷迁于金溪归德乡中洲里之西溪金官渡，尔后子孙繁衍，人咸以所居之地名曰许湾。

徐正付在《浒湾琐琰》一文（载《抚河》1982年第二期）中写道：明朝年间，这里只有一个渡口，河岸有一棵大杨柳树，人们因此叫它杨柳渡（即现在的杨柳坡）。一日，许、宋两家到此争地，互不相让。最后议定，各推选本姓壮丁一名，穿着烧红了的铁靴竞走，以竞走倒地为界。许姓壮丁从洲头走到洲尾才倒地而死，而宋姓壮丁只走到现在的宋家亭就倒下去了。于是，许姓占据了大片地盘，传说浒湾因此而得名。

但无论哪个说法，都是讲述这里本名"许湾"，可是如今所见者却是"浒湾"，而当地人一律把这个"水浒"的"浒"字读作"xǔ"。如果按照《辞海》上的解释，这个字本来就有两个读音，所以读"xǔ"并不为错，但是这样的严谨说法显然不如民间传说来得生动。《金溪县志》中对于该镇名称这个特殊读音的解释，竟然列出了三种不同说法，我也不知哪一种说法更接近事实，我还是在此做一回文抄公吧：

传说之一

许湾古名金冠里，三个字的地名，喊起来很不顺口。因坐落在水边，街巷多弯多曲，有人翻书查字，提议不如改名浒湾更好听。一来二去时间久了，也就喊出来了。到了清朝，这里的木刻印书业十分发达，加上交通方便，市井繁华，连乾隆皇帝游江南时，也带着纪晓岚几个大臣，慕名乘船来到这里。乾隆坐在船上，老远见码头上立着一块大石碑，碑上刻着"浒湾"二字，又见车马往来，热热闹闹，不觉脱口夸道："好一个许湾！"皇帝乃金口银牙，说一不二，浒湾从此就读许湾。（见《抚州地区民间文学集成·金溪县卷》）

传说之二

浒湾，在历史上曾经是金溪、临川、南城三县交界的重镇，水陆交通发达，物产丰富，文化繁荣。随着我国雕版印刷的出现，民间印刻事业出现了私人刻本和作坊刻本，给浒湾带来了盛名。明清二代，浒湾刻印的书籍数量之多、范围之广、质量之优，都达到空前的程度。镇上的书坊，已不是几间几所，而是形成了两条街，一曰前书铺街，一曰后书铺街。一部部在浒湾精工刻印的线装书籍吸引着四方文人商贾，自然也到了皇宫。一日，乾隆皇帝一边翻阅一边说："许湾书籍著中华！"如是，浒湾只好读许湾，沿袭至今。（见林抒《书乡，浒湾散记》）

传说之三

浒湾早先是唐、黄、许、宋四大姓，后来又增加赵、李、姜、周四大姓。在八大姓中，因许姓人才出得多，地方官也多，故以许姓命名为许湾。到了清代，赵姓的读书人逐渐多了起来，他们向皇上奏了一本，说许湾已有上百个姓氏，再称许湾不妥，应予更名，皇上考虑到许湾已是江南十分繁华的集镇，名气不小，改名弊大于利，于是就在许字旁加上三点水，从此，许湾就变成了浒湾。

有意思的是，《金溪县志》把浒湾书铺街一些刻字坊的经营者称之为"老板"，这种称呼方式不知算不算是与时俱进，比如该文中讲到的第一位老板的情况则是：

> 杨随，金溪人。原在四川泸州开设药铺，其从兄同在泸州经营书肆，因经营不善而亏损，杨随将自己的药铺让给从兄，自己转业经营书铺。多年经商的他，头脑活络，把浒湾的书籍视为祖业对待，经营理念新颖，经营方法灵活。年终结算，书肆赢利比药铺大得多。人们对此不解，杨随回答说："书可资博览，且祖业也。"

原本开药铺的人都转行开办书籍作坊，可见这个行业当年有着较大的吸引力。而对于我未能入得其门的旧学山房，《金溪县志》中有如下的记载："谢甘盘，浒湾较有名气的学者，也是浒湾文人中的后起之秀，对书籍有着特殊嗜癖，筑有旧学山房精舍，广为搜罗旧刻书籍，重新刻制木版印刷以自娱。"

俗话说"万事开头难"，浒湾镇为什么形成了一个著名的出版中心呢？它是从哪里学到的这种技艺？《抚州文史》2008 年第 1 期载有陈笑涛所撰《浒湾木刻印书考究》一文，该文详细叙述了浒湾刻书的来龙去脉，在谈到起源的问题时，该文中写道："浒湾木刻印书起源于部分商人贩卖建阳书本，进而传承建阳一些刻书世家的家传技艺。乘他们转事他业之机，广为收购书版带回浒湾，开办刻书坊，并迅速崛起，填补了建阳书业衰败后留下的空白。"

看来，浒湾人最初经营书只是转卖而非制作。他们是到从宋代就是刻书中心的建阳去进货，再后来就发展到把建阳的书版买回来到浒湾去刷印，到了明末清初，建阳书业已经衰落了下来，而浒湾的崛起恰好填补了这个空白。

《抚州文史》上的所写更为详细，因为其文中还谈到了浒湾人的经营模式："经营者均采用生产与经营合为一体的模式，且多是家族独资经营。也有合股经营的，但以亲戚或朋友合股为主，不接受外族股份，也不带外族徒弟。他们一方面是书籍印刷生产者，另一方面又是书籍流通的经营者。皆精通生意经，善于把握时机，谋求发展。"更为奇特者，该文中还提到了浒湾刻书所用的板材："先是上山选择雕版所需要的优质树材，多用樟木、梨木和荷木。接着是将砍下的原木锯成两厘米厚的板材，放置通风处阴干。然后是制版，每块的正反两面刨平磨光。"

古人把出版著作形容成"付之梨枣"，由此可知，古代刻书的书板其材质主要是梨木和枣木。陈笑涛在文中虽然也提到了梨木，但他又说到了樟木与荷木。关于樟木的书板，有的文献中则称，建阳本很多就是用樟木所刻，因为这种木料的材质太软，所以建阳本落下了刊刻不精的恶名，但至少说明樟木的确可以用来刻书。然而荷木是一种什么木料，我对此完全不懂，只能肯定不是荷花的杆。所以，这段话还说明了浒湾刻书还有这样一种特殊的木料。

关于浒湾最早的刻书时间，《金溪县志》列出了明代当地的四个刻书堂号：

> 万历、天启间，金溪出现了四个刻书堂号。
> 一为金溪王世茂车书楼。万历四十三年（1615）刻《当

代名公鸿笔百寿类函释注》八卷，万历四十七年（1619）刻《车书楼汇辑各名公四六争奇》八卷，天启间（1621－1627）刻《尺牍争奇》八卷。

二为绣谷周氏万卷楼。万历二十七年（1599）刻《官板举业卮言》四卷。

三为金溪书林周文明坊。万历年间刻《易会》八卷。

四为金溪王氏一贯斋。天启七年（1627）刻《明便通书》四卷。

刻书有了堂号，应该说具有了商业性质。从其刻印书名来看，也超出了文人自刻己著、广赠师友以求立言传世的初衷，而是刊刻士子的实用书籍，以售书谋利为目的。

看来，直到明万历年间，浒湾人才开始独自刻书，而此前主要是转卖成品和收购书板，清代的乾嘉乃是浒湾刻书的鼎盛时期。关于浒湾刻书的衰落，陈笑涛在文中写道："至清同治年间，浒湾的木刻印书开始衰落，但经营铺栈、书店仍有60余家，其中有47家聚集在前、后书铺街，其余十几家则散居在该镇其他街巷和附近的中洲等村庄。它们中较大的有两仪堂、余大文堂、文德堂、文奎堂、文林堂、善成堂、三让堂、可久堂、红杏山房、旧学山房、漱石山房、文信堂、四友堂、忠信堂等。这些铺栈、作坊的木刻印书不光在本地销售，而且在全国的一些大中城市，尤其是地处长江中下游水路交通畅达的口岸，如南昌、南京、芜湖、安庆，均设有分号分店。"

浒湾竟然形成了如此大的经营规模，那为什么又迅速地衰落了呢？当然，这跟当时的社会变化有很大关系。因为石印技术的普及，使得这种传统技艺越发显得笨拙，而他们原有的书板也渐渐地损失了。关于书板的结局，陈笑涛在文中写道：

> 清末民初，随着石印技术的推广，浒湾木刻印书每况愈下。到了民国中期，就已经被淘汰。原刻雕版因没有经常印刷而遭霉烂和虫蛀鼠咬，以致残缺不全。民国三十一年（1942），日军侵扰浒湾，纵火焚烧，使浒湾四分之三的店铺变成焦土，雕版也遭到损毁，几乎殆尽。中华人民共和国成立后，一部分雕版被书铺老板的后人当柴烧掉，一部分被文化馆收藏，且均为残次版。仅有合市后斛塘村保存有文德堂书局所刻的《皇朝经世文编》雕版和双塘竹桥村镇川公祠保存有余大文堂刻书坊所刻的《十三经不二字》雕版全套。"文化大革命"中，文化馆和后斛塘村及镇川公祠保存下来的雕版成为"四旧"之物，被当众焚毁。

其实浒湾镇内不仅仅有刻书作坊，当地也有藏书人，而这些所藏之本也因为历史的原因，最终大部分被毁掉了，陈笑涛的文中也谈到了这一点：

> 金溪人不仅印书、著书，且有藏书之风。清末以后，随着木刻印书的凋散，金溪的藏书楼和藏书量也随之减少。民国

三十一年，日军侵扰金溪，在浒湾、县城、双塘等地大肆烧杀抢掠，藏书楼遭受极大的破坏。民间的木刻书也多被烧毁。20世50年代三让堂书局老板后人吴文丁，将家藏先辈刻印的书籍上万册，送交县图书馆。印山藏书楼砚雨楼原主人后代徐善男也献交了几土车书籍。"文化大革命"中，县图书馆藏的木刻书籍作为"四旧"之物，被全部烧毁，唯有县档案馆保存的一部清同治九年版《金溪县志》幸免。在破"四旧"中，个人藏书者中属"黑五类"的，因风险大而暗中将藏书烧毁。大部分人则顺应潮流主动将藏书或卖给商店做包装纸，或当众烧毁。木刻书能躲过那场浩劫，的确属凤毛麟角。

除了刻书之外，浒湾镇还形成了完整的出版业态，因为出版书籍最主要的原料就是纸和墨，所以浒湾也有许多的纸店，申晓飞在文中写道：

> 浒湾镇有大小纸店、作坊140余家，纸槽300多个，事实上，"书、纸、笔、墨"这文房四宝，浒湾皆能生产。
> 进入民国之后，浒湾便逐渐不再做纸，而是从其他地区购买纸张。当外地的纸张来到浒湾之后，书铺老板还将它们染成各种颜色纸，以丰富取胜，所以有了"纸不到浒湾不齐"一说。

可惜当我来到浒湾古镇时，已经看不到这样鲜活的场景，眼前所见已经变成了少有生机的固态，而且这种固态也在衰败之中。我在一些街区上看到了不少倒塌的房屋，如果没有人维修，这里的老房屋还会继续地倒塌下去，真不希望在中国出版史上有着如此重要地位的浒湾，就这样被时间这个"恶魔"一点一点地吞噬掉，盼着能够有更多的有识之士像当地那位房地产商一样，投入巨资把这个古镇恢复出原有的生机。

虽然说这个世上的一切都没有长久，但正如谭咏麟唱的那首《水中花》，我总想"强要留住一抹红"。幸运的是，当地旅游局局长胡军民先生也有着这样的共识，在当晚吃饭时，他讲述着自己正努力招商引资，为此欢迎任何一位描绘浒湾镇的人。也正因如此，来此寻访的我成了他的座上客，虽然我人单力微，但还是希望能够有大力者出手来做这件功德之事。

明珠之光　书香之地

香港西洋菜南街

西洋菜南街乃是香港书店最集中之地，二十多年前我第一次来到此街，印象最深者就是这里的书店招牌。虽然说这条街上招牌林立，书店的招牌不过是点缀在其中，毫不起眼，但对于看惯了内地千篇一律"新华书店"字样的我来说，还从未想到神圣而严肃的书店能有着这样的商业姿态。

这条街上的书店我陆续转过二三十家，但在这里买的书却很少，这仍然源于价格上的思维定式：虽然是以港币定价，但换算成人民币后，却始终比内地的书贵不少。尤其我来得较多的香港商务印书馆，里面卖的书基本上都是内地各家出版社的产品，虽然每本书后都印着定价，但这边的书店却不管这一套，直接在定价之旁贴上新的价签。如此理直气壮地坐地起价，让我难以说服自己跑到这么远来买回一本高价书。

但是在香港的书店里，每转过一回都会修订自己脑中关于价格高低的标准。回到内地后，瞬间感觉到那些以往认为不便宜的书其实并不贵，于是就会将纠结许久的一些欲买未买之本迅速付款背回家。因此，香港的书店成了我回内地买书的催化剂。

西洋菜南街

　　虽然我在西洋菜南街已经转过多回，但每次乘地铁到达此处时，我都会从不同的地铁出口钻出，以至于我始终记不清楚哪个出口距此街最近。此次的香港书店之旅，事先跟马家辉先生作了沟通，他恰好要来内地录节目，于是安排自己的助理王昊先生带我转街。我问王兄应当从哪个出口走出最为便利，他说自己虽然去过该街几次，同样也记不准这些细节。因为这个共同点，使我一瞬间将其引为同道。而王昊毕竟是年轻人，他玩手机的水准当然比我高许多个段位，他搜寻一番后告诉我，从 C 出口出来最为方便。

　　遗憾的是，到达旺角站时，我在地下问过多人，虽然所遇之人均很热心，给我以指点，甚至带我走上一段路，但最终我走出地铁口时依然不是要找的那个 C 口。无奈只好去电王昊，他让我站在原地等候。几分钟后，过来一位身着红色羽绒服的翩翩公子。王昊看上去也就二十出头，言谈颇有书卷气，他的这个风格跟其老师马家辉颇不相类，但是因为初次见面，我没好意思以这个话题来跟他调侃。

就香港的街道而言，西洋菜南街不算窄，如果以宽阔度来计算，这条街应当属于香港的次干道。此街处在旺角的中心位置，是典型的商业区域，故这里一向人潮如海，更何况，此街的隔壁就是著名的女人街。女人街上摊位排得密密麻麻，很像八十年代内地的小商品批发市场，因为这条街上所售物品价格低廉，故永远是购物狂流连忘返之地。女人街与西洋菜南街是紧邻而平行的两条街，之间相距不到二十米，故前往女人街的购物客也会涌到西洋菜南街上，使得我误以为这些购物客都是奔书店而来。

今日再来到西洋菜南街，眼前的情形跟以往有较大的反差：走在街上的人群不及往常的几分之一，如此之清静反让我有点不适应。此时已经上午11点，是我与王昊约定的见面时间。根据我的经验，香港的店铺无论经营什么品种，能在上午11点开业者十分稀见，不知道为什么古训中所言的"早起的鸟儿有食吃"，在香港一点儿都不适用。我以往来到该街的时段已记不清楚，而王昊则称，我们到得太早了，果真来到几家书店的门前全都没有开门，其中一家甚至标明营业时间是从下午1点开始。

因为今日下午3点已经有约，所以我仅留出了几个小时的时间来转书店街，虽然有着心理预期，可还是没能估计准当地的作息习惯。我也只能请王昊带着我一家一家的探看下去，看看哪一家能够开门入内拍照。不知什么原因，我觉得西洋菜南街上有关书店的招牌少了许多。该街的长度，我估计也就在半公里左右，没用多久，就围着此街兜了一圈。除了入口的那一段有一些书店招牌外，越向内走则越稀少，这让我感觉到街上的书店数量减少了很多。虽然说，我也知道此街上的书店主要是以经营新书为主，但我还是希望这里的书店能够欣欣向荣。而眼前所见与我的愿望相反，心中淡淡的失落可想而知。当我与王昊谈及自己的感觉时，他却称未曾留意过这样的细节。

既然来到了这里，只能在这一带消磨时间等候开门，于是王昊把我带到了一座大厦内的星巴克。他喝咖啡，我点了一瓶依云，这是我进咖啡厅的保留节目。其实以我迟钝的味蕾，根本品味不出法国矿泉水跟农夫山泉有啥区别，点此水只不过表示我进店后有消费，没有占店家的便宜。但依云都是从冰柜里取出来，故每次点此水时我都会额外地要一杯开水，然后将两者兑着喝。我的这个土老帽举措，大多都能成功引起店员侧目。好在香港星巴克的店员修养很到位，他们对我的举措见怪不怪，而我则好为人师借机回答着王昊的一些提问。

虽然聊天很愉快，但我的心情依然沉湎在西洋菜南街渐显的颓相之中，无论我怎样故作通达，此况依然令我不爽。于是我跟王昊探讨着年轻人对待书店的心态，当然我很希望从他口中听到自己想要的答案，然而当他的答案完全符合我的心态时，这又让我酝酿起的争论欲望无处发泄。王昊也是位爱书人，他对转书店颇为在行，他也认为在网上购书远不如到书店内浏览更有快意，但他同时觉得，由于网络的便利，新书店的生存的确越来越不容易。我知道他的所言是不容改变的事实，这正如李煜哀叹的那句"流水落花春去也，天上人间"。

但凡事都有例外吧，难道这著名的香港书店街就不会有例外吗？当我们走出星巴克重新回到街上时，恰巧遇到一家正要转租的店铺，这间店铺的门上贴满了广告。如此热闹的招租，说明此铺的租金不会便宜，而经营图书乃是薄利行业，显然难以跟其他热门行业竞争。看来书店业的衰落，不仅仅是网络问题，更多者则是店铺租金的支出。我想到商务印书馆的坐地起价，如今互联网使得这个世界变得扁平，除了少数的限制区域之外，全球形成了统一的大市场，购物如此便利，谁还会跑到书店去买高价书呢？如何解决这种困境，显然不是我这种外行能够想明白的问题，那只能期待专家们拿出可行的办法吧。

跟着王昊在此街上继续闲逛，又看到了那家熟悉的商务印书馆。走进里面浏览一下，依然是原有的定价机制，看来这种习惯二十余年过去了，并未有丝毫的改观。难道在香港，这个行业的思维方式真的是这么顽固吗？

我跟王昊转到了一条小街上去吃饭，用餐完毕后在这条街上看到了汉记书局，这家书局处在一条僻静的小巷口，其书临街排列，以书做墙。这与其他的香港旧书店不同，香港的旧书店都被称为"二楼书店"，这是因为底商租金太贵，而图书利润又太薄，故而书店只能开在楼上。按照一般的规律，越往上租金越便宜，但这家汉记书店却开在了一楼的街面。其实一楼的概念乃属内地叫法，香港

1
—
2
—
3

1. 豉油街上的商务印书馆　2. 汉记书店招牌　3. 汉记书局，书店在"地下"

人有些英国习惯，英国的一楼乃是我们习惯所说的二楼，而大陆所认为的一楼，香港人则称作地下。细想起来，其实香港的这种叫法更为科学：一层的房屋总不能叫一楼，所以楼房应该从二楼数起，那么二楼当然就叫一楼了。

且不管称呼上如何的不同，这家汉记书店能够开在"地下"，不知道它有着怎样的经营诀窍，从理论上说，它要付大笔的店租。但王昊认为说不定这是店主购下的房产，即使如此，我觉得将这样黄金地段的"地下"租出去，恐怕得到的租金回报远远超过自营图书。

汉记书局的经营品种颇为单一，因为它只是"买卖新旧课本"。如此单一的品种能够生存，想来它的生意还算不错。因为店铺刚开的缘故，店主在那里忙着准备工作，我不便上前打扰，只能站在那里静静地观看。十几分钟的时间内，大约有三波客人来询问课本，所见客人都很年轻，看来均为学生，他们所提出的要求都被店主以摇头予以回答。看来恰好能碰到学生所需之课本，也不是件容易的事情。

前一度在南京时，薛冰先生告诉我，南京当地有位书商突然转型去经营教材，虽然投资很大，却以失败告终，故而在我的印象中，经营课本不是件容易的事情。而眼前的这家汉记书局从招牌的颜色看，应该营业较久，能够长时间的生存，必有其道理在，只是我仍然没能弄明白在香港经营课本究竟有着怎样的诀窍。

转到西洋菜南街，跟随王昊走进一间大厦之内，街面的广告显示乐文书店在这座大厦内的二楼，沿着窄窄的楼梯登上二楼，而楼道内的招牌则显示"再多上一层"。看来，这家书店有可能因为租金的原因而"更上一层楼"。当年王之涣更上一层楼的原因是为了"欲穷千里目"，显然书店经营不会有他这样的万丈豪情，最现实不过的租金，使得书店步步高升，想来也真是无奈。

来到乐文书店门前时，我先请王昊进内，让他去征询店方的意见，是否允许我进内拍照。一分钟后，王昊拉开门说，店主同意拍照。我走入该店，眼前所见是一个封闭的大敞间，感觉有五六十平方米的实用面积，因四面无窗，反而更容易摆放书架。我在店内先浏览这里的图书，感觉是以港版书和台版书为主，在分类方式上也与内地不同，店内虽然略显拥挤却摆放整齐，尤其卫生搞得很好，这倒让我产生了自己是来视察工作的错觉。

我希望能了解到这条书店街的形成及其变迁，可惜我的粤语

乐文书店内景

太烂，于是请王昊前去与店主攀谈。这个店主很认真，他拿出一张纸，向王昊列出了这条街上著名的书店，同时称这条书店街在四十多年前才形成。其时间如此之短，倒让我有些意外。而后店主又讲到了各家书店在经营品种上的差异，看来书店街的各家店铺也会考虑到在经营品种上尽量不雷同，这倒是很不错的经营操守，毕竟恶性竞争的结果总是几败俱伤。

店主如此热情，让我有了多向他了解信息的欲望，这位店主递给我名片，并且在上面写上自己的 Email 地址，称有问题时可向其咨询，他会尽量回答。由他递上的名片得知，这位好心的店主名叫曾永强。乐文书店除了本店之外，在铜锣湾还有分店，其名片上还印着"图书 7、8 折起，协办书展"。

所转第二家书店名为学津书店，登上二楼，这家书店却未曾开门。于是由此转出，进入另一个门洞，来到了"尚书房"。在征得店主的同意后，我走进该书店拍照。在其房梁上我看到"专业代购大陆网店（当当、亚马逊、京东、淘宝等网站）图书"，看来这家店的主要服务对象还是香港读书人。内地网店书的便宜世人皆知，而香港的书店则帮着读书人邮购这些便宜书。如此说来代购也是这些书店的一种补充经营方式，只是我不便去打听这种代购如何收费。

尚书房内还出售一些杂志，近一年多来，报纸杂志在大陆销售量大为衰减，我在这家店却看到了《读者》等老牌杂志，由此而产生的亲切感，让我怀想起二十年前。尚书房也出售一些传统文化普及读物，我在这里看到了《百家姓》《千字文》《说文解字》《纳兰

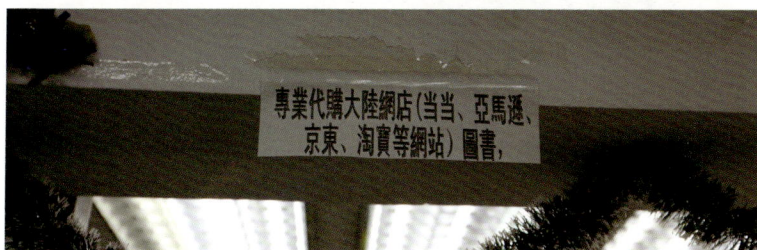

1 | 2
——
3

1. 正门　　2. 尚书房内景　　3. 网络代购

词》等，这一套书均为大32开本，四色全彩印刷，这样的书售价均为三十元港币，这个价格比内地的同类书便宜不少。在地图区，我看到了这样的告示："店内所有音像产品全部半价，已有折扣黄色牌再半价。"能够将折扣做到这么低，真不知道这家店是如何做到。王昊在此店买到了自己欲得之本，而我的心思则主要放在观察店中的一切。

乐文书店的曾永强先生告诉王昊：这条街上最先开店者乃是田

田园书屋在此楼道内

园书屋。但曾先生也说，据他了解，田园书屋的店主不喜欢接受采访。即便如此，我还是想进内一探究竟，于是进入另一座大厦，登上楼梯来到田园书屋门前。我还是请王昊打前站，让他进店内征询店主的意见，而后王昊隔着玻璃向我招招手，表示店主同意拍照。走进此店时，王昊告诉我，店主说不能拍人。我没明白他所说的人，指的是店里的工作人员还是指的店内的顾客，而我则将这两者都排除在了镜头之外。王昊兄是朋友，拍到他当然没问题。

就营业面积来说，田园书屋比所看的其他几家略大，其他的书店都是在店堂正中以条案的形式摆放书籍，而田园书屋的正中依然摆了一排高达房顶的书架。店内图书摆放整齐分类明确，看得出店

主对书店的经营颇为用心。

接下来所看几家书店，所经营者也全部都是新书。相比较而言，我对旧书或古书更为珍爱，于是我问王昊，是否知道这条街上哪里有古旧书店。王昊想了一下，带我走进一家大厦。来到该大厦的 16 层时，我却有熟识之感。果然，在这里看到了新亚书店的招牌，此处正是今日预约的下午 3 点欲访之处，没想到提前来到了门前，看来这著名的西洋菜南街，仅有新亚一家经营旧书。

在新亚书店见到了店主苏赓哲先生，在跟苏先生的聊天过程中，我依然纠结于这条书店街的形成。苏先生告诉我，原本的书店街并不在此处，而是在旁边的奶路臣街。那条街在五十年代就有多家书店，街边还有不少的小书摊，这些书摊大多经营旧课本。但后来因为奶路臣街距离通菜街很近，而通菜街就是俗称的女人街，故而奶路臣街渐渐也开始卖百货商品，现在主要以卖波鞋为主。苏先生解释说，波鞋就是内地所说的球鞋。他说以前香港人主要穿皮鞋，因为这才是正式的着装，但不知为什么后来波鞋风行天下，奶路臣街的鞋店也就兴旺了起来。以苏先生的话来说，这叫做"弃文从武"。

自从波鞋店占领了奶路臣街，此街的书店就渐渐转移到了旁边的西洋菜南街上，而后这里逐渐形成了如今的书店一条街。苏先生又告诉我，其实在西洋菜南街周围的小街道内，原本还有不少的书店，最兴旺的时候，大概有一百余家书店。后来因为店租上涨的原因，这些书店渐渐消失了，形成了如今的局面。

这个结果在我听来当然有些沮丧，但这也是大势所趋吧。如果没有相应的扶持，可能书店还会衰落下去。一念及此，我发现自己是典型的内地思维：凡事都想进行引导。既然香港是开放式的市场经济，物竞天择适者生存，自然淘汰也是一种选择。如果抛掉一些悲观情绪，说不定这条书店街凤凰涅槃后会出现我所想象不到的奇迹。

兴于战后　没于光华

台北牯岭旧书街

　　台北的旧书街主要是集中在牯岭街一带，然而这条书街因为搬迁的原因，早在四十年前就已衰落，只有美好的记忆深深留存在了爱书人的脑海中。后来，这条街又因为一部电影而名声大噪，黄尚雄、韩维君在《旧书摊》一文中写道："年轻的Ｘ、Ｙ世代，也许不知道，当年爷爷、奶奶、爸爸、妈妈的最拉风的活动，就是逛旧书店、买旧书。台北市的牯岭街，不是因为《牯岭街少年杀人事件》（由杨德昌执导）而声名大噪。盛极一时的旧书产业，才是让老一辈台北人所津津乐道的主因。"

　　这个电影我没有看过，然而牯岭街之名却由此而深入人心，很多对藏书没有兴趣的朋友提到"牯岭街"三个字都会讲到这部电影，可见这部电影拍摄得何等之成功。而我对少年杀人这种事没有太大兴趣，更多的是关注古书街的兴衰。

　　从什么时候牯岭街成了旧书一条街，傅月庵在其专著《蠹鱼头的旧书店地图》中引用了作家刘大任在《浮游群落》一书中对牯岭街的描绘文字："这一带的旧书店，不知什么时候发展起来的，近年颇成就一种市面。朋友一个带一个，不久都成了常客。逛旧书店

牯岭街街牌

是一门学问，胡浩常说：外行人，金子摆在眼前也看不见。老手的话，不但版本、价格心里有数，甚至培养出一种直觉，一堆堆小山样的破旧书刊里，眼睛一瞄，保管挖出好东西。"

刘大任说他不知道牯岭街是什么时候发展成了古书一条街，但《浮游群落》是一部小说，也许刘大任是有意模糊具体的情形。关于牯岭街形成旧书一条街的起因，傅月庵先生在《蠹鱼头的旧书店地图》一书中有如下说法：

一九四五年以前的台北佐久间町一带，原为台湾总督府宿舍区，包括军司令、高等文官等都散居在这块由今牯岭街所贯穿的区域，庭园宅邸、街巷修然。二次大战后，日人遣返在即，乃纷纷整理家当，将字画、古董、藏书等就地摆摊，低价出售。日本人走后，市集隐然成形，颠沛流离谋生拙，随着国民政府播迁来台的军公教人员，成了旧书来源的另一重要提供者，也是积极的消费者。于是以牯岭街为中心，渐渐蔓延到厦门街、福州街、宁波西街、南海路等相邻道路，处处都有人设摊开店，贩卖过期杂志、漫画、月历，用过的教科书、各种杂书，乃至绝版书、线装书、手抄本等等，最盛时期聚集了一百多家的摊商，有店面者二十余家，取名包括庆音、妙章、松林、易林、艺文、竹林、千秋、珍艺、人文……感觉还残留有几分东洋味，而"牯岭街"也几乎成为"旧书摊"的代名词。

原来牯岭街一带乃是台湾的高尚区，因为二次大战的失败，日本人被遣返回国，他们在离开台湾时将一些物品就地摆摊出售，而后形成了市场。而跟随国民党前往台湾的一些人员因为没有固定的收入，也开始在这一带出售旧物。对于该市场形成的时间，赵长海所著《新中国古旧书业》一书中附录有"中国台湾的古旧书业"，此篇附录首先讲明了牯岭街对于台湾旧书业的重要性："承载旧书业发展的载体是旧书店，而台湾的旧书店以台北为主，台北的旧书交易早期主要集中在牯岭街，之后搬迁到光华商场，因此，了解台北牯岭街旧书店兴衰可以窥见台湾旧书业的兴衰。"

而对于旧书街的形成时间，赵长海在文中也有着同样的说法："二战刚结束时的牯岭街仅是古亭区的一条小马路，街道两边的日式住宅大多被国民党接收作为公家眷舍。牯岭街开始成为台北有名的旧书街,是在 1945 年(民国四十三年)左右。"

然而朴子在《牯岭拾遗》一文中却说牯岭街书市的形成并不始于 1945 年的抗战胜利:"牯岭街在日据时代属佐久间町,其东邻儿玉町,即今南昌路一带,就有四五家日文旧书店,手边一本书上的标签就有'野田书房'、'全国古书籍商联盟'、'台北儿玉町'云云,听说光复后还有经营,到了一九五一年前后才散去。"

对于这一点,傅月庵有着同样的论述,其在《台北旧书街》一文中写道:

> 牯岭街是台湾历史最悠久的旧书街,清末时期原称龙口街,此时附近几乎没有开发,只有部分沿溪而居的传统住宅。日治初期,日人在此规划一条日人住宅街道,以现今的南海路与南昌路负责对外交通需求。自日治时代起,这条位于台北市的小街道,就已是二手书的集散地了,这是牯岭街旧书业发展的萌芽时期。

按照傅月庵的说法,日据时期的牯岭街乃是台湾旧书业发展的萌芽时期,但即便如此,这也应当是牯岭旧书街的源头。看来牯岭街原本就有旧书店,只是因为这一带主要是日本人的居住区,故而这些书店主要是卖日文书。而到了 1945 年,日本人被遣送回国时,于牯岭街一带摆摊出售家中物品,朴子在文中写道:"台湾光复,日本人被遣送回家,留下带不走的书、家具等,就沽给旧货商,有些小贩转买了来就在牯岭街摆摊求售;书自以日文书为主。那时候,台胞自长时间处于日语倡行汉文极受压制的日据时代，一般人多不能读中文书，政府犹当大力推行国语文教育，图书出版事业才在起步，遑论中文旧书买卖了。"

既然牯岭街最早是日本人开办的旧书店，那么当地的中国人到哪里摆摊卖书呢？按照朴子的说法则为："一九五○年左右，台北市区熙攘之处，像中华路、重庆南路、衡阳街、武昌街、新公园等，随处可见一些卖书的。"

既然原本的中文旧书摊并不集中于牯岭街一带，那为什么这里渐渐形成了最大的中文旧书一条街呢？按照朴子的说法是："台北市区逐渐繁荣，市府为整顿骑楼市容疏畅交通，旧书摊就也逐渐集中牯岭街去了。"既然如此，是哪位在牯岭街首先卖中文书？朴子在其文中给出了如下答案："传说当时开牯岭书市先河，是一个叫'阿彪伯'的摆摊最早，一般有说'松林书店'招牌最老，应是指的它是第一家搬进店面的旧书摊。现在'松林'老板也说，一九五六年'松林'老老板在国都戏院隔南昌街对面开店卖书之前，牯岭街一带就已经有旧摊了。而且'松林'之号，是他们父子兄弟在一九五八年迁入牯岭街，今天'竹林书店'现址正式登记为书店才有的，后来兄弟分家，哥哥迁'松林'新址，弟弟改号'竹林'。这同时，牯岭街在一九六○年前后，旧书市集渐成气候，以至魏先生为文时候的鼎盛时期，到一九七四年三月书摊再迁光华，已届牯岭书业风烛残年，时不我与了。"

从各种文献来看，牯岭街最初只是一些地摊，到后来才形成了固定的商店。朴子在《牯岭拾遗》一文中写道：

$\dfrac{1}{2}$

1. 傅月庵说这一带原本也都是旧书店　2. 此墙外原本都是书摊

牯岭街是台北的一条小马路，当年即以旧书摊闻名。说它是摊，那真叫写实，除了少数几家有字号开了铺子的，其他都是利用路肩人行道上摆露天摊，克难凑合书架倚墙而立，杂志画报堆满一地，字画就挂在树上，大多摊位依稀相接，连绵约占三条街。六十年代旧书业鼎盛时期，这里聚集有六七十家书摊。

　　能够形成旧书街，货源丰富当然是第一大要素。对于书源的来由，赵长海在文中写道："这一时期的旧书摊有着丰富的旧书来源，其中最主要的为日本侨民遣返，无法带走的图书、古玩字画等；另外一个因素即台湾光复后至国民党退居台湾，大量撤退到台军民人口，生活艰难，许多人不得不处理图书等旧物勉强度日。因此，50、60年代贩卖旧书以及其他流动摊贩四处流窜街头的情形是随处可见。"

　　因为都是临时交易，当然也就没有什么店铺，就地摆摊虽然方便，但也会引起道路拥挤，因此市场发展到一定规模，有关部门就会出面管理。对于这样的管理，赵长海在文中写道：

　　旧书摊则在牯岭街一天天集中，至五十年代中期，已经发展到有58家旧书摊的规模。到1968年台湾政府公布"台北市摊贩管理规则"，牯岭街开始分配固定的书摊位置，旧书摊贩增加至80家左右，因固定位置有限，摊位难求，据1974年报载，转让行情已经高达四万八千元台币。从1954年到1969

年间，牯岭街旧书业为其发展期，而在 1969 年此后的十年间，则为其鼎盛时期。

既然有了固定摊位，这就意味着市场的合法化。为什么在这条街上会形成如此庞大的旧书群落？这又跟朝鲜战争后的国际局势有一定关系。这场战争之后世界形成了冷战格局，西方的一些智囊团为了研究中国的方方面面需要搜集大量资料，然而那个阶段大陆与国外很少有文献资料的交流，于是西方有关部门就到台湾和香港等地去搜集相应的资料，这种搜集恰恰使得牯岭街旧书市场繁荣了起来。傅月庵在《蠹鱼头的旧书店地图》中写道："有些美国学术机构如史丹福的东亚图书馆、哈佛燕京社等，则干脆派人长期驻在台湾搜罗采购，像国语、台语、粤语都嘛会通的美国人甘乃元，身怀巨赀下牯岭，许多好书都被他整批买走了。秦贤次先生自言'有时恨得牙痒痒的，但一点也没奈他何。'"

这段话中提到了美国人甘乃元先生，对于此人的购买能力，李志铭在《半世纪旧书回味——从牯岭街到光华商场》一书中写道："在牯岭街的书贾手上，外籍大买家甘乃元挟着美钞金元大肆庋（蒐）购，不知有多少的珍本秘籍就此外流异邦、永无归日。"

甘乃元买书出了名，恰巧我也认识他。在近二十年前，潘家园市场刚刚形成，甘乃元就至此大量购买旧书。他的买法很特别，据说他在国内多个古旧书集散地都有固定的合作商户，甘乃元给这些商户每家一定的定金，而后让他们收购自己想要的品种。他的中文很好，据说粤语、闽南话、客家话等几种语言都十分熟悉。正因为有这样的优势，所以大量资料都汇集到了他的手中，而每过一段时间，他就会整集装箱地运到国外。因为有这样密切的交往，故旧书业都亲切地称这位大鼻子洋人为老甘。

我跟甘乃元大约接触过两次，一是琉璃厂古旧书市的重新开放，当年的书市举办地乃是在海王村公园内。大量的书籍散乱地堆放在公园正中的广场上，到了开市的时间，甘乃元像其他爱书人一样以百米赛跑的速度冲向书堆，而在开门的一刹那，甘乃元振臂一呼，喊出："冲啊！"在喊出这句口号的同时，他右手攥着拳头向空中不断挥舞着，看来这是他在中国拍摄的某个"打仗片"中学到的标志性动作，故而给许多爱书人留下了深刻印象。可能是大家当时都把注意力集中到了旧书方面，并没注意喊出这声"冲啊"的人是谁，因此不少写到琉璃厂书市的文章都会讲到有人喊过这么一嗓子，却不知道喊出这句口号的人是老甘。那个时候他年纪已不小，身体发福，竟然还有这样的体力和姿态，真的令人刮目相看。

还有一次与他接触，则是在潘家园旁边的一家宾馆内，当时某位朋友要卖给甘乃元一批书，让我陪同前往。我在他酒店房间内看到了他收来的一些书，听朋友说，老甘买回这些书后编成目录寄给西方不同的图书馆，以这种方式售出。而从台湾的这些史料中能够看到，他在早年就大量购买中文资料，其眼光之独具，时间之久远，没有一位外国人能够超越。

虽然甘乃元曾经是牯岭街上的大买家，然而仅凭他一个人并不能把市场买起来，牯岭街的繁荣跟当时资料的需求有很大关系。李志铭在其专著中写道："当时就在海内外各地争购之下，一般出版管道已无法满足市场上的中文书籍需求，古旧书买卖以及影印旧版书成了此时主要的图书来源。许多新、旧书店除了既有店销生意之外，普遍都有影印书籍的经验。比如高贤治先生1961年间开设的'古亭书屋'，就是专门翻版影印各种期刊学报以及中、日文台湾史料专书，而萧孟能的文星书店则翻印了《大英百科全书》以及《大汉和辞典》。当时这些影印盗版书对于整个台湾的学术发展作出了相当的贡献，新光华'百城堂'店主林汉章甚至认为：'若没有古亭书屋，台湾史研究可能要倒退十年。'"

大量影印相关史料，这种做法与当年的香港极其类似。香港的旧书街——西洋菜街也是这样繁荣起来的。其实这样的繁荣也带来了另一种恶果，那就是当地旧书货源的枯竭，因为这些旧书流出海外后再难有回头之日。而书店也就更加难以收到货源，这也是牯岭街衰落的原因之一。对于资料外流的恶果，李志铭在其专著中写道："从民初北京琉璃厂到50年代台北牯岭街，一部近百年的华人旧书史几乎等同于西方国家麀（蒐）购典籍文物的掠夺史。"

其实在当时，一些有头脑的爱书人也会从牯岭街中大量地寻找有价值的版本，李敖先生无疑是其中最有名气的一位。对于李敖的买书方式，李志铭在其文中描绘道："早年素有'文化太保'之称的李敖，可说是台湾旧书摊上无人不知、无人不晓'禁书大王'，不但本身能写（作品虽然几乎本本被禁、却在旧书摊最常看到），也最能买，更最会杀价。杀价不仅是一种交易手段，同时也是旧书摊的一门沟通艺术。很会买书的李敖，其熟稔的杀价方式在软硬兼施之余不失幽默，虽有些赖皮却从不透露贬抑口气……于是，在眼明手快的杀价技巧与大笔金钱的双重攻势之下，店里所有贩卖的违禁书终于大都被李敖买去了。"

此次的台湾之行，我原本想去参观李敖的书房。早在几个月前，我就通过朋友与其家人取得了联系，然而不巧的是，李敖因病住院，据说情况很严重，使得他不愿意见外人。而他这么多年来究竟买到了哪些难得之本，我也就难以目睹，期盼他的病情能够尽快好转，让书界多一些传奇。

牯岭街的繁荣大约结束于1974年，关于其衰落的原因，朴子在《牯岭拾遗》中写道：

> 一九七一年牯岭街人行道及排水沟工程计划定案，市政府先是安排将书市搬到重庆南路自强市场，后来改迁工专旁边的光华商场。那是一九七四年三月，五十八家书摊大迁徙，剩下几家旧书店，结束了"牯岭街"三个字代表"旧书摊"的雅号。

傅月庵先生告诉我，牯岭街的衰落是因为该街的扩建工程，因为当年此街较窄，扩建之时将这些摊位全部集中到了光华商场。这次的清理，使得牯岭街失去了往日的风光，然而光华商场内的旧书店也没能延续牯岭街当年的风光。对于这其中的原因，赵长海猜测是打乱了风水："1973年牯岭街旧书摊移到八德路台北工专旁的光华商场。地点的转移，似乎也打乱了风水。自此，糅合东京神保町跟北京琉璃厂气味的牯岭街旧书摊走入了历史，台北旧书街换了一个新面貌，自此衰落下去。"当然了，风水一说只是种猜测，其实衰落的原因跟光华商场内的环境有一定的关系，赵长海在文中又写道："台湾旧书业的衰落，台岛业内人士多有总结，其首要的即环境大不如前。光华商场跟牯岭街最大的不同，乃是以一般商展概念规划摊位，将整个商场地下室用木板隔间为几十个二到三坪大小的区间，每间一个单位，八十几家摊商凑成一个商场，夏天湿热，地下室不通风，旧书霉气，遇热蒸腾，熏人难当。旧书最主要的'闲逛'和'淘'的闲情逸致，几乎杳不可得了。"

看来，牯岭街的衰落是不可挽回的事实。光华商场的搬迁虽然是一个重要的原因，但社会风气的转变才是真正的大背景。黄尚雄、韩维君在《旧书摊》一文中作出了如下的分析："媒体多元发展，爱看电视的人比爱看书的人多，或者说，现在的人可以玩的花样多了，阅读不是唯一选择。虽然出版业依旧不易经营，但比以前蓬勃却是事实。新书的流通管理极为畅通。随手可买的新书，可没法再等两三个月，更何况现在的书这么便宜，现在的人又对卫生比较注意，所以愿意买旧书的人变少了。而复印机的普遍，也对经营旧书店造成蛮大的冲击，需要查询资料的朋友到图书馆，就可以利用复印机复印下需要的段落。一般人，对于一本不是全部都需要的书，并不会有购买的意愿。"

信息的多元化乃是全世界共同的问题，从这个角度而言，不能单纯视之为牯岭街衰落的原因。既然如此，此条书街衰落的独特原因在哪里呢？《旧书摊》一文中给出了这样的答案："以往旧书市场活络时，文史类的杂志占了大部分，现在杂志以电脑类居多。资讯更新速度太快，落后的资讯根本就不会有人买，更遑论收藏价值。所以旧书的内销市场逐渐萎缩。至于老外不再来买旧书的原因，就显得有趣了。现在大陆开放，走自由经济路线，巴不得天天与你做生意。牯岭街风光了十年，台湾的宝藏也早就被挖光了。没有价值的书籍，人家也不会有兴趣，所以旧书的外销市场也愈来愈小。"

虽然牯岭街的旧书摊大多搬到了光华商场，但这里仍然有些子余，吴兴文先生在《牯岭街寻宝》一文中写道："20世纪90年代初，我家搬到了南昌路妙章书店对面的巷弄。从它紧邻台湾银行左边的巷子穿过去，便可到达牯岭街。我常去巷口右转十公尺、紧贴面摊旁边狭长的畸零地的人文书舍，那里两排面对面的书架，仅容两个人擦身而过。老板姓张，为人和蔼可亲，曾收购雷震的《自由中国》的存刊，至今仍有少许。人文书舍再往前依次可以看到易林、松林和宁波西街口右转路左的文史（书店），往南走过厦门街口则有新旧书屋和书香城。"

看来，在世纪九十年代初，牯岭街一带仍然有书店存在，而吴先生的新居距此街又很近，这对于一位资深爱书人来说，是何等欢快之事。想来，吴先生所藏的大量新文学版本都是从这条街淘换而来者。其实不仅如此，吴兴文在该文中还写道："本世纪初期，随着台北市政府开始在牯岭街举办创意市集，聚集了出版社的回头书和年轻人的手工饰物、文创产品，并邀附近的旧书店共襄盛举，我才第一次看到松林对面一栋平房拉开铁门——原来是一家歇业已久的旧书店。店内有不少日据时代的日文旧书，可惜书籍保存的状况不佳，加上定价偏高，除了惊艳以外，也只好罢手。不过一时间仿佛让我找回了搬到光华商场前的牯岭街旧书摊的感觉。"

原来牯岭街还曾开办过创意集市，而吴先生在此集市中又发现了一家不常开门的旧书店，这由此而让我对该街升起了新的希望。

三年前前往台湾讲座，我就想到牯岭街和光华商场去淘书。吴先生告诉我，光华商场已经拆掉，里面的旧书店分散到了台北不同的地方，牯岭街也很难看到当年的辉煌。然而半年前绿茶先生到台湾访书，他在微信中所发的照片仍然有牯岭街上的旧书店。虽然仅剩一两家，但毕竟牯岭街乃是当年爱书人的朝圣之地，我还是希望再到台湾时，一定要到该街上去转一转。哪怕一无所获，我也要让自己的双脚踏上这条著名的书街。

2018 年 2 月 7 日，我应邀前往台北书展与王强先生举行对谈，对谈的时间定在了 2 月 10 日上午，为此我特意提前两天来到台北。除了跟几位藏书家进行访谈之外，另一个心愿就是到牯岭街看一看。而傅月庵先生特意抽出时间，带我前去寻访。有这样的资深爱书人相伴，这当然是求之不得之事。

我二人一同乘戴莉珍的车来到牯岭街，戴总乃是台湾最大的旧书店——茉莉二手书店的老板。她当年就是在光华商场起家者，因此她也对我在牯岭街寻访旧书店很有兴趣。可惜的是，这条街上始终找不到停车位，她只好坐在车内等候，由傅月庵带我在此街中一路探看。

我在台北的四天内，这里天天都在下雨，我不清楚这连绵之雨是否跟三天前台湾花莲地区的地震有关系，在到达台北的当晚，大概在午夜之前，我明显地感觉到了床铺的晃动。上一次印象深刻的地震还是在 1976 年，唐山大地震令很多人都住进了防震棚，而我却就近住在了军马棚。几十年过去了，在台湾再次感受地震，我却躺在床上纹丝不动，因为我对自己所住的酒店很有信心。

虽然花莲地震余震不断，但台北的市面依然很祥和，看来当地人对此早已司空见惯，只是连绵的雨给我的出行带来了些许不便。原本要去拍摄台北故宫的计划也因此而取消，好在来到牯岭街时，雨却有了暂时的停歇。我不清楚到了这个季节，台北是否常常下雨，朴子所写《牯岭拾遗》一文中记录下一位书店老板所说之言："偶尔来阵雨，顾客抱头四散，业主赶忙收拾，隔不久太阳出来，又重新开张，那股热闹劲还真是一景！华侨、观光客多慕名到此一游，是够风光的了。"

下雨躲避，雨停重新开张，这样的情形充满喜感，让我瞬间想到了几十年前王梦麟所唱的《雨中即景》，此歌中有如下同样充满着喜感的字句："哗啦啦啦啦，淋湿了，好多人脸上嘛失去了笑，无奈何望着天，叹叹气把头摇。"雨后的牯岭街颇为清静，街上的行人很少，沿街所见匾额有不少邮币公司。傅月庵介绍说，当年这一带也是最大的邮票和钱币市场，而今还有不少的公司在这里经营。我对这类的收藏品曾经也大有兴趣，本想进内细看，但想到戴总在路边找停车位的困难，只好打消这种念头，继续寻找我的主要目标——旧书店。

在这条街上看到的第一家旧书店名为"松林书局"。此店的门面较小，匾额很大，看上去有些不成比例。如朴子在前文所言，松

松林书店招牌

林书店乃是牯岭街第一家搬进店面的旧书摊。此店仍然能够开在牯岭街上，这简直是一个奇迹。

松林书店的门仅开了三分之一，站在门口向内望去，里面也不可能进得去人，书店门外搭起的遮阳棚下也堆满了书籍。其中有两堆书已然摇摇欲坠，我真担心轻轻一碰，这两摞书就会倾倒下来。而在书堆的前方，有一把简易的躺椅，椅子上坐着一位身穿羽绒服的老人。

老人看上去已经上了年纪，傅月庵用台湾话与之交谈，看上去他们之间关系很熟络，而我则用普通话问傅月庵他们之间交谈的内容。不知什么原因，老人的态度突然急转直下，颇为愤怒地向我说着什么。傅月庵向他解释一番似乎也没起作用，但我感觉到了老人是拒绝让我拍他的书店，我只好拉着傅月庵赶快离开。傅先生告诉我，这位老人听到我的口音后，知道我是内地客，他以为我前来搞统战，由此而引起了愤怒。

这样的认定，真令我哭笑不得。傅先生向我讲述了松林书店未曾写出的故事，由此而让我了解到，这位老人早在年轻之时脾气就颇为古怪，而他们兄弟分家也跟此老人的异常之举有很大的关系。听闻傅先生的解释，让我大为惋惜，毕竟松林书店对于牯岭街而言，有着重要的标志意义。而我在那里也留意到书堆中还有一些线装书。从书根上我判断这些书乃是民国排印或石印本，但即便如此，能够在这条街上看到线装书，还是令我有些欣慰。

沿着牯岭街继续向前走，傅月庵带我去看另一家旧书店。然而来到店址时，这里却改成了五金行。傅月庵走入店内了解情形，得知这家书店已经迁往了他处。原本仅剩几家的旧书店在此街上又少了一家，而我和傅月庵也只能叹息而已。

在牯岭街边看到了一处占地面积很大的院落，傅月庵告诉我，这里就是日据时代高官所住之处。有些院落被国民党的官员所使用，随着时代的变迁，有一些也衰落了下来。我隔着围墙向院内望去，里面杂草丛生，能够看得出已经没有人再做仔细的打理。俗话说："人无千日好，花无百日红。"人的一生大多是起起落落，牯岭街的旧书店同样有着这样循环式的经历。一念及此，令我略为郁闷的心情得以释然。

前行不远，又遇到一家旧书店，名称叫"新旧书屋"，看来这里既售新书也有旧书。虽然此时已经过了上午11点，然书店仍然大门紧闭，这种做法有如香港西洋菜街上的书店。回到车上时，我跟戴总抱怨此事，她却笑着跟我说，茉莉二手书店也是到了12点才会开门。此前她的书店是11点开门，可是之前的这一小时顾客很少。看来书店的营业时间也是与读者的转书店习惯相符合吧。我只好隔着窗户向新旧书屋内张望，然而里面堆满的书籍让我无法看到店内的格局。

与新旧书屋一墙之隔有两家书店，其中一家内没有看到店主，于是进内拍照。傅月庵告诉我，这两家相邻之店其实为同一家书店，我注意到两店中间的隔墙上写着"书香城"，此店正是吴兴文先生在文中提到的。既然店中无人，我抓紧时间拍照，以防止店主拒绝拍照的尴尬。

拍照完毕后，我转向书香城的另一个店。此店的顶头位置有一位三十多岁的年轻人正在翻书，看其神态不像店主。于是我走到近前，跟这位年轻人说自己想要拍照，若其不介意的话，我有可能拍到他的身影。没想到年轻人抬起头来望了我一眼，而后说："韦力

书香城

先生，您好！"傅月庵笑着说，竟然在这里还能遇到粉丝。这位先生告诉我他叫汪华，因为听说我跟王强先生到台北来对谈，他特意赶来听讲，同时也是为了参加这里的古籍珍本拍卖会。

聊天之中，傅月庵猛然想起了什么，他问汪华去年拍卖会上的某部书是否为其所买，汪华点头称是，于是两人热烈地聊了起来，而恰好此时，戴莉珍又将车慢慢开到了门口，她立即停下车跟汪华打招呼。通过他们的聊天，我得知，去年的拍卖会乃是义卖的性质，戴总为了支持这样的义卖会，拿出了不少好书，其中她最为看重的一部书就是被汪华买去了，由此也让她记住了这位年轻人。我站在那里看着他们热烈地聊着去年的拍卖会，又让我不能免俗地感慨着世界之小。

聊天的过程中，店主从内室走了出来。傅月庵向店主介绍了我的情况，征得店主的同意，我在其店内开始拍照。可能是因为地方狭窄的原因，这里的书架也做成了两层，里层为固定书架，而外层上下有导轨。这种做法与香港的神州书店很类似，但神州书店是在仓库内做这样的设置，在正式店堂里做两层书架者我还是第一次看到。于是，我用手推了推前排书架，虽然费些气力，但果真能够滑动。店主则称，当时设计这种书架时有个缺陷，因为上下都是单轨，所以在拉动时很容易出轨，如果设计成双导轨就不会出现这样的问题。这真可谓实践出真知。

在书店内一一浏览书架，能够感受到店主对书的内容很熟悉，他将书做了详细的分类。虽然书架上没有标示出每一类的名称，然而一眼望去就能找到同类书。这也可以看到店主在经营上的用心。

$$\frac{1}{}$$
$$\frac{2}{}$$
$$3$$

1. 双层书架
2. 提示语
3. 我感兴趣的书

可惜的是，在这著名的书街上我仅看到了这样几家书店。如果哪天当地的管理部门意识到了书店的重要性，而能让分散到台北各个角落的书店重新汇聚于此，这定然在世界旧书史上重新续写浓重的一笔。其实有这种期望的人绝对不仅是我一个，林清玄的《每一寸时光都有欢喜》一书中有一篇文章题目是"假日书市"，该文的前两个段落是：

> 不久前，台北一家大型书店举行"旧书买卖"，我先想到的是二十年前的牯岭街和现在的光华商场，这大书店的旧书买卖大概也是人群稀疏的场面。
>
> 没想到去了会场，大出意料之外，竟是人潮汹涌，热闹滚滚，而且会场里的都不是老先生，全是年轻人，他们对旧书的热衷，从脸上的表情就可以看出来，有一些数量较少、折扣较大的旧书，甚至是用抢的，稍稍犹豫，立刻被拿走。

看来，台湾喜爱旧书的确实是大有人在，只要有人出面组织，就能将四面八方的爱书人汇聚在一起。这样的场面想想都令人激动。而今，傅月庵和戴莉珍等人办起了古籍珍本拍卖会，虽然在我看来，拍卖会中的拍品主要是旧书而古书甚少。但即便如此，依然吸引来了像汪华先生这样远道而来的爱书人。可见古旧书的魅力之大。吴兴文在《牯岭街寻宝》一文中引用了安伯托·艾可说过的一句话："藏书是一种自慰、孤独的现象，你很少能找到人分享你的激情。"这句话听来颇具哲理性，但我却不大认可。古人讲求："肥马轻裘与朋友共。"当然这个"共"字并不是说把自己的书随意地送给友人，但在一起共赏总是一件令人欢娱之事，而共同购书也同样是爱书人喜好的事。如果牯岭街能够集中更多的旧书店，可以想见有多少爱书人会徜徉在这条不长的书街上。

当然，要想实现这样的理想不是件容易的事，故而林清玄在其文中又提出了这样的建议："经常性的二手书市场可能太乐观了，也太多技术性的问题，或者可以仿造'假日玉市''假日花市'，来做一个'假日书市'，让市民可以自由地去买卖旧书，这样一来可以解决许多读书人书满为患的问题，一来使爱书人可以买到低廉的书籍，并且使一本书的价值为之大增。"

这倒是个不错的想法，如果能在牯岭街一带每年举办几场古旧书市，也定然能够将更多的爱书人汇聚在一起。这样的远景是否能够实现呢？显然林清玄也没把握，所以他在该文的最后讲了这样一句话："如今，牯岭街的旧书摊已不复可追，社会上却有旧书买卖的渴求，不知道有识之士是不是愿意来推动'假日书市'的构想？"